CLOUD GAMING
5G Opens The New Era of Digital Entertainment

云游戏
5G开启数字娱乐新时代

林瑞杰　冯　林　温向东　陈　乐
许海涛　陶清乾　焦　娟　曾晨曦　　著
苏兆飞　赵一民　李华宇　聂凯旋
沈文学　王　昊

机械工业出版社
China Machine Press

图书在版编目（CIP）数据

云游戏：5G 开启数字娱乐新时代 / 林瑞杰等著 . —北京：机械工业出版社，2020.11

ISBN 978-7-111-66925-8

I. 云… II. 林… III. 云计算 – 应用 – 网络游戏 – 研究 IV. G898.3

中国版本图书馆 CIP 数据核字（2020）第 220881 号

云游戏：5G 开启数字娱乐新时代

出版发行：机械工业出版社（北京市西城区百万庄大街 22 号　邮政编码：100037）
责任编辑：李　艺
责任校对：殷　虹
印　　刷：北京文昌阁彩色印刷有限责任公司
版　　次：2021 年 1 月第 1 版第 1 次印刷
开　　本：147mm×210mm　1/32
印　　张：10.5
书　　号：ISBN 978-7-111-66925-8
定　　价：89.00 元

客服电话：(010) 88361066　88379833　68326294　　投稿热线：(010) 88379604
华章网站：www.hzbook.com　　　　　　　　　　　　读者信箱：hzit@hzbook.com

版权所有·侵权必究
封底无防伪标均为盗版　　本书法律顾问：北京大成律师事务所　韩光 / 邹晓东

前言

创作背景

回顾信息技术与游戏产业的发展路径，从主机游戏到 PC 端游戏，从网页游戏到手机游戏，信息技术的历次迭代升级，都会在内容形态、市场规模等方面带动游戏产业发生巨大变革。云游戏作为 2000 年即被提出的概念，直到近年来才真正进入大众视野，究其原因，主要在于网络层无法实现低时延的快速传输，进而导致后台云计算平台能力无法得到完全释放。随着 5G 时代的到来，以及云计算、边缘计算、终端技术的发展和成熟，云游戏产业再度被唤醒，并有望成为 5G 领域最先落地的商业应用之一。

2019 年，国际游戏产业巨头索尼、微软、英伟达纷纷发布了云游戏新产品，但是最让人意外和惊喜的是，谷歌也加入了云游戏的赛道，随后亚马逊和脸书也公布了云游戏产品计划。一时间，业内的很多专家和学者都认为云游戏有可能成为改变现有游戏产业格局、引爆新一轮资本投资热潮的新兴产业。云游戏不仅受到众多互联网行业巨头和资本市场的追捧，同时也获得了产、学、研以及政府主管部门的关注。

我国在云游戏的底层技术、网络传输技术、终端技术上已经有了具有国际竞争力的自主知识产权技术储备，围绕云游戏产业链提供创新产品和服务的企业层出不穷，覆盖了芯片、专用服务器、云服务平台、开发者平台、云化资源管理等多个领域。在 2020 年 2 月 3 日的中央政治局常委会会议上提到，为稳定居民消费，要鼓励 5G 技术应用场景下网络娱乐行业的发展。政策导向释放出积极信号，而作为 5G 在消费互联网领域最重要的应用场景之一，云游戏无疑是当下最受关注的重点行业。5G 网络、5G 终端的规模化普及和应用，将会使 5G 充分发挥在高速率、低延时、广连接方面的优势，提升云游戏用户的使用体验。同时，网络使用成本和 5G 终端价格有望得到进一步降低，这将增加用户规模，提升用户付费意愿，加速我国云游戏产业的落地。如同互联网技术在我国的兴起和发展一样，我国在云游戏的核心技术、应用技术以及产业发展上也将走在世界前列。

从发展趋势来看，对硬件要求较高的主机游戏以及 PC 端游戏将最先转变为云游戏的方式，其次是手游。云游戏将降低开发门槛，中小开发者有望通过平台赋能参与其中。围绕云游戏平台的云原生游戏开发，将逐渐成为主流的游戏开发模式。长期来看，云游戏分发渠道的门槛将变得更低，优秀的作品也能够更容易地传播和触达用户。对平台提供商而言，云游戏平台将向上下游延伸，从而产生新的云游戏研运一体商。云游戏将引入新的应用形态，更加场景化，并将与互动视频、直播、广告、教育、电竞相结合，为用户带来更丰富、更精彩的游戏内容。云游戏结合 VR/AR 技术将极大地丰富游戏内容的展现形式，云 VR/AR 可降低对本地硬件配置的要求，控制体积并降低成本，使用户佩戴更舒适，这也更利于 VR/AR 应用的普及，而云 VR/AR 游戏内容的创新也将为云游戏产业注入新的发展动能，扩大发展空间。

尽管云游戏为人们提供了巨大的想象空间，也得到了社会和资本的广泛关注，但云游戏从技术到产业都还有很长一段路要走，现阶段人们对云游戏产业的发展应该有一个比较理性的认识。首先，5G 商用刚起步，网络覆盖、稳定性、网络质量、终端质量都有待提高；其次，商业模式仍然存在不确定性，这一点主要体现在前期投入成本高，以及收入分配的新格局还处于磨合阶段上；再次，目前云游戏内容的丰富度和创新度还不够，需要创造大量高品质的游戏内容，以体现出比本地游戏更好的游戏体验；最后，培养用户对云游戏的消费习惯，并逐渐提升其付费能力也需要一定的时间。目前，云游戏用户体验不佳和行业标准缺失也是制约云游戏产业发展的重要因素。

从当前产业发展的情况来看，云游戏在我国数字经济和信息消费中所发挥的作用需要进一步明确，云游戏产业还处于刚起步的初级发展阶段，业界对云游戏的认识有待统一和加强，技术和产业的不断发展、成熟需要更多的从业者来共同推动，云原生游戏还需要走出一条自主研发和创新的新道路。为此，5G 云游戏产业联盟发起并联合多家行业领军企业、科研机构和投资机构的一线技术专家、解决方案专家、学者、行业分析师，开展了本书的撰写工作。

主要内容

本书从技术、产业和商业等视角全面阐述云游戏。

第 1 章回顾了电子游戏产业在国内外的发展历程，以及当前游戏产业的国内外市场格局。

第 2 章介绍了云游戏的基本概念和定义、云游戏的典型特征和分类、云游戏的发展历程，解释了云游戏为什么到现在才真正进入大众视野，以及它将如何重塑游戏产业。

第 3 章从商业的角度剖析了云游戏对我国数字娱乐产业和数字经济的影响、意义、价值，以及云游戏为我国游戏产业、文创产业带来的机遇和变革。

得益于 5G 云游戏产业联盟众多会员单位的共同研究成果，在第 4 章中，我们系统地介绍了云游戏的本质、技术底座、总体架构和内涵、云游戏与 5G 和云计算技术的相互关系。

第 5 章对云游戏的产业链和生态体系进行了全面的概括。

第 6 章首次对云原生游戏的概念、开发体系、开发工具和环境以及云原生游戏的作用和影响进行了前瞻性的探索。

第 7 章介绍了国内多个云游戏产业的应用实践和典型案例。

本书特色

本书从游戏产业发展的历程、规律和现状开始讲起，以时间为轴，快速介绍了整个游戏产业的发展脉络，让读者清晰地认识到云游戏是技术发展到一定阶段的必然选择。

本书的技术内容系统且全面，揭示了云游戏的概念、本质，透析了云游戏的技术底座、总体架构和内涵，相信无论是云游戏的入门级读者还是专业人士，都能在阅读中对云游戏的技术有一个全面的认识，从而获得新的启发。

本书还特别梳理了云游戏的产业链和生态体系，详细介绍了云游戏的保障体系和使能环境，这些对于一个新兴产业的发展来说非常重要。

读者对象

本书内容全面，由浅入深，既适合对云游戏感兴趣或者希望全面了解这个行业的学生和从业人员学习，也适合云游戏领域技术、经营、管理等岗位的专业人士阅读。同时，本书的云原生游戏章节，特别适合游戏开发企业和开发人员用来了解如何开发云游戏。产业链和生态体系章节，则特别适合做行业研究的机构和企业以及发展相关产业的地方政府部门和组织阅读。

由于云游戏产业和生态体系本身非常庞大且复杂，产业链条长，技术发展和创新日新月异，应用场景千变万化，再加上作者在知识积累、行业动态跟踪和行业认知方面存在局限性，书中内容难免存在错误或信息不及时等方面的问题，希望广大读者提出宝贵意见。

致谢

本书是5G云游戏产业联盟中多家领军企业、科研机构和投资机构的集体智慧结晶，在此特别感谢中国信息通信研究院、华为技术有限公司、腾讯科技（深圳）有限公司、咪咕互动娱乐有限公司、安信证券、GAMEPOCH、北京科技大学、深圳云鹭科技有限公司、北京视博云科技有限公司、海马云（天津）信息技术有限公司、北京庭宇科技有限公司。大家积极配合，牺牲了宝贵的业余时间，经过多次研讨、修正和反复打磨，历时三个月完成了本书的写作。期望本书能够带动更多的人了解云游戏，关注云游戏，加入云游戏行业，从而加速产业发展步伐，更好地促进产业繁荣。

感谢机械工业出版社华章公司资深出版人杨福川热情邀请我们撰写业内第一本关于云游戏的著作，并给予了非常多的专业建议和帮助，同时也加快了本书的出版进度。

云游戏产业的发展如同一场马拉松比赛，象征意义的"先跑"或者有套"好装备"并不意味着能够赢得比赛的最终胜利。我们也借此机会呼吁业界同人和社会各界共同关注和推动云游戏的技术及应用不断成熟，产业发展不断繁荣，行业协作不断加深，从而使得我国 5G + 云游戏产业早日发展壮大，力争成为世界之先。

林瑞杰

2020 年 9 月 30 日

目录

前言

第1章 电子游戏产业发展综述

1.1 海外电子游戏发展脉络与市场格局　　2
 1.1.1 海外电子游戏发展脉络　　2
 1.1.2 海外电子游戏市场格局　　21

1.2 我国电子游戏发展脉络与市场格局　　34
 1.2.1 我国电子游戏发展脉络　　35
 1.2.2 我国电子游戏市场格局　　41

第2章 云游戏重塑游戏产业

2.1 什么是云游戏　　54
 2.1.1 云游戏行业研究　　54
 2.1.2 云游戏的定义　　56
 2.1.3 云游戏的6个典型特征　　57

- 2.1.4 云游戏的3种分类方式 59
- 2.1.5 感受云游戏的魅力 63

2.2 云游戏的前世今生 64
- 2.2.1 云游戏的发展历程 64
- 2.2.2 为什么现在选择云游戏 68

2.3 云游戏为电子游戏带来的变革 71
- 2.3.1 游戏开发商将拥有更多的游戏设计空间 71
- 2.3.2 玩家将获得更好的游戏生态 72
- 2.3.3 可助力建设绿色行业生态 72
- 2.3.4 知识产权将获得前所未有的保护 73
- 2.3.5 树立正面积极的行业形象 73

2.4 云游戏的发展现状和趋势 74
- 2.4.1 主流游戏厂商的应对之策 74
- 2.4.2 国内企业的优势和机会 84

第3章 云游戏开启数字娱乐新时代

3.1 数字经济与数字娱乐 89
- 3.1.1 概念和关系 89
- 3.1.2 电子游戏是数字娱乐产业的主动脉 97

3.2 云游戏的意义与价值 98
- 3.2.1 数字经济的"新驱动" 99
- 3.2.2 5G商用普及的"先锋军" 100
- 3.2.3 低成本获取高品质游戏的"新方式" 101

         3.2.4 弘扬中华优秀文化的"新载体"　　103

         3.2.5 我国游戏产业的"生力军"　　104

         3.2.6 防止未成年人沉迷游戏的"防火墙"　　107

   3.3 云游戏为数字娱乐带来的新变革　　108

         3.3.1 云游戏市场变革　　108

         3.3.2 云游戏产业链各环节职能变革　　112

         3.3.3 应用场景变革　　115

   3.4 云游戏开启数字娱乐经济新时代　　118

         3.4.1 云游戏摆脱硬件束缚，全面重构游戏行业成长逻辑　　118

         3.4.2 流媒体内容形态升级，云游戏发展模式探讨　　123

|第 4 章| 全面解读云游戏

   4.1 传统游戏和云游戏的区别　　128

   4.2 云游戏的技术底座　　133

         4.2.1 服务端技术　　133

         4.2.2 网络侧技术　　144

         4.2.3 客户端技术　　148

         4.2.4 串流技术　　151

         4.2.5 性能和体验提升技术　　153

   4.3 云游戏的参考架构　　161

         4.3.1 云游戏概念定义维度　　162

  4.3.2 云游戏用户需求维度 162

  4.3.3 云游戏技术实现维度 164

 4.4 云游戏的架构内涵 166

  4.4.1 云游戏概念定义维度 166

  4.4.2 云游戏用户需求维度 167

  4.4.3 云游戏部署实现维度 173

 4.5 云游戏与5G技术 176

  4.5.1 5G技术简介和发展现状 176

  4.5.2 云游戏为什么需要5G 177

  4.5.3 5G技术如何解决云游戏痛点 184

  4.5.4 云游戏与5G的互促共生 186

 4.6 云游戏与云计算技术 187

  4.6.1 云计算技术的发展 187

  4.6.2 云计算与云游戏的关系 188

  4.6.3 云游戏中用到的云计算关键技术 189

| 第 5 章 | 云游戏产业链和生态体系

 5.1 云游戏产业图谱 194

 5.2 生态体系模型 196

  5.2.1 云游戏生态体系模型 197

  5.2.2 云游戏生态体系仍待完善 205

 5.3 参与主体及主要活动 207

 5.4 云游戏保障体系建设 215

  5.4.1 标准体系 215
  5.4.2 评估评价体系 219
  5.4.3 产品质量体系 220
  5.4.4 信息安全保护体系 221
  5.4.5 知识产权保护体系 222
  5.4.6 未成年人游戏防沉迷体系 223
5.5 云游戏使能环境建设 225
  5.5.1 云游戏的开发环境 225
  5.5.2 云游戏的交易环境 226
  5.5.3 云游戏运行环境 229

第 6 章 云原生游戏

6.1 游戏云化 231
  6.1.1 云游戏开发现状 232
  6.1.2 游戏的云化方式 232
  6.1.3 云化涉及的主要技术 235
  6.1.4 游戏云化的优势 237
  6.1.5 如何实现游戏云化 237
6.2 什么是云原生游戏 238
  6.2.1 云原生的概念及基本原理 238
  6.2.2 云原生游戏与游戏云化的差异 241
6.3 为什么要开发云原生游戏 242
  6.3.1 5G 带来技术新格局 242

        6.3.2　5G带来游戏产业新变化　　243
        6.3.3　内容领域迎来新的发展机遇　　244
    6.4　云原生游戏的开发体系　　246
        6.4.1　云原生游戏的开发周期　　247
        6.4.2　云原生游戏的开发流程　　247
        6.4.3　云原生游戏的开发环境　　248
        6.4.4　云原生游戏的开发工具　　248
    6.5　云原生游戏的开发引擎　　249
        6.5.1　引擎向云原生游戏开发靠拢　　249
        6.5.2　C/S架构的改变　　250
        6.5.3　开发工具、环境的改变　　250
        6.5.4　如何做好云原生游戏设备适配　　252
    6.6　云原生游戏对开发者的影响　　252
        6.6.1　云原生游戏带来开发理念的更新　　253
        6.6.2　全新架构对开发者的影响　　253
        6.6.3　开发工具将迎来全面变革　　254
    6.7　云原生游戏对游戏运营的影响　　255
        6.7.1　云原生游戏改变传统渠道分发模式　　255
        6.7.2　云原生游戏带来全新用户需求　　257
        6.7.3　云原生游戏带来新的研发商需求　　258
        6.7.4　云原生游戏将进一步降低设备门槛　　259

第 7 章 创新应用和典型案例

7.1 咪咕快游：不断突破创新的云游戏平台

引领行业发展　　　261

　7.1.1　案例背景和概况　　　262

　7.1.2　咪咕快游的关键系统及平台架构　　　263

　7.1.3　应用实践：一品多端掀起行业新浪潮　　　265

　7.1.4　应用效果　　　267

　7.1.5　持续提升　　　268

7.2 "X86 架构 + 定制 GPU"方案助力云游戏

平台　　　269

　7.2.1　基于 X86 架构的性能指标　　　270

　7.2.2　基于 X86 架构的客户端功能描述　　　271

　7.2.3　基于 X86 架构的服务端逻辑架构　　　272

7.3 高清云游戏助力运营商 5G 新业务　　　274

　7.3.1　关键技术和系统设计　　　275

　7.3.2　应用实践　　　279

　7.3.3　应用效果　　　279

7.4 基于 ARM 架构的云游戏服务平台　　　280

　7.4.1　海马云 ARM 架构云游戏服务平台简介　　　280

　7.4.2　海马云 ARM 架构云游戏服务平台发展　　　286

7.5 边缘计算在云游戏场景下的应用　　　288

　7.5.1　关键技术和系统设计　　　289

　7.5.2　应用实践　　　290

7.5.3 应用效果 291

7.6 金山云云游戏 PaaS 平台：提升云游戏行业
探索效率 291

    7.6.1 关键技术和系统设计 292

    7.6.2 应用实践：工具、方法、作业指导 294

    7.6.3 应用效果 294

7.7 云游戏互动直播解决方案 295

    7.7.1 案例内容 296

    7.7.2 案例实施 296

    7.7.3 案例亮点及未来计划 302

7.8 云试玩广告开创游戏广告新格局 303

    7.8.1 关键技术和系统设计 305

    7.8.2 应用实践：工具、方法、作业指导 306

    7.8.3 应用效果 306

7.9 高品质云手游《新神魔大陆》 307

    7.9.1 关键技术和系统设计 308

    7.9.2 应用实践：工具、方法、作业指导 310

    7.9.3 应用效果 311

7.10 5G 大潮下的 VR/XR/AR 云化探索 311

    7.10.1 关键技术和系统设计 313

    7.10.2 应用实践 317

7.11 北京市政府扶持云游戏产业 318

第 1 章 | CHAPTER

电子游戏产业发展综述

　　计算机技术和信息技术的迭代,将驱动网络产品的产业升级与规模化增长,游戏产业作为网络产品的标杆产物,在内容形态、市场规模等方面也将随之发生变革。

　　计算机技术促使了电子游戏的诞生,半导体、软件、传感等技术的进步和发展则推动了整个电子游戏产业向前发展。本章将以时间为轴线,回顾和梳理海内外(包括中国、日本、美国、欧洲、其他地区)电子游戏的发展历史,以及它们在不同时间阶段的规模、特点和地位。

　　本章将客观展示电子游戏的发展历程,大家需要花费一定的时间来了解游戏是如何诞生的,游戏依赖于何种设备,以及游戏的最终呈现形式。通过对本章的学习,大家将了解技术的发展是如何驱动和影响游戏行业的发展的。

1.1 海外电子游戏发展脉络与市场格局

电子游戏最早诞生于海外。随着社会的进步和科技的发展,电子游戏的形式在不断地发生变化。从示波器、街头游戏机、小霸王、主机、电脑到手机,海外电子游戏市场几十年来得到了蓬勃的发展。游戏作为文化艺术的一种载体,其内容和发展方向也会随着人们的需求变化而变化。

1.1.1 海外电子游戏发展脉络

20世纪40年代,第一台电子计算机的诞生迎来了游戏原型的出现;20世纪七八十年代,日本的半导体技术、硬件技术推动了游戏行业的发展;20世纪90年代,3D图形技术的进步以及21世纪互联网技术的发展,为电子游戏创造了新的玩法。以上这些都证明了电子游戏的发展与技术的发展息息相关。

1. 早期电子游戏机的萌生

1888年,德国的斯托威克根据自动售货机的投币机原理,设计了一种称为"自动产蛋机"的机器,只要将一枚硬币放进机器里,"自动产蛋机"就会"产"下一个鸡蛋,并伴有鸡叫声。人们将斯托威克发明的这台机器看作投币游戏机的雏形。后来,这种机械玩具衍生出了各种变种,比如点唱机,这也是街头电子游戏机的雏形。

随着1946年第一台电子计算机的出现，电子技术逐渐渗透到了各个领域，一场娱乐业的革命也随之而来。

1958年，为了提高游客参观纽约的布鲁克海文国家实验室的兴趣，物理学家威利·希金博特姆在示波器上展示了一个《双人网球》的互动游戏，玩家通过控制示波器上面的光点相互追逐来模拟打网球，这就是世界上第一款电子游戏，也是第一款向公众开放的游戏。

2. 第一代电子游戏机——雅达利

从电子管到晶体管再到集成电路，电子计算机技术有了突飞猛进的发展。当一些电子工程师感到无聊时，他们便开始制作一些电子游戏，以自娱自乐。

美国加利福尼亚的电气工程师诺兰·布什纳尔看到了电子娱乐市场的前景，因此，在1971年，布什纳尔根据自己编制的游戏《电脑空间》（Computer Space）设计了世界上第一台商用电子游戏机。这台电子游戏机的成功激励布什纳尔更积极地开发和生产电子游戏机（如图1-1所示），为此他创立了世界上第一家电子游戏公司——雅达利。

雅达利的第一代电子游戏机体积较小，普通家庭也买得起。为了让普通家庭能买得起，厂商想方设法通过减少游戏程序的容量和简化游戏画面来降低成本。例如，在从大型游戏机移植而来的电子网球游戏中，代表球和球拍的仅仅是两个可以移动的亮点。

图 1-1　早期的雅达利游戏机

随着电子计算机技术的发展和计算设备的小型化,以及软件开发和应用逐渐商业化,电子游戏机开始走进千家万户。

但是,第一代电子游戏机存在一个令人遗憾的缺点,即它无法改变程序,玩家只能在几个固定的游戏里进行选择。

经过一段时间的研究,雅达利公司开始开发下一代电子游戏机。1977 年,雅达利隆重推出了 ATARI2600,该游戏机支持玩家自主改变程序,这在当时引起了极大的轰动。然而,由于没有控制好发行环节,后期游戏质量失控,导致大量"垃圾内容"涌进市场并耗尽了消费者的耐心。再加上雅达利公司没有重视自主研发,因而不再具有足够优秀的第一方内容,这些都导致一度最受欢迎的雅达利公司从 1982 年开始衰落。随后,任天堂推出了第一代家庭电子游戏产品 TV-GAME6,雅达利公司从此每况愈下,历史上将该事件称为"Atari Shock"(雅达利冲击),这几乎摧毁了整个北美的游戏行业。

"雅达利冲击"导致电子游戏行业的发展中心从美国转移到

了日本，当时，后者在硬件研发、内容研发和市场等方面均占据绝对优势。美国再次夺回全球游戏行业中心的地位已经是 21 世纪初微软加入战局之后的事了，那时美国已经在信息技术领域全面领先，但是美国游戏市场"一家独大"的格局再也没有重现。

3. 任天堂时代

1983 年，当北美电子游戏产业近乎崩溃时，日本却在短短一个月内发布了三款新的家用机，其中包括任天堂的 Family Computer（简称 FC，两年后在欧美市场以 Nintendo Entertainment System（NES）发行）、Sega 的 SG-1000 和微软日本的 MSX。

SG-1000 的中央处理器是 8 位 Zilog Z80，以 3.58 MHz 供电，使用 TMS9928A 处理画面，能够显示多达 16 种颜色（如图 1-2 所示）。但因为 SG-1000 是 Sega 的第一部家用游戏机，在控制器的体验设计上存在很多不足之处，所以其在与 FC 的竞争中还是稍逊一筹。

图 1-2　SG-1000

MSX 是一种标准化的家用 PC，使用 TMS9918 处理画面，该系统还可以兼容其他厂商制作的 MSX 产品或游戏（如图 1-3

所示)。但由于该主机的主要功能是为人们提供针对 PC 的日常服务，因此其在游戏机市场中并不占优势。

图 1-3　MSX

FC 是任天堂的第一代家庭游戏主机（如图 1-4 所示）。任天堂社长山内溥很早就开始了游戏机市场的布局。在硬件方面，任天堂在三菱的技术帮助下独立完成了特制 IC 设计，性能远远高于同时期的其他主机。另外，为了获得价格优势，山内溥亲自拜访了生产 IC 晶片的理光公司（RICOH），并向对方提出了"两年订购 300 万片"的承诺，当时业界的共识是游戏机市场的极限容量为 300 万台。最终，在社内外人士的一片哗然中，山内溥和理光公司以每枚 IC 晶片 2000 日元的低价达成了合作协议，任天堂 FC 主机因此能够以 14800 日元的价格发售。

在技术方面，山内溥很快发现仅凭本社的软件开发团队根本无法满足市场需求，因此，在深思熟虑之后决定将街机事业中曾有过技术合作的南梦宫（NAMCO）和为 FC 设计过开发程序的哈德森（HUDSON）纳入开发阵营。当时南梦宫的主营产品还是为西武百货等提供旋转木马等免费的儿童玩具，哈德森则正处于入不敷出的破产边缘，加入 FC 软件开发阵营后，两社一举摆脱了困境。

图 1-4　任天堂红白机（FC）

最终，虽然任天堂电视游戏机与雅达利游戏机的中央处理器同是 8 位，但任天堂采用的是高容量低成本的存储器，以及特殊的外围电路图像处理器 PPU，这使其中央处理器与外围电路实现了分离，大大提高了游戏机的反应速度，同时还取得了非常好的图像质量。任天堂因其精彩的游戏内容和低廉的价格，一下子赢得了全世界不同年龄、不同层次人士的喜爱，震撼了整个游戏行业。

那么，任天堂除了拥有先进的技术和前期缜密的布局优势之外，其商业战略能够成功的秘诀还有什么？

第一，任天堂公司为自己的产品设立了独特的标准，它的游戏软件存放在装填式的游戏卡中，与普通软磁盘完全不同，既不与其他机种兼容，也不容易被盗版。

第二，任天堂公司控制了第三方游戏开发公司为其生产的软件的许可权,保证了程序的质量,同时自己也开发相关的游戏。在给玩家留下深刻印象的游戏中,FC 几乎是所有游戏机中最多的,例如,1983 年的《大金刚》《马里奥兄弟》(水管工),1985 年的《超级玛丽》,以及 1986 年的《恶魔城》《勇者斗恶龙》《塞尔达传说》和 1987 年的《魂斗罗》等。

第三,任天堂公司非常注重产品的销售,其在世界各地都建立了自己的经销商渠道。

这些成功的秘诀也成为日后游戏机产业走向成功的宝贵经验。

4. 圈地赛马——16 位游戏机全面爆发

在雅达利公司没落的那段日子里,大多数公司都退出了电子游戏行业。而当任天堂公司再次叩开成功之门的时候,一些实力雄厚的公司又重整旗鼓,再次进军电子游戏行业,NEC(日本电气公司)和 Sega(世嘉)成为任天堂的主要竞争者。

早期日本主要靠进口半导体设备来发展本国半导体产业,并偏向于进口美国设备,因为美国设备的技术更成熟。设备进口主要以丸红、日商岩井、兼松、住友商事等综合商社为主体进行。到了 20 世纪 70 年代,日本半导体设备的国产化进程加快,许多本土企业之间的竞争也变得越来越激烈。同时,随着日本半导体设备在国际市场上的地位愈发凸显,一个能够整合资源应对国际市场的机构就显得越发重要了。1976 年,在日本川崎的 NEC 中央研究所内,一个官民结合的机构——超 LSI 技术研究组合共同研究所应运而生。NEC 公司是当时世界上唯一一家在通信、计算机、半导体三个领域都名列前茅的公司,技术力量非常强大。

世嘉公司是日本著名的大型游戏机厂商,创建于1954年。1964年,世嘉开始研制营业用的大型游戏机,1965年在日本各地开办了许多娱乐场所,主营的设备为投币式机器(尤其是自动点唱机)。自"雅达利冲击"之后,街机业务并不景气,世嘉总裁中山隼雄决定利用公司的硬件专业知识进军日本家庭游戏机消费市场。

更强大的处理性能,能够承载画质更优和剧情更复杂的游戏,也预示着电子游戏伴随计算机软硬件升级迭代历程的开启。

1987年,NEC推出第四代电子游戏机PC-ENGINE(北美版称为TurboGrafx-16,如图1-5所示),正式向被任天堂公司垄断的电子游戏机市场发起了挑战,推出后不久,在销量上就打败了任天堂的FC游戏机。PC-ENGINE电子游戏机采用了高效率的三芯片架构,以及一张明信片大小的游戏卡带——HuCard,体积较小,性能高出FC很大一截,画面和音质都有大幅提升,游戏内容也个个精彩。总之,这是一台相当有杀伤力的游戏机,因为PC-ENGINE本身就是专门针对FC推出的"撒手锏"。

尽管PC-ENGINE的主处理器是被称为HuC6280的6502强化版处理器,速度为7.16MHz,但借助于一个16位的专用图形芯片,它的表现十分接近真正的16位游戏机。PC-ENGINE主机上有64KB RAM,最大发色数为512,可同屏显示其中的256色,分辨率最大为256×216像素,配有6通道立体声音源。

图 1-5　PC-ENGINE

半导体技术的发展不仅使得计算机主板和处理器的性能得到了极大的提升，同时促进了存储技术的发展，而更大、更便宜、更便携的存储空间无疑也是电子游戏产业所渴望的。

NEC 公司的另一大创举就是推出了 CD-ROM 配件。更多的存储空间、更便宜的载体、可播放 Red Book 标准的 CD 音乐，一举将电子游戏带入了多媒体时代。

而对于任天堂来说，更严峻的挑战来自 1988 年世嘉公司的 MEGA DRIVE 游戏机（简称 MD，美国版称为 Sega Genesis），俗称"世嘉五代"（如图 1-6 所示）。MD 游戏机采用了街机的基板结构，是世界上第一台 16 位家用电子游戏主机，可容纳大量街机游戏。随后，世嘉推出的《索尼克》游戏风靡世界，占据了欧美市场的半壁江山，一时与任天堂分庭抗礼。

面对步步紧逼的 NEC 和世嘉，任天堂公司不得不全力招架。于是，其推迟了"超级任天堂"的推出计划，以确保"超级任天堂"的性能不比对手差,只有这样才能在竞争中打败对手。

图 1-6　MEGA DRIVE

1990 年年底,任天堂公司终于推出了传闻已久的 16 位家用游戏机 SFC——超级任天堂。虽然错过了一段宝贵的时间,但是由于任天堂拥有大批第三方游戏开发公司的支持,所以最后依然是日本玩家最关注的游戏主机。在 SFC 发售之前,任天堂就已经接到了 150 万台的订单。任天堂借助 RPG(角色扮演游戏)在日本市场站稳脚跟之后,携第三方游戏开发公司反攻欧美市场。

5. 32 位机来临,3D 时代开启

摩尔定律持续发挥作用,3D 图像技术的应用使得游戏的画质和体验都得到了非常大的改善,电子游戏正式步入 3D 时代。

20 世纪 90 年代,图形技术在以下三个方面有了较大的发展:

1)图形技术革新与大进步;

2)3D 图形软件大进化;

3)计算机图形技术开始向影视、动画、游戏等各个行业渗透。

如图 1-7 所示的是计算机图形技术中的运动捕捉技术。

图 1-7　运动捕捉技术

其中最为明显的进步就是，在 20 世纪 90 年代，图形技术已经发展到可以实现虚拟特技双打的程度。摄像头跟踪软件经过改进之后，可以实现之前不可能实现的日益复杂的视觉效果。

Wavefront 公司于 1992 年发布了 Dynamation 软件之后，又成功推出了 Personal Visualiser 软件，这是一款桌面式高级渲染工具，可用于帮助用户建立模型。1993 年，Wavefront 公司收购了汤姆逊数码影像（TDI）及其探索的创新产品——一个工具套件，其中包括 3DESIGN 建模，即利用 IPR（Interactive Photorealistic Rendering，交互式真实照片级渲染）技术为动画和互动真实感进行渲染。

1996 年，Krishnamurty 和 Levoy 发明了法线贴图法，使得原本需要 400 万个三角面才能呈现的模型，通过 500 个三角面加上法线贴图就可以实现相同的视觉效果（如图 1-8 所示）。

 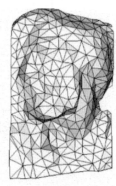 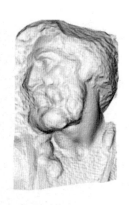

400 万个三角面的模型　　500 个三角面的模型　　500 个三角面加上法线贴图的模型

图 1-8　法线贴图的作用

1990 年，由起源公司（Origin Systems）开发的《星际恶棍》和《地下创世纪》游戏可以说是 3D 游戏的鼻祖，同时，起源公司也开创了以游戏名命名游戏引擎的先河，之后形成了惯例。但是，硬件技术的落后限制了 3D 技术的深入研究和发展，很快这两款游戏就淡出了人们的视野。

1992 年，塞尔模型 1 游戏系统板上运行的《Virtua Racing》为 3D 赛车游戏奠定了基础，为电子游戏行业的扩展提供了更广阔的空间和更多的 3D 多边形图形。

1994 年，家庭游戏机市场开始了最大的一次变革，从曾经的 2D 游戏竞争转向 3D 游戏竞争，这次变革最明显的标志就是所有的家用游戏机都升级为 32 位机。

世嘉在16位游戏机的竞争中依靠抢占先机夺得市场，勉强与SFC打成了平局，这也在一定程度上影响了世嘉在32位游戏机中的竞争策略。在任天堂还没有准备好进入32位游戏机时代的时候，世嘉再次率先出手，于1994年11月22日发布了Sega Saturn，简称SS或者"土星"（如图1-9所示）。

图1-9　Sega Saturn

但在当时，世嘉怎么也没想到的是，半路杀出了一个"程咬金"。在世嘉推出SS的11天后，索尼也推出了自己的32位家用游戏机——PLAY STATION。

由于同属于32位游戏机，而且发布的时间非常接近，所以业界一直将PS和SS作为双方最主要的竞争对手进行比较。与SS不同的是，PS最大限度地利用了3D的图形图像功能，开始了与世嘉的对抗。双方在日本的销量交替上升，但在北美地区，出于市场策略的原因，世嘉惨败，索尼获得最终胜利。随着第三方游戏开发公司纷纷站队索尼，世嘉的SS再无还手之力。

而当所有人的目光都被PS和SS对战吸引的时候，任天堂开始同时开发 32 位和 64 位游戏机,并于 1995 年和 1996 年先后推出了 VB 和 N64。出于各种原因,VB 惨遭失败,而 N64 虽然推出最晚,但成为最奇特的主机。一方面,它革命性地使用了 CGI 的 3D 芯片,画面远超 PS 和 SS;另一方面,为了加快读取速度,它采用了保守的游戏卡带设计,使得开发大受限制。虽然第三方游戏开发公司主要集中于索尼阵营,但是任天堂依靠自身强大的开发实力,采取少而精的运作策略,仍然吸引了大批用户,成功地与索尼、世嘉形成了错位竞争。

在 32 位机时代,索尼与世嘉的竞争以索尼胜出告终,任天堂被边缘化,索尼成为游戏机新时代的霸主。世嘉惨败后,在元气大伤之余依然展开了最后一搏。

1998 年,世嘉接受了 SS 惨败的事实,推出了 DreamCast,简称 DC。这款游戏主机吸取了 SS 的种种教训,在性能上已经不输当时市场上的任何一款游戏主机,但是其游戏软件数量依然过少,且此时的世嘉已经伤筋动骨无力回天,勉强支撑几年后,随着索尼第二代游戏机 PS2 的推出,终于全面溃败。自此以后,世嘉不再是任天堂、索尼的竞争对手,最终退出游戏主机市场,变成了一家纯软件开发商。

之后的家用游戏机市场成了微软、任天堂和索尼的战场。

6. 体感游戏挤进微软、任天堂和索尼的天下

技术的更新迭代时刻影响着游戏产业的格局,随着体感技术和网络连接技术的发展,任天堂于 2006 年推出了新一代的电视游戏主机——Wii(如图 1-10 所示),将体感技术引入游戏行业。

Wii一经推出,销量遥遥领先。

图1-10　Wii

微软与索尼最大的区别在于Xbox的架构与PC一致,这使得大批PC游戏厂商都能够成功进入游戏机市场。而任天堂一贯推崇便携式的游戏机,虽然在画质上渐渐比不上PS和Xbox,但是其以占领消费者休闲时间的策略与微软和索尼形成错位竞争。在当时,由于体感功能的加入,微软的Wii在与索尼的PS3游戏主机的对抗中获得了较大的优势,但索尼依靠日渐成熟的开发环境、大量强大的第一方作品,也使其PS3在市场上站稳了脚跟。

受到Wii成功经验的启发,游戏机不再纯粹在视觉效果上展开竞争。索尼和微软纷纷开始开发自己的底层技术,并加紧研发新的3D画面。它们认为,3D效果和体感将是下一个时代争夺的制高点。

7. PC游戏的发展

主机游戏的市场是随着电子游戏机的迭代而发展的,从一开始就被打上了财大气粗的烙印。PC游戏市场则与之相反,是许多技术爱好者在自家的车库和卧室里开始开发的。

随着 Apple-II 以及之后 IBM-PC 的普及，PC 游戏产业也随着个人电脑的普及而兴起。

在"雅达利冲击"后，北美的游戏行业几乎全部倒向了 PC 市场。PC 主机的结构与游戏机不同，PC 主机的内存更大，存储容量更大，CPU 也要快得多，但是没有游戏机的图形专用芯片，输入设备也完全不同。所以在发展中，PC 游戏诞生了 FPS（第一人称射击）和 RTS（即时战略游戏）等游戏主机所没有的游戏类型。另外，由于 PC 硬件的可开发性，PC 也成为各种游戏的实验基地。现在流行的网络游戏，就是从 PC 起家的，从只有文字界面的 MUD（《多使用者迷宫》，是一款多人即时的虚拟世界游戏，以文字描述为基础）开始逐步发展，取得了现在的辉煌成绩。

因为 PC 平台的独特性，所以游戏厂商需要统一的平台。于是微软为 Windows 95 制作了 DirectX，3D 加速卡的诞生为 PC 游戏开创了一个新时代。PC 架构也在不断地影响着游戏机的发展，微软的首部游戏机——Xbox，几乎就是一台奔腾 3-P33 加上 GeForce3 显卡的组合，当今的主流街机基板几乎也都是 PC 配置 Windows 内核和加密技术的结合体。

现在，无论是西方国家的游戏机市场，还是日本的游戏机市场，都是家用游戏机的天下，PC 市场正在不断衰退，但是日益兴起的网络游戏和社交游戏似乎又为 PC 游戏市场注入了强心剂。在西方国家，以 Steam 为首的数字媒体销售平台正越做越大，PC 游戏市场可能会再一次成为市场先锋，依靠网络成为数字发行与游戏网络消费的龙头。

8. 移动游戏的发展

最早的移动游戏是 1994 年安装在 Hagenuk MT-2000 设备上的《俄罗斯方块》。而后在 1997 年，诺基亚推出了《贪吃蛇》游戏，并获得巨大成功，即便时至今日也依然流行。在当时，该游戏被预装在诺基亚生产的大多数手机中，在全球拥有近 3.5 亿的装机量。

21 世纪初，日本开始流行移动游戏，比美国和欧洲还早了几年。到 2003 年，各种各样的移动游戏都可以在日本售卖的手机上找到，包括虚拟宠物游戏、使用摄像头的游戏，以及具有超高画质的 3D 游戏。早期的街机风格游戏也在手机上变得特别流行，于是手机成为更便携的"游戏机"。

这一时期，移动游戏作为各大手机厂商定制的专属游戏，为手机生产企业带来了众多用户，同时也有了巨大的销量，这是移动游戏的第一个黄金时代。

2003 年，诺基亚试图使用 N-Gage 创建自己的专用移动游戏平台，但由于不受欢迎的设计决策、糟糕的软件支持以及来自手持游戏主机的竞争，这项尝试最后以失败告终。但 N-Gage 品牌作为诺基亚通用电话公司的游戏服务依然维持了数年时间。

2000 年，在欧洲，In-fusio 在"莱斯游戏"门户网站上推出了可下载的移动游戏。以前通常都是由手机制造商直接安装移动游戏，手机运营商也会充当移动游戏的发行商。由于运营商没有精力与众多游戏开发商打交道，因此手游发行商开始充当运营商和开发商的中间人,这又进一步降低了开发商的分成比例。

苹果公司于 2008 年推出的应用商店彻底改变了移动游戏的安装市场。

第一,这种模式增加了消费者下载应用程序的选择内容,比如,应用商店、运营商商店或第三方商店(如 GetJar 和 Handango)。然而,苹果用户只能使用苹果应用商店,因为苹果禁止通过任何其他分销渠道分销应用。

第二,移动开发者可以直接将应用上传到应用商店,而不需要像之前那样与发行商和运营商进行冗长的商业谈判,这可以提高他们的收入,使得手机游戏开发商能有更大的动力。

第三,应用商店和设备本身的紧密结合可以方便众多消费者直接下载应用,游戏市场也因此获得了相当大的推动力。

苹果公司重新定义了智能手机的硬件形态,同时,应用商店和第三方开发者的生态模式也让移动游戏迎来了第二个黄金时代。

与之前的智能手机和类似设备不同的是,苹果的 iPod Touch 和 iPhone 没有物理键盘,但配备了触摸屏。竞争对手的移动操作系统 Android 也采用了这一功能,因此触摸屏很快便成为移动游戏最常用的输入方式。在应用商店推出后不久,获得商业成功的移动游戏如雨后春笋般出现在市场上。

很多移动游戏通过应用商店获得了早期的成功,如《愤怒的小鸟》《Rolando》《飞行控制》和《Doodle Jump》,这些游戏都是广为人知的成功案例,它们为移动游戏带来了数百万新玩家,并鼓励早期开发者和发行商在这次"淘金热"中进入市场。

至今,移动游戏仍然是电子游戏市场增长最快的领域之一。

9. 网页游戏的发展

网页游戏又称 Web 游戏、无端网游,简称页游,是基于 Web 浏览器的网络在线多人互动游戏,无须下载客户端,不存在机器配置不够的问题,最重要的优点是关闭或者切换极其方便。

1995 年,FutureWave Software 公司想要挑战 Macromedia 公司的 Shockwave 程序,它通过添加逐帧动画的方式来修改软件 SmartSketch。这些工具已经发布于 FutureSplash Animator 中,可供 PC 和 MAC 电脑使用。1996 年 12 月,FutureSplash Animator 被 Macromedia 收购,动画编辑器更名为 Macromedia Flash。Macromedia Flash 和 ActionScript 编程语言的发布为开发人员使用浏览器制作游戏奠定了基石。

1997 年,Sun Microsystems 公司推出了一个名为 HotJava 的网站。用户通过支持 Java 的任意浏览器打开此网站,即可运行网站上的"小程序"。

ClassicGames.com 是最早火起来的能玩网页游戏的国外网站之一。在这个网站上,玩家可以玩互联网上最受欢迎的 Java 多人游戏,如国际象棋、跳棋等。这个网页游戏网站之所以被总公司注意到,是因为从 1997 年 11 月到 1997 年 12 月,该网站的新用户注册数量从 50 000 激增到了 60 000。1998 年,雅虎正式收购了该网站,并成立了 Yahoo!Games。

1996 年，微软收购了小型网页游戏网站 The Village。虽然该网站在 1997 年引起了《洛杉矶时报》的注意，但人们还是认为该网站"画蛇添足"。这是因为用户必须下载超过 3 MB 的额外软件才能玩游戏，而且只有微软官方的 IE 浏览器才能运行该网站。几年之间，The Village 被多次更名，如"Microsoft Zone""MSN Games"等。

随着网络速度的提升，网页游戏市场开始持续增长。休闲游戏网站 King.com 的创始人托比·罗兰德在 2007 年曾说过："宽带普及是该行业的主要驱动力之一。另一方面，闪存技术本身的质量也得到了提高。"

1.1.2 海外电子游戏市场格局

随着全球互联网的发展以及电脑、智能手机、平板电脑等电子设备的更新换代，网络游戏的载体和类型也在不断丰富，游戏品质不断提高，各细分游戏类型均有庞大的受众群体，全球游戏市场迅速崛起，市场规模逐步扩大。

在新一代技术革新的影响到来之前，当前海外电子游戏市场已经趋于稳定，游戏行业也细分成了游戏开发、游戏发行、游戏平台、游戏运营等领域。其中，从游戏平台的角度来看，头部市场分别为主机游戏、PC 游戏和移动游戏；从玩家的角度来看，玩家从之前的卡带游戏、光盘游戏逐渐转变为习惯于使用数字版游戏内容，并且更热衷于在线社交游戏。另外，移动游戏对人们娱乐方式的影响正在逐年提高，举个例子，在日常生活中，地铁上、公交上、等红绿灯时，玩手机游戏已经成为一种非常普遍的娱乐方式。

1. 海外电子游戏市场概览

近年来,全球游戏市场规模正在逐渐扩大,2019年达到了1457亿美元,预计2020年将达到1593亿美元,同比增长9.33%(如图1-11所示)。其中,亚太地区的游戏收入占全球比重最大,占比近一半(49%),北美地区排名第二,占比为25%。

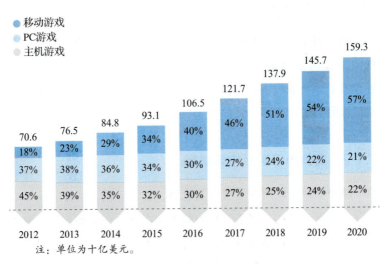

图1-11 全球电子游戏市场规模(图片来源:Newzoo)

从细分市场来看,手机等移动设备作为便携性较好的终端,在处理器、内存等硬件能力提升的同时,加上近几年竞技游戏《绝地求生》(PUBG)手机版和塔防类衍生游戏(《自走棋》等)的出现,将移动游戏的市场占比提升到了力压PC游戏和主机游戏的高度。

从Newzoo公布的全球游戏市场报告中可以看到,移动游戏在2015年就占据了34%的市场份额,而且有望在2020年达到57%的市场份额。

从玩家的消费习惯上看，玩家在游戏增值内容上的付费意愿已经被培养起来，购买游戏本体的花费占比逐年降低。而且购买数据显示，玩家更愿意购买数字版而非光盘版游戏。

如图1-12所示，在2011年，实体游戏的收益规模占市场的80%，而到2017年时则降到了46%；在2011年，DLC（追加可下载内容，如资料片、额外角色，等等）收益仅占电子游戏市场的20%，而到2017年时则提升到了54%。在这7年的时间里，DLC市场份额提升了170%。

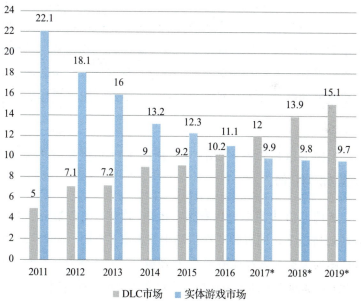

注：收入单位为十亿美元；*表示预测。

图1-12　2011—2019年电子游戏分发形式细分市场规模（图片来源：WePC.com）

DLC 市场占比的快速增长主要出于以下原因：

第一，从开发者的角度来看，对比开发新游戏和在已有游戏的基础上提供 DLC 这两种方式来创造营收，前者会极大地增加开发成本；

第二，从运营商的角度来看，如何运营玩家群体成了主要的工作内容，因而基于游戏创造二次变现的机会变得更多；

第三，从玩家的角度来看，相比于接受一款新游戏，在已有的游戏上体验 DLC 带来的新内容会有更多的精神享受。

从游戏玩法上看，根据权威机构 GlobalData 的预测，PC 游戏和移动游戏中，具备社交、竞技属性的游戏越来越受玩家喜爱。因此，随着电子游戏的大众化，玩家的偏好逐渐从线下的单机游戏转向线上的具备更多社交、竞技、沉浸属性的网络游戏。

如图 1-13 所示的是 2018 年、2021 年和 2025 年游戏市场的预测情况对比图。

从图 1-13 中我们可以看到，在 PC 游戏、主机游戏、移动游戏的挤压下，网页游戏在市场中并无成长空间。而 PC MMO（PC 端的大型多人在线游戏）、移动游戏（大部分为社交类轻便游戏）市场的成长速度会加快，主机游戏市场的增速则相对比较稳定。

全球电子游戏市场正在朝着多元化的方向发展，游戏将带动各个产业共同发展，玩家也需要更多的交互方式。

一方面，游戏本身是一段连续的画面，所以基于游戏生成的游戏视频内容便形成了不可小觑的市场，比如游戏直播、攻略点播，等等。另一方面，随着电子竞技行业的不断规范、主流媒体的关注，电子竞技行业商业化、规范化的趋势已愈发明显，特别是近年来将电子竞技纳入奥运会项目的呼声越来越高，在2018年的雅加达亚运会上，电竞游戏《英雄联盟》就被正式纳入亚运会项目。

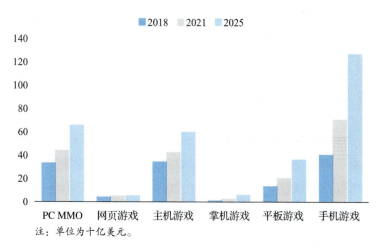

注：单位为十亿美元。

图1-13 三年游戏市场预测（图片来源：GlobalData Thematic Research）

2. PC游戏市场仍呈健康增长的态势

2012年，随着硬件的发展，PC游戏市场规模上升较快，随后呈现出逐年稳步上升的态势。截至2017年，全球PC游戏市场增速减缓，2019年市场增速同比2018年下降了3%左右，根据Newzoo的预测，PC游戏市场将在2020年再次回暖，达到335亿美元（如图1-14所示）。

图 1-14　全球 PC 游戏市场规模（图片来源：Newzoo）

海外的 PC 游戏平台主要有 Steam、Epic、Origin、Uplay 等。随着技术的进步，加上 Unreal、Unity3D、Cocos 等游戏引擎的成熟以及游戏行业的发展，仅在 2018 年，Steam 平台新发行的游戏数量就达到了峰值 9050（如图 1-15 所示）。

虽然游戏发行数量有所下降，但是 PC 游戏市场的规模依然呈现出上升趋势，原因是游戏内容逐渐向精品化方向发展，游戏 IP 和更多头部内容的衍生品将会是游戏发展的一个重要方向。

另外，随着 PC 端游戏内容趋于精品化和多样化，用户规模的增长等利好因素的出现为 PC 游戏带来了更多像《荒野大镖客：救赎 2》《暴雨》《旅程》和《光环：致远星》等 3A 级主机游戏内容。而且，在游戏跨端化的趋势下，原本自产自销的任天堂 Switch 也经受不住 PC 游戏这块大蛋糕的诱惑，向无数独立游戏敞开了大门。

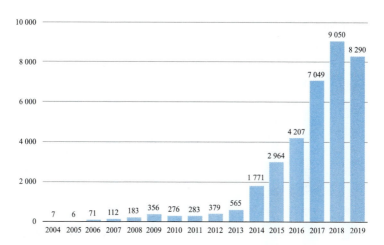

图1-15　2004—2019年Steam发行的游戏数量（图片来源：Statista）

除了游戏内容的移植之外，2020年5月，微软宣布Xbox Game Pass服务（该服务使得玩家在PC上体验Xbox游戏成为可能）登录Windows系统，这为PC游戏用户带来了主机游戏形态的订阅服务，同时将促进PC游戏用户的进一步增长。

由此看来，整个游戏领域开始朝着与原本相反的方向（非独占）发展，跨平台将会是游戏开发商用来拓宽用户量级的重要手段。

3. 主机游戏用户饱和，增速放缓

主机游戏市场占比逐年下降，总体市场规模增速放慢。根据Newzoo统计，从市场占比上看，主机游戏在2012年的市场占比为45%，远超其他游戏，而在2015年，主机游戏市场占比就下降到了32%，预计在2020年会持续下降到23%。在市场收入上，主机游戏虽然仍呈逐年增长的态势，但很明显已进入低速发

展期（如图1-16所示）。

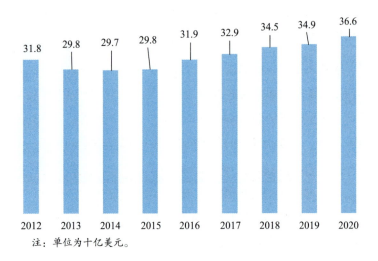

图1-16　2011—2020年主机游戏市场收入（图片来源：WePC.com）

在2015年前后，虽然在硬件的更新频率以及性能表现方面PC游戏更有优势，但是由于受到盗版的侵害，厂商并没有针对PC平台积极地推出游戏产品，因而主机游戏在一段时间内仍具有天然优势。

近年来，随着互联网的普及和发展，PC游戏的复兴首先从网络游戏开始。在很多主机游戏尚未进入的市场，PC成为最普及的游戏工具。Valve也通过Steam平台完成了从游戏厂商到平台商的转变。再加上移动游戏的冲击，主机游戏似乎需要思考新的运营模式。

另外，游戏主机的市场前景与游戏内容库息息相关。充足的游戏内容库将为消费者提供购买游戏主机的理由，从而为游戏主机创造更多的机会。主机开发商将通过降低设备的利润率来鼓励游戏主机的销售，因为从软件使用费中获得的利润要比主机本身的销售利润多得多。

通常来说，主机游戏会与游戏主机进行捆绑销售，可以通过在特定的游戏主机上独占或者通过使用已有的知识产权（IP）来实现。典型的案例如 Atari 2600 的吃豆人，该游戏是一个著名的街机游戏，为 Atari 2600 的销售做出了巨大的贡献。

新游戏主机的发售一般都会伴随着其独占的游戏内容，索尼和微软将在 2020 年年底分别发布其标志性的第五代游戏主机 Playstation 5 和 Xbox Series X，希望新主机的推出可以对主机游戏市场产生一定的正面影响。

4. 移动游戏市场生机勃勃

全球移动游戏市场在 2012 年还只有 127 亿美元的规模，经过 6 年的发展，随着移动设备的普及和网络的发展，以及在移动广告的影响的加持下，2018 年达到了 454% 的增长。并且，各大厂商预计推出各类《自走棋》《荒野乱斗》等现象级应用，根据 Newzoo 的数据估算，即使是在疫情的影响下，全球移动游戏也将于 2020 年冲击 908 亿美元的市场规模（如图 1-17 所示）。

相较于 PC 游戏和主机游戏，移动游戏的成功因素可以归纳为以下几点。

第一，手机游戏下载方便，大多免费。 在 Apple App Store 推出之前，大多数移动游戏都是由美国无线运营商负责销售的，例如，AT & T Mobility、Verizon Wireless、Sprint Corporation 和

T-Mobile US。在欧洲，游戏由运营商和第三方商店共同销售。

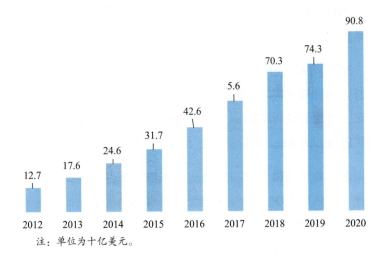

图 1-17　全球移动游戏市场规模（图片来源：Newzoo）

在 Apple iOS、Google Android 和 Microsoft Windows Phone 等移动 OS 平台发布之后，移动 OS 开发人员就开始支持数字内容的下载，用户可以在使用对应的 OS 的设备上运行游戏或通过 PC 上的软件运行游戏。这些前端（如 Apple App Store）作为集中式数字下载服务平台，可从中下载各种娱乐软件，包括游戏，如今大多数游戏都是通过它们进行分发的。

许多移动游戏都是免费分发给最终用户的，开发者的盈利模式主要是收取广告费，例如《Flappy Bird》和《Doodle Jump》。后者遵循"免费增值"模式，在该模式中，基本游戏都是免费的，但可以单独购买该游戏的其他增值服务，例如，道具、金币等。

第二，移动游戏的用户门槛更低。随着互联网的发展，每个家庭都拥有一台游戏主机很难实现，但是几乎每个人都拥有一部甚至多部手机。因而玩家可以随时随地通过移动设备接触到移动游戏。

第三，手机游戏基于碎片时间的设计理念可以提高游戏的游玩率。 通过短时间的游玩使用户获得较高的满足感是主流移动游戏开发商需要实现的目标。在较短的时间内，通过尝试休闲的、轻快的游戏来放松一下，这种行为已经成为用户的一种习惯。

在 4G 网络普及、用户年轻化以及细分市场深化等因素的共同作用下，移动游戏用户规模实现了爆发式的增长，用户在体验游戏一段时间之后，必然会有新的需求，诸如竞技、分享、对抗、同玩等功能。如何将移动游戏与这些社交类的元素相结合，将会是下一个移动游戏时代需要解决的核心问题。

5. 游戏直播崛起

游戏直播是指利用视频推流技术直播操作游戏的过程。当游戏直播完成后，直播平台还可以为玩家提供重播、点播等服务，以延长直播的生命期。专业的主播通常会将高水平的操作、丰富的游戏知识与有趣的解说相结合，并从赞助、订阅和礼物打赏中获得收入。

2016 年，游戏直播的市场规模还只有 44 亿美元，随着平台的完善和对游戏内容的挖掘，在 2019 年，游戏直播的市场规模达到了 59 亿美元，上升了 34%（如图 1-18 所示）。

事实上，直播这种玩法于 2010 年中期在 Twitch、YouTube、Facebook 和其他平台上就已经开始流行。到 2014 年，Twitch 上的流量已经超过了 HBO（Home Box Office，总部位于美国纽约，是一家有线电视网络媒体公司。HBO 电视网于 1972 年开播，全天候播出电影、音乐、纪录片、体育赛事等娱乐节目）的在线服务。

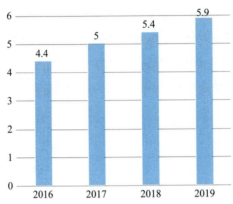

注：收入单位为十亿美元。

图 1-18 2016—2019 年游戏直播收益表（图片来源：WePC.com）

目前，海外的游戏直播平台以 Twitch 为主（如图 1-19 所示），其余平台如 YouTube 和 Facebook 等巨头也在不断争抢游戏直播市场，比如，Twitch 从 YouTube 的阵营中带走了 Nick Eh 30，YouTube 从 Twitch 那里带走了 CourageJD 和 Lachlan。

图 1-19 海外直播平台观看时长统计（图片来源：StreamElements Blog）

其实，目前主要的流媒体平台在基础设施方面已经达到了同等水平，焦点主要集中在游戏内容上。像主流的《Dota2》《英雄联盟》《堡垒之夜》等具备竞技属性的游戏通常是游戏直播平台上观众最多的。

从游戏直播的收入层面进行分析，全球游戏直播市场可以细分为游戏直播平台、直播硬件和游戏直播服务。游戏直播平台的收入主要来自广告和高级账户订阅。随着移动设备的市场占有率的提高，以及基于Web的解决方案的出现，直播这种通过视频流观看游戏的方式，如果能再结合一些互动能力来转化用户，则将拥有巨大的市场发展潜力。

6. 电子竞技快速发展

电子竞技伴随着网络游戏兴起，从游戏内容本身衍生出了各种各样的赛事内容，如表演赛、季度赛、冠军赛、挑战赛，等等。在2012年，全球电子竞技市场的收入仅有1000万美元，而到了2019年，电子竞技市场的收入约为11亿美元，可见其成长速度之快（如图1-20所示）。

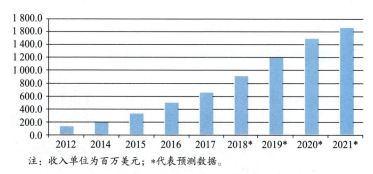

注：收入单位为百万美元；*代表预测数据。

图1-20　2012—2021年全球电竞市场营收统计及预测（图片来源：Statista）

电子竞技离不开游戏内容，所有的电竞赛事都是基于游戏来开展的。国际上有很多用来作为电竞赛事的游戏，像著名的《Dota2》已经举办了 9 届电竞赛事。这意味着电竞赛事已经渐渐走向成熟，催生了诸如赞助商、选手、俱乐部等电竞领域的细分市场。

正如国际奥委会在《奥林匹克宪章》中所说的："每一个人都应享有从事体育运动的可能性，而不受任何形式的歧视，并体现相互理解、友谊、团结和公平竞争的奥林匹克精神。"电子竞技也体现了奥林匹克精神。

电子竞技能展现在某一个时间段内某款游戏的天花板是什么，让玩家不仅能够自己在游玩中体验游戏，还能看到职业选手秀出的高端操作，从而刺激玩家继续深入挖掘游戏，为游戏带来二次增值。而且，在一般情况下，电子竞技会以零门槛的方式让玩家通过直播进行观看，从而带动游戏直播市场的发展。因此，游戏产业是基于游戏内容的，游戏产业的发展既会走向多元化，最终也会相互作用，实现共赢的局面。

1.2 我国电子游戏发展脉络与市场格局

电子游戏起源于西方，全球电子游戏产业已有四十多年的发展历史。我国最早成型的游戏市场是在台湾，在 20 世纪 90 年代中期，台湾就已经拥有了大量的研发公司和代理公司，形成了一套完整的产业链。而我国大陆的游戏产业则发端于 1994 年，所以在主机游戏和 PC 游戏上都未占得先机。1994 年之前，虽已有电子游戏，但并没有形成真正的游戏产业，随着互联网的发展和技术的更新，大陆的电子游戏产业进入了日新月异的发展阶段。

进入 21 世纪后，随着国内游戏产业生态环境的不断完善，游戏企业加大了先进技术研究和关键技术应用的投入，将新技术融入游戏产品的研发和运营管理中，为精品游戏的推出提供了强有力的技术支撑。在大力推行精品化游戏战略的导向下，我国游戏市场的快速发展也吸引了越来越多国际机构和企业的关注，从而使得我国的游戏产品在国际上的核心竞争力不断增强。

1.2.1 我国电子游戏发展脉络

台湾游戏产业发迹相较大陆早，1995 年后，有不少台湾公司开始开拓大陆市场，但是当时游戏市场容量小，存在盗版问题，游戏产品也异常单一。虽然游戏市场也在不断发展，但是始终限制在一个很小的格局中，真正优秀的原创游戏，在当时还是藏在很多玩家心中的一个梦，而游戏市场的爆发性发展要等到网络游戏出现以后。

1. 大陆游戏产业元年

1994 年，看似平淡无奇的一年，却因为两个标志性的事件成为游戏产业元年。

第一，游戏媒体的发布。大陆第一本专业游戏杂志《电子游戏软件》正式创刊。《电子游戏软件》的前身是 1993 年夏天出版的专辑《GAME 集中营》。1994 年 5 月，在《GAME 集中营》出版两辑之后，《电子游戏软件》正式创刊了，成为第一本以电子游戏为主要内容的专业杂志。它的出版者先锋卡通公司则是在大陆市场游戏产业早期曾经扮演过重要角色的前导软件的前身。该专辑的主要内容包括当时流行的电子游戏的攻略、游戏幻想小说以及针对国外著名游戏公司的产品的评论,并在此后相当长的一段时间内从架构上为游戏杂志的基本栏目设定奠定了雏形。

第二,游戏内容的发行。北京金盘电子有限公司是一家以出版 CD-ROM 为主业的中外合资公司,其在 1994 年出品的《神鹰突击队》成为大陆第一款自主研发的原创游戏。此后,《神鹰突击队》等一系列军事类题材的游戏产品(包括《历史大登录》《波黑战争》等)拉开了国内原创游戏的序幕。

2. 大陆游戏产业的萌芽期

在金盘电子公司于 1994 年以《神鹰突击队》系列产品拉开了大陆市场原创游戏产业的序幕之后,原创游戏很快就迎来了其发展的第一个高峰期。到 1996 年 2 月,涌现出了一批致力于原创游戏研发、发行的公司和团队,也出现了一批在当时看来真正具备可玩性并被专业玩家认可的作品。

与后来的网游时代相比,无论是游戏公司和作品的数量,还是游戏作品的质量和市场规模,这一时期都显得非常微不足道。大陆最早的这批游戏公司和游戏产品为游戏产业的起步和发展做出了不可磨灭的贡献。

1994 年到 1996 年,虽然只有短短的两年,但是在这两年的时间里,大陆市场的游戏产业已经历了从无到有的过程,拥有了游戏制作公司、游戏发行公司、游戏专业媒体,并推出了最早的一批游戏产品。

3. 单机游戏产业的兴盛

1997年到1999年是我国游戏产业发展的第一个高峰期，中国的原创单机版游戏在这一时期经历了跌宕起伏、由盛而衰的巨大变化。

1991年，台湾大宇游戏公司构思了一个新的游戏世界，吸引了一大批志同道合者，他们的名字在如今的游戏界如雷贯耳——姚壮宪、谢崇辉、张毅君等，他们共同成立了一个打造这个游戏世界的工作室——"狂徒工作室"，而这款游戏就是影响了整整一代人的《仙剑奇侠传》。

2001年年末，上海盛大游戏代理的韩国网络游戏《传奇》正式上市。2002年盛大游戏宣布《传奇》最高同时在线人数突破50万，成为全球用户数量第一的网络游戏。

2001年，我国游戏出版物市场规模约5亿元人民币，其中网络游戏占3.1亿元，首次超过了单机版游戏(电子游戏出版物)的市场规模。自此，网络游戏取代单机游戏成为新的主流。

4. 3D网游的出现

进入21世纪后，由于大量外来网络游戏产品、人才、资金、技术的进入，同时自身的经营水平、市场规模都有了进一步的提高，因此我国电子游戏出版产业出现了新的生机。

从2000年7月台湾华彩在大陆推出第一款网络游戏《万王之王》，到2001年7月，这一年里参与运营的网络游戏商和产品都可谓市场先驱。由于当时市场竞争尚不激烈，因此这些网络游戏都有不俗的表现，代表产品有《万王之王》《网络三国》《千年》《石器时代》等。《石器时代》是早期网络游戏中最为火爆的产品，而真正被称为一代王者的则是盛大游戏代理的《传奇》。

2001年3月，北京中文之星数码科技有限公司推出了大陆第一款原创网络游戏《第四世界》，虽然填补了大陆原创网络游戏的空白，但最终草草收场。

2005年，《魔兽世界》开始进入大陆游戏市场，于2005年4月26日开始公测，2005年6月7日正式开始运营。《魔兽世界》不仅极大地推动了网游产业的发展，而且广受玩家欢迎，至今仍有来自全球各地的用户积极加入。

此后，国内电子游戏开始向多元化的方向发展，主要以网络游戏、单机游戏、网页游戏和移动游戏为主。

21世纪后，我国游戏市场迅速进入网络游戏时代，政府开放政策，外资游戏公司大举进入国内市场，挤压国内开发商，国内市场陷入国产低潮期。

5. 网页游戏和小游戏

在2007年，网页游戏（页游）的发展并不像如今这样充满机遇和商机。在客户端网络游戏鼎盛的年代里，似乎很少会有人重视网页游戏。玩法粗糙、画面简陋是早期网页游戏给玩家留下的印象。

在客户端网络游戏优质的画面和丰富的玩法面前，网页游戏显得弱小无力。然而，在国内页游平静无波的那几年，国外页游却在以自己的方式发展着,尤其是 Flash 与 Java 技术的不断成熟,使得许多简单的单机游戏可以直接在网页上游玩了。

我们现在所熟知的网页游戏类型实际上是伴随着社交游戏的东风发展起来的。

当"偷菜"一词成为 2009 年最为流行的网络词汇的时候,也正是"压秒""追秒""狼羊大战"等策略类页游兴起之时。当时的策略类页游在诸多方面都借鉴了社交游戏的特性,并且取得了出人意料的巨大成功。无数玩家为之疯狂,媒体也为其宣传助阵,社交游戏达到鼎盛时期。

6. 移动游戏

在 Android 系统问世之前,各个手机厂商的操作系统各不相同,它们都为自己的产品开发了简单的手机游戏,如《贪吃蛇》《俄罗斯方块》《打砖块》等。

随后,虽然手机操作系统还没有统一,但是大都兼容了 Java,可以从网上下载 Java 安装包以进行手机游戏的推广,这在一定程度上促进了移动游戏的发展,有的 Java 游戏甚至已经实现了多机对战。

Android 系统凭借其开源特性迅速培育起了庞大的开发者生态系统。国内移动游戏产业伴随着智能终端产业的繁荣发展以及 4G 网络和社交应用的发展,迎来了第三个黄金时代。

Android 系统的普及使得移动游戏市场出现了爆发式的增长。智能手机的发展使得 Android 手机可以兼容大多数的游戏(Android

系统中运行的游戏 Android 安卓游戏），画面丰富、色彩鲜艳、音乐节奏感强，这些正是当今手游市场的主要特性。

Android 游戏吸引了很多 IT 企业的投资，变成了可盈利的产品，主要代表是腾讯和盛大，两家企业代理了许多移动游戏。他们通过销售虚拟的游戏币来获得收入，同时加入了许多网络对战系统，使得移动游戏市场变得丰富起来。

2015 年之后，手机性能大大提升，推动了移动游戏的快速发展，同时国产游戏业经过多年的淘汰与整合，大批新工作室成立并采取与巨头级公司（如腾讯、网易等）合作的方式来取得资金和管理服务以寻求发展。更多人才开始投入电玩行业，并将之视为大型产业，《王者荣耀》《列王的纷争》等席卷全国的现象级国产手游开始出现，并热销国内外。尤其值得一提的是，《荒野行动》游戏进入了传统电玩大国日本，并在单年斩获了 20 亿人民币以上的收入，引来众多关注。

7. H5 小游戏

2014 年，《围住神经猫》游戏进入大众视线，开启了 H5 小游戏的元年，当时在微信朋友圈的用户量过亿。

2015 年，《框挂传奇》和《奇迹西游》月流水上百万，市场规模达 1.54 亿人，H5 小游戏的数量达到 3191 款。

2016 年，《愚公移山》推出游戏内购，《传奇世界 H5》月流水破 3000 万。

2017 年，《大天使之剑 H5》公测 24 天，流水破亿，逐渐形成盈利效应,这一年H5小游戏的数量达到8851款。

2017年12月28日,微信6.6.1版本开放了基于微信小程序的H5小游戏。此时,小游戏有了统一的行业规范和标准。即点即玩,无须下载和安装,体验轻便,可以与微信内的好友一起玩,比如PK、围观等,玩家可以尽情享受小游戏带来的乐趣。微信小程序以最大的中文社交App微信为平台,衍生出了巨大的产业价值。

与此同时,微信提供的开发框架也极大地减少了游戏开发者的开发周期和开发成本。以开发周期为例,微信H5小游戏的开发周期基本上只有移动游戏的一半。

2020年1月10日,在广州的微信公开课上,微信在小游戏上交出了漂亮的成绩单。2019年,微信小游戏累计服务用户超过10亿,单个游戏开发团队最多年分成超过2.6亿。

H5小游戏的成功可以归结为几点:整合碎片时间、补充社交、晚上服务以及流量变现。

1.2.2 我国电子游戏市场格局

2017年4月,在文化部2017年全国文化产业工作会议上发布的《文化部"十三五"时期文化产业发展规划》提出:要培育一批具有较强品牌影响力和国际竞争力的骨干游戏企业,创作生产一批内容健康向上、富有民族特色的游戏精品。推进游戏产业结构升级,推动网络游戏、电子游戏等游戏门类协调发展,促进移动游戏、电子竞技、游戏直播、虚拟现实游戏等新业态发展。"因此,作为新型文化产业之一的电子游戏产业,随着监管体系的逐步完善,在产业鼓励政策的推动下,将持续健康繁荣发展。

1. 我国电子游戏市场概览

Newzoo公布的2019年全球游戏市场统计数据显示,中国、美国、日本为全球电子游戏市场收入排名前三位的国家,三大市场的总规模约为907亿美元,约占全球游戏市场总规模的60%(如图1-21所示)。

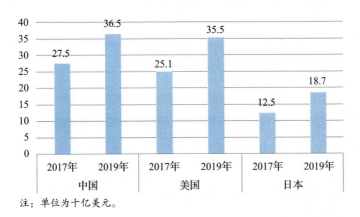

注:单位为十亿美元。

图1-21 2017年和2019年全球前三大游戏市场收入情况(数据来源:Newzoo)

2018年,受政策影响,我国游戏行业经历了游戏版号审批冻结、总量调控等变革,被游戏业内人士称为转折之年,也是我国游戏产业环境优化改革之年。

我国移动游戏市场拥有全球规模最大的用户群体,这也是我国移动游戏市场发展的基础。游戏开发者渐渐熟悉了PC游戏和主机游戏的体验,并且可以成功复刻到手机游戏中,随着热门游戏和大型 IP 的进入，移动游戏市场将会拥有更好的发展前景。

我国的游戏直播产业也已进入黄金发展期，直播用户的增长也会拉动相应游戏的用户增长，为游戏开发者带来流量，同时刺激电子竞技赛事的举办。而电子竞技行业的发展又将进一步推动直播行业的发展。2019 年，《王者荣耀》《英雄联盟》《DOTA2》以及新上线的《APEX 英雄》《刀塔自走棋》等电子竞技游戏在各游戏直播平台上均获得了很高的播放热度。

2. PC 游戏进入成熟期，需要破局制胜

2019 年，我国 PC 游戏（客户端游戏）市场的实际销售收入为 616.9 亿元，同比 2018 年减少 4.5 亿元，同比下降 0.7%（如图 1-22 所示）。我国 PC 游戏市场已步入成熟期，进入存量竞争阶段，行业内部竞争激烈，又面临来自移动游戏的竞争压力，发展速度逐渐放缓。精品化战略将为 PC 游戏带来新的生机。

PC 游戏面临的问题其实也很明显，就是移动游戏的冲击和优质内容的欠缺。

首先，由于移动设备数量激增，消费者更容易接触到移动游戏，因此移动游戏市场展现出强劲势头，PC 游戏用户会随着"大势"被导入移动游戏市场。

其次，目前国内的 PC 游戏市场整体热度较低，除去有实力的独立开发商和老牌 PC 单机游戏厂商还在开发单机游戏之外，并无新鲜血液进入 PC 游戏领域，腾讯、网易等大公司的重心都集中在移动游戏内容的打造上，而一款能受玩家喜爱的 PC 游戏通常需要耗费好几年的时间精心打磨。

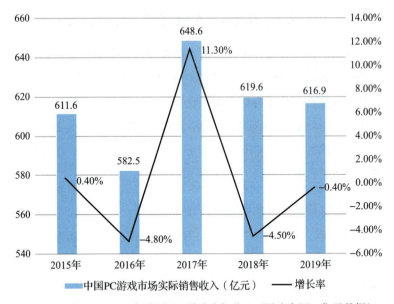

图 1-22　2015—2019 年我国 PC 游戏市场收入（图片来源：伽马数据）

机遇与挑战往往是并存的，移动游戏用户在长久使用移动端的小屏之后，会产生"大屏化"的需求。PC 游戏开发者应该把握这个机会，满足这部分移动游戏用户的需求，继续引领游戏市场茁壮成长，即为 PC 游戏破局制胜之法。

3. 主机游戏市场仍需破冰

伽马数据显示，从 2017 年至 2019 年，国内主机游戏市场收入增长缓慢，从 2017 年的 43.6 亿元增长至 2019 年的 53.6 亿元，增长率从 12.7% 降到了 8.9%（如图 1-23 所示）。而同期的 PC 游戏则增长到了 616 亿元，两者相差巨大。与海外的主机游戏市场相比，国内的主机游戏市场发展不尽如人意。

究其原因有两点。

图 1-23 2017—2019 年国内主机游戏市场收入（图片来源：伽马数据）

第一，国内主机游戏发展时间短。2000 年国务院七部委发布《关于开展电子游戏经营场所专项治理的意见》："自本意见发布之日起，面向国内的电子游戏设备及其零、附件生产、销售即行停止。任何企业、个人不得再从事面向国内的电子游戏设备及其零、附件的生产、销售活动。"当时，电子游戏经营场所过多过滥，出现大量违法、违规经营现象，因此，为维护社会治安，国内主机游戏发展被按下"暂停键"。

第二，国内玩家从端游时代很快跨越到了移动时代，人们尚未习惯购买游戏主机。以索尼游戏机 PS4 为例，从 2015 年到 2018 年的四年时间里，PS4 国行版的累计销量为 150 万台，与全球 9160 万台的出货量相比不值一提。微软游戏机 Xbox 没有公布销量数据,但其销量显然比 PS4 更为惨淡。在出货量少的情况下,用户基数就难以支撑整个主机游戏市场,因而 2019 年主机游戏占总游戏市场的份额极少。

虽然国内的主机游戏市场表现不佳,但是微软的 Xbox、索尼的 PlayStation、任天堂的 Switch 都已入华,大多数国外的 3A 游戏也渐渐有了中文版,玩家也能在商店买到正版的国外优质游戏,这些都在悄无声息地进行着,国内主机游戏的发展还需要一个契机。

4. 移动游戏全面开花

2019 年,我国移动游戏的实际销售收入依旧稳步提升,达到 1513.7 亿元,同比 2018 年增长 174.1 亿元,同比增长率为 13.0%(如图 1-24 所示)。

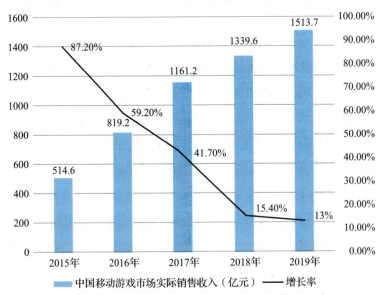

图 1-24　2015—2019 年我国移动游戏市场收入(图片来源:伽马数据)

> 移动设备由于具有易携带、强满足感和高质量等优势,已成为用户休闲娱乐的首选设备,并且随着 5G 与相关技术的发展,移动游戏市场将有较大的上升空间和稳定的增长率。

从移动游戏研发的角度来看,近年来,我国在全球的影响力正在不断增强,中国文化与中国元素在海外的传播更为广泛且接受程度越来越高,加之"一带一路"的推进,我国移动游戏在海外的布局将进一步深化。在相关利好政策的推动下,游戏研发、资金投入等方面还将继续增强,未来将有更多重度化和多样化的移动游戏向海外游戏市场输出,尤其是对发展中国家的输出。

从用户数量的角度来看,移动游戏在人口密集、经济发达的大城市里渗透率相对较高,而对于大部分中小城市和农村,仍有较大潜力。在中小城市及农村,居民的生活节奏较为缓慢,闲暇时间也更为充足。

如今国内的移动游戏市场发展得非常好,像《王者荣耀》《和平精英》等大型 MMO 游戏已成为家喻户晓的游戏,而开发者也正在努力让这些游戏更具中国文化底蕴,这将大大促进中国文化的传播,推动社会的和谐进步。

5. 网页游戏持续缩减

自 2015 年起,我国网页游戏市场实际收入持续下降,2019 年收入仅为 97.5 亿元,同比 2018 年减少了 29 亿元,同比下降 22.9%,并呈逐年下降之势(如图 1-25 所示)。

由于近几年移动游戏发展势头强劲,再加上很多成熟的网页游戏公司推出的产品缺乏创新,表现平平,只有传奇类游戏表现尚可，但是摆在玩家面前可供选择的内容和体验形式越来越多，PC游戏、主机游戏、移动游戏的发展都对网页游戏的市场空间形成了挤压。

图1-25　2015—2019年我国网页游戏市场收入（图片来源：伽马数据）

随着技术的更新迭代，相比较于移动游戏、PC游戏等，网页游戏的市场进一步萎缩，市场明显下滑。在这样的市场氛围下，网页游戏领域的资本投入也在随之减少，而这又将进一步加剧网页游戏市场的萎缩。

6. 游戏直播进入黄金发展期

2019年，国内游戏直播市场的实际销售收入突破百亿元（如图1-26所示），游戏直播市场的增长率仍然处于较高水平。随着虎牙、斗鱼等直播平台的上市，其他领域的企业（如快手、哔哩哔哩等）也陆续布局游戏直播领域，为这一产业的发展注入了更多动力。

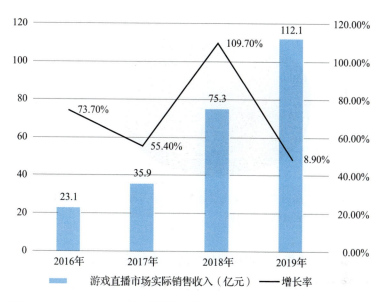

图1-26　2016—2019年国内游戏直播市场收入（图片来源：伽马数据）

竞技游戏直播一直是游戏直播中最受欢迎的版块。

自2013年开始，游戏直播伴随着当时热门的塔防竞技游戏《Dota2》和《英雄联盟》逐渐火热起来。竞技游戏本身就有着庞大的用户群体，结合当时相对比较成熟的聊天应用（如YY）和视频直播（如ACFUN）等技术平台，游戏直播很快进入快速发展阶段。

在Twitch于2014年被亚马逊收购以后，国内的资本也在游戏直播领域加大了投资，导致超过120个直播平台同时竞争。截至目前，直播行业已逐渐成熟，平台也走向了规范化，朝着健康竞争的方向快速发展。2019年国内游戏直播平台市场占有率情况如图1-27所示。

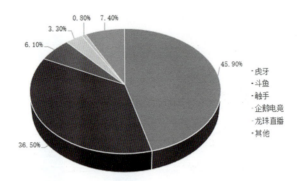

图1-27　2019年国内游戏直播平台市场占有率情况（图片来源：中国产业信息网）

游戏直播作为变现周期最短的一种直播类型，一直是各大直播平台发力的重心之一。从产业链的角度分析，游戏直播的上游是不同的游戏开发商、游戏运营商以及游戏直播平台下的不同主播，他们提供了直播平台的内容。下游则是直播平台的用户，用户可以从游戏直播中学习游戏操作的技巧，从关注的主播那里获得愉悦感，作为回报，用户可以对主播进行打赏，这也是直播平台的主要收入之一。

因此，游戏直播的关键竞争力可以总结为一句话：通过内容引流，用内容转化用户。流量、内容、用户质量等因素都将影响游戏直播平台的发展。

游戏直播还会带动周边产业的迅速发展，游戏直播产业链的深度融合将会催生出新的商业模式。未来,游戏直播将与公会/经纪公司、游戏公司、赞助商等合作,以进一步丰富和完善游戏的生态环境。

7. 电子竞技需要强心剂

目前,我国电子竞技的游戏用户渗透已处于较高水平。据伽马数据显示,2016 年,我国电子竞技用户数为 3.01 亿人,到 2019 年用户增长至 4.59 亿人,年复合增长率仅为 7.2%。虽然电子竞技市场总体呈现出健康稳定成长的趋势,但是从 2016 年到 2019 年的增长率却意味着电竞用户增长即将进入瓶颈期(如图 1-28 所示)。依靠人口红利推动产业增长的方式难以持续,而产业内的用户沉淀将成为发展的关键。

图 1-28　2016—2019 年我国电子竞技用户规模(图片来源:伽马数据)

其实，我国已经成为世界上具有较强影响力和发展潜力的电子竞技市场。作为重要的文化消费行为，加上移动电竞的快速发展，我国电子竞技的市场规模已经从 2016 年的 504.6 亿元发展到了 2019 年的 969.6 亿元（如图 1-29 所示）。

图 1-29　2016—2019 年我国电子竞技游戏市场收入（图片来源：伽马数据）

从电子竞技产业收入的细分领域来看，目前上游产业（赛事）的游戏收入始终占据着较高的比例（如图 1-30 所示），但中游产业的造血能力不足，电竞中的直播收入、俱乐部收入呈现出弱势状态，依赖于产业上、下游的扶持才能持续进行内容生产。

未来电子竞技产业若想有更进一步的发展，需要提升中游产业的营收能力，比如提升电子竞技中观看直播的用户体验，从而沉淀用户，提高用户的付费转化率。

第 1 章 电子游戏产业发展综述

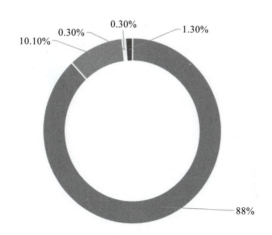

■赛事收入 ■游戏收入 ■直播收入 ■俱乐部收入 ■其他

图 1-30　2019 年电竞产业收入构成（图片来源：伽马数据）

本章详细讲解了国内外电子游戏产业的发展史，以及国内外电子游戏市场的现状。

技术迭代驱动产业转型升级，回顾游戏产业的发展路径，从主机游戏到端游、页游再到手游，每一次的迭代升级都是伴随着技术的发展而进行的。而内容形态、市场规模等因素也带动着游戏产业的变革与发展。

当技术趋向成熟后，优质的内容将会成为游戏市场的杀手锏。接下来，我们将迎来新一代的游戏形式——云游戏，它既可以是 PC 游戏、移动游戏、网页游戏，也可以是主机游戏。

在后面的章节中，让我们来看看云游戏如何摆脱终端硬件性能的束缚，迎合数字游戏的发展趋势，从而将更强的社交属性引入游戏领域，以及它在直播、电竞等领域的更多创造性玩法。

第 2 章 CHAPTER 2

云游戏重塑游戏产业

进入到 2020 年，5G 网络部署和商用进程进一步加快，云游戏作为 5G 技术在消费互联网领域的重要应用，受到了资本和社会的广泛关注。

本章将介绍云游戏的基本概念和定义、云游戏的典型特征和分类、云游戏的发展历程、云游戏为我们带来的新体验，以及为什么说现在才真正进入云游戏时代。

2.1 什么是云游戏

2.1.1 云游戏行业研究

随着 5G 的来临，云游戏的概念越来越为大众所熟知，云游戏的发展正逐渐步入正轨，对其概念的探寻也愈发火热。2019年既是中国 5G 商用的元年，也是我国云游戏产业的"新元年"。国内三大运营商、华为、腾讯等企业开始推动云游戏的技术、标准和应用的落地，以构建我国云游戏产业生态。

2019 年 12 月，我国 5G 云游戏产业联盟正式成立，成立大会上发布了由中国信息通信研究院、国家广播电视总局广播电视科学研究院、中国新闻出版传媒集团和 5G 云游戏产业联盟联合牵头，数十家业内企业参与并共同起草的《云游戏产业发展白皮书（2019 年）——5G 助力云游戏产业快速发展》。白皮书中深入解读了 5G 如何助力云游戏的突破和变革，分析了其关键技术发展路线，梳理了 5G 时代云游戏的产业结构和生态体系，探讨了产业发展所面临的挑战，并提出了相应的政策建议。

2019 年 12 月，华为 iLab 实验室联合顺网科技发布了《云游戏白皮书》，从技术、应用、产业链、用户体验、商业模式等各个方面详细解读了云游戏行业的现状。《云游戏白皮书》重点针对端游云游戏，从端到端解决方案、关键技术、用户体验、商业模式等多个方面进行剖析，同时也明确了云游戏体验的关键约束。

2020 年 3 月，腾讯科技（上海）有限公司联合深圳市标准技术研究院发布了团体标准《云游戏参考架构与安全要求》。标准中规定了云游戏的架构组成、用户视图、功能视图等相关要求，适用于云游戏架构的设计与搭建。《云游戏参考架构与安全要求》成为国内发布的首个云游戏标准，该标准的发布加速推动了国内云游戏产业全面标准的制定。

2020年6月,5G云游戏产业联盟标准工作组会议正式通过了《云游戏术语与定义》《云游戏标准体系研究》《云游戏参考架构》等通用基础类标准和研究课题的立项。这些标准的制定意味着云游戏产业的进一步成熟,云游戏的概念和技术成熟度已具备可标准化的基础。

2.1.2 云游戏的定义

百度百科对云游戏的概念做了简要阐述:云游戏(Cloud Gaming)又称为游戏点播(Gaming on Demand),是一种以云计算技术为基础的在线游戏技术。云游戏技术使图形处理与数据运算能力相对有限的轻端设备(Thin Client)能够运行高品质的游戏。

华为和顺网公司联合发布的《云游戏白皮书》从基本原理的角度对云游戏的概念进行了如下定义:云游戏将内容的存储、计算和渲染都转移到云端,实时的游戏画面串流到终端进行显示,最终呈现到用户眼前。云游戏也称为 GaaS(Game as a Service),它将游戏体验变成一种服务,提供给广大用户,解决了用户不断购买或升级终端设备的困扰,也避免了游戏下载和更新的麻烦,从成本、时间、内容、维护等方面提升了游戏体验。

本书采纳的是5G云游戏产业联盟发布的《云游戏产业发展白皮书(2019年)——5G助力云游戏产业快速发展》中对云游戏的定义,具体如下。

云游戏是以云计算为基础的游戏方式,本质上为交互性的在线视频流,在云游戏的运行模式下,游戏在云端服务器上运行,并将渲染完毕的游戏画面或指令压缩后,通过网络传送给用户。具体可理解为远程超强服务器中拥有众多虚拟电脑,玩家可在其中一台电脑中进行游戏,游戏的画面与声音通过网络传输至终端(PC、移动终端、机顶盒等),玩家可通过输入设备(鼠标、键盘、手柄等)对游戏进行实时操作。

如图 2-1 所示的是云游戏的架构示意图。

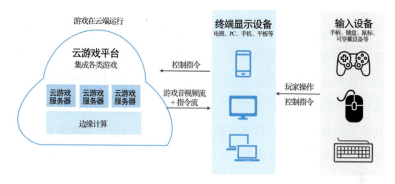

图 2-1 云游戏架构示意图

2.1.3 云游戏的 6 个典型特征

云游戏作为一种与云计算等技术相融合的产物,区别于端游、页游、手游和主机游戏等类型的游戏,具备游戏资源云化、运行过程云化、游戏内容跨平台、瘦客户端性、计算和网络强依赖、平台化管理 6 个典型特征。

1. 游戏资源云化

此处的游戏资源是指游戏运行过程中需要用到的资源文件,包括场景、人物、动画和音频等资源。在云游戏中,这些资源均存储在云端，只需要将游戏下载到云端服务器上存储并运行即可；端游、手游和主机游戏则将这些资源存储在游戏客户端本地，需要先下载一个游戏客户端并安装到本地硬盘中再运行，游戏的各种资源均在本地完成加载；页游是指运行在浏览器上的网页游戏，虽然看起来无须下载和安装客户端，但实际上游戏资源需要在打开网页时加载至本地。

2. 运行过程云化

游戏运行过程是指游戏的逻辑计算和画面渲染等必要的步骤。云游戏本质上是一种基于云计算的远程技术应用，游戏在云端完成对每一帧视频画面的渲染之后，通过网络传送到指定的终端进行解码输出。而端游、页游、主机游戏和手游均是在本地运行游戏的各项逻辑计算和画面渲染，游戏运行速度和画面效果取决于本地电脑的硬件配置。

3. 游戏内容跨平台

由于云游戏的资源存储在云端，其运行过程也在云端，因此云游戏基本上实现了与客户端的解耦。如果能将运营平台统一化，那么游戏商在不同机型间的适配和优化的工作量将大幅减少，从而可以解放部分人力资源用于产品创新。尤其是对原生云游戏内容而言，其游戏内容的跨平台性提高了游戏开发的效率，提升了游戏的呈现质量，同时也降低了开发的成本。

4. 瘦客户端性

云游戏将客户端与游戏的存储、运行等功能解耦，经常玩各种大型游戏的重度游戏用户不再需要腾出手机空间或购买更大容量的新设备。同时，由于游戏的运行整体都集中在云端，因此云游戏对终端设备的内存大小和处理器性能等的要求比较低。在云游戏生态下，即使是在性能配置较低的"瘦客户端"中也可以畅玩大型 3A 游戏。

5. 计算和网络强依赖

在云游戏模式下，游戏在云端存储、运行和渲染，然后以压缩视频流的方式通过高速网络传输至终端上运行，因此云游戏对云基础资源的计算能力、网络带宽提出了更高的要求。关于云游戏与 5G 技术和云计算的关系，将会在 4.5 节和 4.6 节中详述。

6. 平台化管理

云游戏的运行和运营管理都集中在云端，这对规范云游戏的生态发展有诸多好处。从游戏玩家的角度来看，云游戏可以利用云端 ID 识别等技术杜绝外挂等影响游戏公平性的操作；从政府监管的角度来看，云游戏可在云端审查游戏的整体内容，有利于简化审批工作并加强监管；从知识产权的角度来看，云游戏可使用数字内容版权保护（Digital Rights Management）机制，提供更加有效的数字版权保护；从社会责任的角度来看，云游戏更有利于未成年人游戏防沉迷工作的推进。

2.1.4　云游戏的 3 种分类方式

分类是对事物进行深度认知与理解的一种方法。本书将以云游戏技术链条中的不同环节为基础，对云游戏进行分类，以加深读者对云游戏概念的认知与理解。根据云游戏所包含的技术要素，我们从云（云端）、管（网络传输）、端三个层面的技术特征入手，对其进行分类。

1. 按云端计算架构分类

根据运行游戏的云平台的计算架构来进行分类，云游戏可以分为 X86 架构和 ARM 架构两大类。X86 架构的云平台主要用于 PC 端游戏和主机游戏的云化，ARM 架构的云平台则主要用于手游的云化。

X86 服务器的操作系统既可以是 Windows，也可以是 Linux，其优势十分明显。

第一，服务器的标准化程度高，供应链成熟，目前 IT 领域的大部分服务器都是 X86 架构，因此服务器的购买比较方便，备货周期非常短。

第二，硬件稳定性高，耐用性好，使用生命周期长。

第三，维护简单，X86 架构服务器的 IDC 托管模式很成熟，机房的管理人员无须进行特别培训即可胜任。

但是，万事万物都是相生相悖的，X86 服务器也具备性能损耗大、经济成本高、一级兼容性较差等问题。

基于 ARM 服务器的 Android 虚拟机架构与 X86 服务器的架构基本类似，只是云端服务器的 CPU 是基于 ARM 指令集，而非 Intel 的 X86 架构。相应的，其优势也有相同点，例如，服务器的标准化程度高、硬件稳定性高、维护相对比较简单等。同时，值得一提的是，由于 ARM 架构本身就是 ARM 指令集，因此无须进行指令集的解析，从而也不存在兼容性问题。但其存在核心供应商较少、配套硬件的供应链不够成熟、显卡等关键器件的支持力度较小等问题。

2. 按网络传输内容分类

根据网络传输的游戏内容来进行分类,云游戏可以分为指令流传输和视频流传输两大类。它们的实现方法各不相同,指令流传输图示如图 2-2 所示,视频流传输图示如图 2-3 所示。

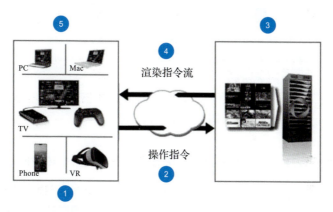

① 用户对终端设备进行操作控制,例如 Touch、鼠标、键盘、手柄等。
② 通过网络将操作指令发送给服务器端。
③ 服务器端接受操作指令,通过 CPU 计算,形成渲染指令流,例如 OpenGL、WebGL 渲染指令流。
④ 通过网络将渲染指令流发送给终端设备。
⑤ 终端设备解析并执行渲染指令流,利用终端设备 GPU 进行渲染。

图 2-2 指令流云游戏

以指令流为核心的技术解决方案,其在网络中传输的是相应的指令。指令流云游戏的原理是在服务器端运行游戏,所有的逻辑仍由云端进行运算,只是最终形成的是 OpenGL 或者 WebGL 的渲染指令,再通过网络传输到终端设备,由终端设备解析和执行指令流,指令流充分利用了终端设备的 GPU 能力。

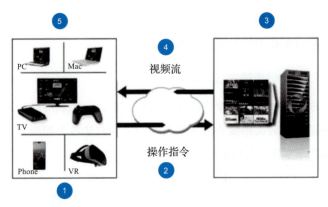

① 用户对终端设备进行操作控制，例如 Touch、鼠标、键盘、手柄等。
② 通过网络将操作指令发送给服务器端。
③ 服务器端接受操作指令，通过 CPU 计算，再通过 GPU 进行渲染，将渲染后的画面进行压缩。
④ 通过网络将画面以视频流的方式发送到终端设备。
⑤ 终端设备将画面显示。

图 2-3　视频流云游戏

以视频流为核心的技术解决方案，其在网络中传输的是音视频信号。游戏中所有的计算和画面渲染都在云端服务器中进行处理，随后通过相应的编码压缩技术，将最终的画面转换为视频和音频数据并利用网络传输给不同的终端设备，最后由客户端进行解码并显示。

以上两种技术解决方案都需要从以下几个方面进行技术层面的优化和整理，最终形成统一的行业规范。

指令流传输的方式传输的内容少而轻，游戏的运行还要依赖本地终端的计算能力，其实，指令流云游戏只是介于云游戏与本地游戏之间的一个"混血产物"。视频流云游戏则全部在云端执行，从云游戏的概念上来看，视频流云游戏才算是纯正的云游戏。但是，在网络质量尚未达到支持云游戏的理想条件时，指令流传输方式也不失为一种好的过渡性解决方案。

3. 按端侧串流内容分类

根据端侧云游戏产品的形态进行分类，其产品形态可分为两种：游戏窗口串流和桌面串流。游戏窗口串流的特点是云端仅将游戏窗口内的画面串流至本地，只能用于游戏用途；桌面串流则是将整个桌面串流至本地，通常会预置各类热门网络游戏（LOL、DOTA2、PUBG 等）和主流游戏平台（WeGame、Steam、Origin 等），用户就像是在使用网吧的电脑一样。

2.1.5 感受云游戏的魅力

下面以微软公司的 xCloud 为例，带大家感受一下云游戏的魅力。

xCloud 有四个重要的组成部分：刀片服务器、客户端设备、手柄和 App。

服务器目前是第三次迭代品，由标准的 Xbox One S 主机芯片定制而来，并增加了 Xbox One X 上采用的"霍维斯方法"（Hovis Method），可以节省 30% 的能耗。操作系统自然与 Xbox One 一致，不过其还支持主板上的一个外部视频解码器，以保证内容传输的质量。

客户端设备是另一个关键部分。xCloud 支持绝大部分的手机，但不同的手机在延迟方面的体验不尽相同。不同的网络连接方式会有不同的延迟，用于连接手柄的蓝牙也会有延迟。此外，与各种显示设备一样，手机屏幕也有各自不同的延迟。

App 可以通过微软账号直接登录，进入游戏后，xCloud 的体验与零售版 Xbox One S 的体验基本相同，游戏账号的云端存档、成就进度等都会自动进行同步。由于目前 xCloud 尚处于测试阶段，其中的游戏都是测试游戏，其载入速度比零售版 Xbox One S 主机更快，比如《光环 5》启动完成时间是 36 秒，零售版 Xbox One S 则需要 52 秒。载入速度更快的原因可能是 CPU 频率的提高，以及服务器采用的存储设备的读取速度更快。

2.2 云游戏的前世今生

本节将为大家介绍云游戏的发展历程和未来趋势。

2.2.1 云游戏的发展历程

云游戏的概念最早是由芬兰的 G-cluster 提出的，他们在 2000 年的 E3 电子娱乐展览会上展示了通过 Wi-Fi 用手持设备来玩的云游戏服务。虽然操作过程中有明显的卡顿和延迟，但是这种玩法完美地契合了当时的展会主题——"超越想象"（Beyond Imagination）。

随后，云游戏的技术发展遇到了瓶颈。在 2005 年，游戏开发商 Crytek 基于其开发的《孤岛危机》进行了云游戏系统的研发，但因为受限于当时的基础设施和网络条件，他们在 2007 年停止了云游戏系统的研发。

2009 年，云游戏再度出现在大众视野中，OnLive 公司在游戏开发者大会（Game Developers Conference，GDC）上正式发布了其云游戏服务，并在 2009 年 6 月发售了与云游戏服务相关联的微主机（如图 2-4 所示）。玩家可以使用与该微主机配套的控制器和 HDMI 线将其连接到任意的显示设备上进行游玩。当时，OnLive 不仅演示了能够流畅运行的《孤岛危机》云游戏，而且邀请了艺电、育碧、Take-Two、华纳兄弟等游戏厂商为其提供更好的内容。

图 2-4　OnLive

与此同时，云游戏鼻祖 G-cluster 为法国的 SFR 和 Orange France 提供了基于 IPTV 的云游戏服务，云游戏逐渐开始商业化。

云游戏厂商 Gaikai 于 2011 年 2 月横空出世，并发布了全球玩家均可享受的云游戏服务，提供的游戏内容有《死亡空间 2》《模拟人生 3》《孢子》《质量效应 2》。

2012 年 7 月 2 日，快速发展了一年多时间的 Gaikai 被索尼电脑娱乐公司以 3.8 亿美元的价格收购。

2014年1月7日,索尼正式发布了首个主机行业的云游戏服务PlayStation Now。玩家可以通过PlayStation Now服务,在PS4上享受PS4游戏及更多PS3、PS2系列的前代游戏,不过在当时PS4游戏还需要下载。PlayStation Now帮助玩家解决了因硬件更新换代而无法体验经典游戏的难题。

2015年4月,OnLive经过4年的奋斗和重组,最后被索尼收购了云游戏相关的技术专利,索尼关闭了OnLive云游戏服务。其中的首要原因就是网络成本的问题。2010年,美国联邦通信委员会(FCC)设定的宽带基准中,高速网络标准的下载和上传速度分别为4Mbit/s和1Mbit/s。而在当时,FCC发布的第7次全美宽带发展报告中的数据显示,仅有33.6%的美国家庭的宽带达到了高速网络标准(如表2-1所示)。这意味着即使是在美国,大部分用户也只能享受480P分辨率的游戏。其次,OnLive云游戏的内容库也不够理想,比如,本已准备支持游戏内容的艺电就在2010年转向了另一家云游戏公司Gaikai。此外,当时云游戏和开发者的分成方式也存在很大争议:游戏厂商希望云游戏的售价与其他渠道保持一致,但OnLive和玩家更愿意接受订阅制。综合以上这些原因,OnLive的运营举步维艰,公司始终无法盈利。虽然最后以失败告终,但是OnLive的创始人Steve Perlman还是坚持认为云游戏是游戏行业的未来。

表2-1 2010年美国宽带服务情况

带宽下载和上传速率	2008	2009	2010
1Mbit/s和250Kbit/s及以上	53.1%	57.8%	59.7%
4Mbit/s和1Mbit/s及以上	25%	31.7%	33.6%
6Mbit/s和1.5Mbit/s及以上	6.3%	17.1%	19.2%

2015 年 10 月，英伟达推出了基于云计算的游戏流媒体服务 GeForce Now。英伟达的主业是设计显示芯片和主板芯片组，其于 1999 年发明的 GPU 极大地推动了 PC 游戏市场的发展。在 2012 年，英伟达凭借 GeForce Grid GPU 与 Gaikai 合作，降低了云游戏的延迟。随后，其在 2013 年消费类电子产品展览会（Consumer Electronics Show，CES）上发布了自己的 Android 游戏掌机 SHIELD，其中就包含了还在测试中的"PC 云游戏"，即把电脑上的游戏画面流式传输到掌机上提供给玩家。在正式推出时，Grid 云游戏服务更名为 Geforce Now，似乎是为了表明要与索尼的云游戏服务 PlayStation Now 竞争。

2018 年，随着云计算技术的不断发展、网络环境的优化和各方面技术的成熟，5G 的建设计划也开始逐渐细化，各大企业纷纷开始布局云游戏服务，并在这一年出现了百花齐放的局面。

2018 年 5 月 18 日，欧洲的 LoudPlay 宣布将其云游戏服务拓展到乌克兰、白俄罗斯和东欧其他几个地区。2018 年 11 月，LoudPlay 与俄罗斯电信公司和华为达成战略合作，搭建了欧洲的第一个 5G 云游戏演示厅。

2018 年 5 月 22 日，艺电收购了云游戏初创公司 GameFly，并在几个月后宣布了其筹备的新云游戏项目 Project Atlas。

日本游戏厂商 Capcom 联手 Nintendo 于 2018 年 5 月在 Nintendo Switch 主机上推出了云游戏《生化危机 7》，当时计划在 2018 年 10 月让更多的游戏以云游戏的方式进入 Nintendo Switch 平台。

2018 年 10 月，谷歌推出了 Project Stream，并在 2019 年 1

月之前进行了小规模的测试，Project Stream 支持玩家在 Chrome 浏览器上游玩《刺客信条——奥德赛》。2019 年 3 月，时隔 10 年，这一次由谷歌再一次在 GDC 上将云游戏推到大众眼前，谷歌的云游戏服务正式更名为 Stadia。这一次，云游戏将支持 4K 分辨率下的以 60FPS 运行的游戏，并计划在未来扩展到 8K 分辨率以及 120FPS。

2018 年 10 月 8 日，微软发布了 Project xCloud，试图将微软 Azure 云服务和其游戏主机 Xbox 一起整合到云游戏中。2019 年 5 月，索尼互动娱乐公司与微软签署了一项协议，共同开发包括云游戏在内的多个部门的云解决方案，索尼有可能使用 Azure 服务作为其产品的一部分。截至 2019 年 5 月 24 日，Project xCloud 已经可以播放 3500 个 Xbox 游戏。

2020 年 4 月，亚马逊宣布其准备推出代号为"Project Tempo"的云游戏平台。

除了谷歌、索尼、微软、英伟达、亚马逊这类大企业之外，海外提供云游戏服务的厂商还包括 Shadow、LiquidSky、Vortex Cloud Gaming、Elastic Virtualization Engine、Wiztivi Gaming、Blacknut，等等。

2.2.2 为什么现在选择云游戏

从 2000 年到如今，云游戏一直饱受质疑。由于存在高延迟、高丢包等问题，因此其发展之路一直很不顺利。最近两年来情况已大有改善，主要原因在于各类技术已趋于成熟，具体如下。

第一，高密度 GPU 服务器的改进。随着 AI、大数据等技术的发展，高密度 GPU 服务器有了极大的改进。在 GTC 2018 大会上，英伟达发布了全球最大的 GPU——DGX-2，其能够实现每秒 2 千万亿次浮点运算，性能比前一代提高了 10 倍。新的 DGX-2 包括 20 亿个晶体管和 12 个交换机。每个 GPU 都可以通过光纤交换机互相通信，比 PCIe 接口快 20 倍。即便如此先进的芯片，在云游戏面前也只能说是勉强满足需求，未来还需要更强大的 GPU 服务器。

第二，日益精进的虚拟化技术。云游戏并非基于单个服务器，而是运行于庞大的服务器集群之上，需要通过虚拟化技术提供给用户。虚拟化技术不仅包含虚拟机、容器等的隔离技术，还包括 GPU 的虚拟化——vGPU。虚拟 GPU 是指对一块 GPU 卡的计算能力进行切片，将其分成多个逻辑上虚拟的 GPU，从而实现用户在多个虚拟机中对该 GPU 的共享。虚拟化技术能够实现多个云游戏共享一台物理服务器，从而提高服务器的利用率。

第三，降低编码和解码时延的音视频技术。这一技术可以有效降低云游戏中视频编码和解码的时延，用更少的带宽保证视频的清晰度，并且针对网络的抗抖动与快速恢复能力给出了技术方案。一方面，在 GPU 内进行视频编码可以减少数据在显存之间的拷贝时间；一方面，采用广泛应用的 H.264 标准，可以避免由于类别不同而产生的解码延时。同时，在网络带宽不稳定的时候，动态调整音视频的码率，可以使其匹配当前的网络带宽。

第四，5G 加持下的高速稳定网络。一方面，5G 的发展加速了网络质量的提升，高带宽、低延迟、低丢包的网络环境为云游戏的成长提供了一片沃土。另一方面，5G 的发展促使交换节点下沉到二、三线城市，缩短了整体网络路由。在 5G 基站附近部署云游戏服务器，可以拉近服务器与玩家之间的距离，从而降低延时。除此之外，云游戏还可以借鉴互动直播领域的网络协议，开发基于云游戏的网络协议，优化网络技术。

第五，边缘计算的接入。一方面，边缘计算可以降低延迟：边缘计算通过将云计算的一部分能力从"集中"的机房迁移到网络接入的边缘，从而创造出一个具备高性能、低延迟、高带宽的电信级服务环境，提高网络中各项内容、服务及应用的反应速度。另一方面，边缘计算可以提高运维管理效率：边缘计算不必把过多的设备集中放到一个区域，而是采用星型结构，多地多中心分布，将众多的边缘计算中心连接起来，这样，分布在特定区域的边缘硬件即可就近为当地用户提供服务，从而避免过多的带宽消耗、过多的数据传输、过量的访问压力等，既缓解了资源消耗过高的问题，又能有效地提高运行效率，降低应用、数据和服务的传输错误发生率。

第六，AR 与 VR 的助力推进。云游戏与 AR 和 VR 等新一代智能硬件相结合，可能会成为 5G 时代的第一个杀手级应用。全球游戏行业正在蓬勃发展，拥有社交元素的沉浸式体验在游戏玩家中非常受欢迎。《神奇宝贝 Go》等拥有众多用户的游戏的出现为 AR 和 VR 开辟了新的应用场景，提供了很多更吸引用户的游戏玩法。云游戏解决了困扰 AR 和 VR 很多年的网络带宽和延迟问题，3D 视觉、语音交互等 AI 功能也为游戏玩家带来了更好的体验。

2.3 云游戏为电子游戏带来的变革

2.3.1 游戏开发商将拥有更多的游戏设计空间

云游戏将提高游戏的开发效率、提升游戏的呈现质量,同时降低游戏的开发成本。当云游戏成为行业常态之后,游戏开发商将在游戏设计方面有更多的空间。

第一,游戏玩法会更丰富。云游戏将多终端打通,玩法上将融合触屏、键盘或手柄等多种形式,从而加速形成更丰富的玩法。

第二,提升大型重度游戏的体验。在不受游戏设备性能限制的情况下,大型重度游戏的地图大小、用户容量、交互属性等边界将被进一步拓宽。下面举个例子来说明,MMO(大型多人在线游戏)类游戏都会面临的一个问题是:玩家进入一个区域,如果此时瞬间有一大批人涌入该区域,那么在这个区域内的所有玩家都无法正常玩游戏,因为大量的人同时涌入会造成计算资源的紧张,从而导致游戏卡顿。如果是在云游戏上渲染,那么每个人都可以在同一区域内无限制地进出,这要归功于这些计算资源不在用户的设备上,用户只需要接受视频流即可。这是玩家在传统游戏方式中无法感受到的体验。

第三,云游戏将催生新的商业模式。其一,国内已有游戏厂商通过云游戏做游戏试玩推广,其游戏的 ARPU(每用户平均收入)得到了显著提升。其二,绕过现有的内容分发渠道,所节省的推广费用可以用来开发新手专用体验包,云游戏的加载速度可以进一步提升,体验成本也可以进一步降低。其三,云游戏的订阅制使得开发者在游戏上线后即可获得收入，从而刺激开发者继续开发新的内容。

2.3.2 玩家将获得更好的游戏生态

云游戏通过云平台的形式扩充了游戏品类，提升了游玩体验，丰富了社交方式，同时减少了高昂的终端硬件开支。

1）云游戏必然会带来新的游戏模式，要知道，游戏作为第九艺术，更多是为玩家提供一个真实世界和精神世界以外的第三世界，因而社交化必然是云游戏未来的关键元素。

2）由于画面渲染统一放到了云端，因此可以从根源上避免本地渲染导致的状态同步问题，从而让更多的人进行联机对战，实现真正的万人同屏，玩家可以体验更酷的游戏内容。

3）玩家将不再需要频繁替换硬件设备，而是以购买云计算服务的形式随时体验更高品质的游戏。

4）摆脱硬件设备条件的差异后，用户将能更加平等地参与游戏，游戏内的平衡性将得到一定程度的提升。

5）与游戏直播相结合后会有更多新的玩法，观众可以在观看直播时一键加入游戏对局，投票给主播加道具，或者是给主播设置障碍，甚至还可以直接摇身一变，获得主播游戏的控制权，变成主播的帮手。

2.3.3 可助力建设绿色行业生态

传统游戏审批流程复杂烦琐，而云游戏的审批仅需要提供游戏链接，从而简化审批流程，缩短游戏开发周期，加快游戏上线速度。

1）云游戏在云端统一进行审查和管理，可以及时发现违规游戏，快速扼制不良游戏的传播，从而降低不良游戏给社会带来的危害。

2）云游戏的推广可以让游戏内容的监管成本下降，从而可以促进行业在产业创新、产业推进等方面投入更多精力，加速整个产业绿色发展。

3）云端部署和运行的模式能够从根本上杜绝游戏盗用、游戏外挂等非法行为。

2.3.4　知识产权将获得前所未有的保护

游戏盗版问题屡见不鲜，这对游戏开发者、游戏发行商、游戏经销商等来说一直是个痛点。云游戏的出现可使知识产权获得前所未有的保护，具体说明如下。

1）安全性高。游戏安装在服务器中，这就意味着用户无法篡改游戏的安装包，从源头上切断了用户和游戏安装包之间的联系，从而保证了游戏包的安全性。

2）集中度高。游戏的所有计算、渲染等操作都在服务器中完成，即使客户端被破解，也可以在服务器中终止对该客户端输送视频流。

3）可追溯性好。通过 DRM 技术，可以复核出具体是哪一个服务器被攻击，确认源头后即可进行追查及维权。

2.3.5　树立正面积极的行业形象

游戏存在的意义不是在《超级玛丽》中采蘑菇，也不是在

《俄罗斯方块》中消除方块,而是其为所有玩家提供了一个真实的虚拟世界。当云游戏将更多有意义的、绿色健康的游戏内容带给用户时,所有人都会认为这是一件有价值且有趣的事情。

1)云游戏将游戏的整体逻辑部署在云端,可以有效规避通过篡改客户端软件来绕过防沉迷系统的问题。

2)即时管理,有效解决了传统游戏的旧版本难以回收以及遇到故障难以立即解决的问题。

3)云游戏的运行画面通过云端实时渲染并下发给终端,在违规内容处置等方面提供了比传统游戏更方便的手段。

4)云游戏的整体运行数据都在云端,非常便于进行数据打通和整体管理,也有利于推动未成年人游戏防沉迷工作。

2.4 云游戏的发展现状和趋势

本节将介绍国内外主流游戏厂商在云游戏领域的理念、设想、战略、布局和投入等内容,以及国内企业和产业在云游戏领域的优势和演进路线。笔者认为,云游戏将会成为与传统主机游戏、端游、手游并驾齐驱的数字娱乐新模式,将开辟一个全新的数字娱乐时代。

2.4.1 主流游戏厂商的应对之策

以下内容主要来自腾讯研究院出品的《云游戏发展与趋势报告:未来战略要塞》。

云游戏市场争夺战已经打响,国内外相关产业的头部企业纷纷开始布局。

硬件厂商英伟达，云服务厂商阿里巴巴、华为、亚马逊，游戏内容厂商腾讯和 EA，游戏主机厂商微软和索尼，游戏发行商 Valve，以及互联网头部企业谷歌，都想在未来的云游戏市场中分一杯羹。

作为互联网领域的两大头部企业，微软和谷歌都在试图争夺云游戏的主导地位。双方同时掌控云计算服务、渠道和内容优势，实力雄厚。微软在游戏内容开发及主机产品上占据了更多优势，云服务市场也领先于谷歌，但谷歌坐拥 Chrome 和 YouTube 两大流量入口，用户基数庞大，双方实力难分上下。

同样是以云服务为依托的阿里巴巴和亚马逊在云游戏的战略上略有不同。阿里巴巴希望通过云游戏平台、云服务、云解决方案的全链路构建生态闭环，而亚马逊则更倾向于为云游戏提供在线托管，做优质的云服务商。

在游戏内容上占据优势的腾讯、索尼、EA 和 Valve 在云游戏的布局方向上也各不相同。腾讯通过云游戏平台和云游戏解决方案双重路径来打造全周期的云游戏行业解决方案，巩固在我国游戏市场中的龙头地位；索尼的云游戏平台开发和云游戏主机研究则更多是居安思危，以辅助游戏硬件的推广为主；EA 布局广泛，涉及人工智能、云计算、分布式计算、游戏引擎等各个方面，希望建立一个完整的游戏生态；Valve 则希望在全新的云游戏社区中获取游戏内容开发创意方案，以便更好地为游戏内容服务。

1. 微软：瞄准市场主导权

微软认为，Xbox、云计算、云游戏和斯嘉丽计划是公司在游戏领域和云计算领域未来的基础。配合美国等国家开启的 5G 网络建设，微软能够在新的游戏市场中更快地掌握主导权。

微软对云游戏的布局在 2016 年之前就已经开始了。2018 年微软收购了至少 8 家游戏工作室，2019 年再次收购了《疯狂世界》（《Psychonauts》）的开发者 Double Fine。目前，微软共有 13 个第一方游戏工作室，为 xCloud 和 Xbox Game Pass 提供内容，结合主机游戏和云游戏市场共筹备了 4 个项目，具体如下。

1）游戏流媒体：2016 年 9 月推出 Xbox Play Anywhere，Xbox 和 PC 存档共享。

2）云游戏平台：2018 年 10 月公布 Project xCloud，并于 2019 年开放测试。

3）通用账号：Xbox Live，iOS、Android、Switch、PC 通用。

4）硬件：Project Scarlet，配置 AMD 高端处理器，Xbox 历史上最强的主机。

在技术研发与硬件铺设上，微软与移动通信巨头 SK Telecom 等展开了合作。

总体来看，微软的优势在于坐拥 Windows 和 Xbox 两大主流游戏平台，Azure 云技术和云计算能力强劲，掌握核心技术，搭建大规模的专用云游戏服务时在成本上具有较大的优势。但是，对手游市场涉猎不多，未来在手游市场面临竞争时可能会显得乏力。

2. 谷歌：扩大市场占有率

谷歌对云游戏的布局主要以 Chrome 浏览器为核心展开。以 Chrome 浏览器为入口，借助 YouTube 的流量优势，实现"点开即玩"，打破主机和客户端的限制，扩大游戏市场的占有率，推广操作系统，撬开更多终端渠道，与 YouTube 视频业务进行整合，进一步扩大市场，为以后的广告分成做准备。

谷歌云游戏的布局十分迅速，自 2018 年 10 月开始测试游戏流媒体技术 Project Stream 以来，不到一年的时间，谷歌就确定了云游戏平台 Stadia。目前，谷歌已吸引了超过 100 家工作室为其开发工具包，超过 1,000 名开发人员进行游戏创作，并建立了第一方游戏工作室 Stadia Games and Entertainment。

谷歌在云游戏方面的进展具体如下。

1）游戏流媒体：2018 年 10 月推出 Project Stream，用户可以在 Chrome 浏览器上玩 PC 游戏，2019 年 1 月 15 日测试运行结束。

2）云游戏平台：2019 年 3 月发布 Stadia，2019 年 11 月正式开放。

3）通用账号：利用 Google 账号，可通过 Chrome 浏览器登录 Web 端云游戏，iOS、Android、PC、Windows 通用。

4）硬件：与 AMD 合作开发 Stadia 专用 GPU；研发 Stadia 控制器。

总体来看，谷歌的优势在于其拥有强大的云计算能力和遍布世界的数据中心，为云游戏扩张提供了基础支撑；Chrome 浏览器历史积累雄厚，可节约物理维护成本；同时坐拥 YouTube 用户和 YouTube 创作者资源，可推出直播联动的功能。但是，缺乏第一方游戏内容，在引进第三方内容时议价能力降低，同时缺乏游戏发行经验。

3. 索尼：稳扎稳打运营 PS 系统

索尼在游戏领域的耕耘时间已经超过 30 年，旗下的 PS4 游戏主机与微软的 Xbox、任天堂的 Switch 瓜分了主机游戏市场，成三足鼎立之势。索尼在云游戏方面的进展具体如下。

1）游戏流媒体：2013 年于纽约举行的"PlayStation Meeting 2013"发布会上正式公布索尼将提供云游戏服务；2014 年 9 月，索尼为旗下的 Z3 系列手机推出了 PS4 Remote Play 服务，将 Z3 设备作为 PS4 游戏机的第二屏，玩家可以通过无线网在 Z3 设备上游玩 PS4 游戏。

2）云游戏平台：2015 年 1 月，索尼正式发布名为 PS Now 的云游戏服务平台。

3）通用账号：PSN 账号。

4）硬件：PS5，定制版 AMD。

云游戏的一些玩法，例如，远程同玩、多人同屏、在低配电脑上玩原本只能在高配电脑上才能运行的游戏等，都是 Gaikai 在 2012 年就想做的事，但是 Gaikai 在 2012 年被索尼以 3.8 亿美元收购，Gaikai 当时最大的竞争对手 OnLive 也被索尼于 2015 年收购。但是这些年以来，索尼在 2015 年推出 PS Now 后，并没有很大的动作，这期间只用到了 Gaikai 的一个边玩边下载的技术专利,而后转移重心去做了 PS VR。索尼当时的目标也只是让用户在 PS 商店买游戏时能够提前试玩其中的游戏。

其实,索尼的 PS Now 不仅支持玩家游玩当代游戏作品,而且支持玩家游玩其出品的老游戏(PS2、PS3 的游戏)。索尼早在 2012 年就斥巨资购买了两家云游戏公司,在 VR 还没有火起来的情况下,PS VR 也是 VR 外设里卖得最好的,所以未来索尼有可能会结合 PS VR 和 PS Now,为玩家带来前所未有的体验。

4. 腾讯:打造云游戏全系生态

腾讯的目标在于打造全周期的云游戏行业解决方案,并为用户提供全链路的云游戏平台与生态。以腾讯云为依托,在云游戏技术开发的基础之上,引入第一方和第三方游戏内容,借助应用宝等渠道,建立云游戏平台和云游戏解决方案的双重路径。

腾讯的云游戏开发始于 2016 年,目前投入了数百位研发人员,组建了 4 个团队,从不同的方向进行探索,目前已推出超过 4 个云游戏相关的项目。

(1)云游戏平台与解决方案

1)START。腾讯旗下端游、主机游戏方向的云游戏服务,覆盖多终端场景以解决玩家硬件不足的痛点和满足玩家移动化游戏的需求,为游戏业务提供更多元的运营能力与场景。目前已上线《堡垒之夜》《波西亚时光》等游戏,获得了不错的玩家口碑与业务数据。

2)TENCENT GAMEMATRIX。腾讯的云游戏解决方案发起者，旨在打造云游戏技术中台，探索游戏业务分发和运营新场景、跨平台游戏体验，并为第三方平台提供多端云游戏技术方案。深耕移动云游戏业务，同时储备 PC 云游戏技术能力。代表产品：腾讯先游。

3）腾讯即玩。为腾讯游戏内部业务提供移动云游戏技术支持，成功推出《龙族幻想》云创角项目，联合企鹅电竞推出直播互动活动，协助《王者荣耀》在应用宝平台推出新英雄试玩体验，未来还会持续支持腾讯移动游戏云化，为玩家提供即点即玩游戏体验。

4）腾讯云·云游戏。依托于腾讯云，该方案采用腾讯云深度优化的视频传输技术 Tencent-RTC，是国内首个实现无须定制 SDK 即可"全端接入、无缝更新"的解决方案，致力于为全球游戏厂商及平台、游戏开发者提供一站式端游＋手游的云游戏 PaaS 解决方案。

（2）硬件

与雷蛇、AMD、Intel、Nvidia 等企业合作进行硬件开发；与 Unity Technologies 合作在国内开发云服务，并于 2020 年 6 月 15 日为开发者提供游戏云；2019 年 7 月与高通无线通信技术（中国）有限公司合作开发 5G 版游戏手机以及云游戏、AR/VR、5G 游戏用例等其他相关技术；与音频解决方案开发商 Audiokinetic 合作打造语音联合解决方案。

（3）游戏内容

与拳头、育碧、Epic、蓝洞、动视暴雪等多家游戏厂商达成战略合作，引入优质内容。

总体来看，腾讯的优势在于其拥有优质的自研和代理的游戏内容；囊括了 WeGame、应用宝、微信等用户基数庞大的游戏发行渠道；国内领先的腾讯云技术及其在国内位居第二的公有云市场。但是，腾讯缺乏硬件基础，主机游戏创新能力较弱，需要与第三方合作。

5. 网易：打造云游戏解决方案

网易游戏拥有多年的游戏研发经验，又有顶尖的游戏资源和优秀的游戏平台、游戏应用研发团队。在 5G 时代来临之际，网易抓住机会做独立自研的云游戏平台，充分发挥平台的技术和资源优势，实属必然。

1）网易云游戏平台：2019 年 11 月 29 日上线，该平台的主要特点为免安装、跨平台、省资源。截至 2020 年 5 月 26 日，旗下已有热门 PC 游戏 25 款，手游 108 款。

2）大屏体验：2020 年 1 月，网易与海信达成合作，网易云游戏登陆海信聚好看，为用户带来在大屏电视上玩游戏的非凡体验。

3）数字娱乐创新：2020 年 6 月，网易与华为以推动"云、AI、5G"等新一代信息技术的发展为合作契机，围绕数字娱乐创新，就新技术和生态进行深度合作，共同推动游戏、音乐和教育业务的发展。

总体来看，网易既拥有多年的游戏行业研发经验，又有顶尖的游戏资源和优秀的游戏研发团队。网易在云游戏平台方面的布局已显雏形，顺应 5G 云游戏的时代趋势，网易云游戏未来可期。

6. 阿里巴巴：构建生态闭环

阿里巴巴集团的重心在于构建完整的游戏云生态闭环，而不仅仅限制于云游戏本身。阿里巴巴希望覆盖云游戏从开发到维护的所有路径：包括云游戏平台、云计算及云服务、定制云游戏解决方案等。

阿里巴巴的云游戏开发始于 2014 年，其推出的电视"云游戏"平台允许用户无须下载即可在云服务器（基于 Android 平台）上直接运行游戏。而后，阿里巴巴的重心逐渐转移到了云游戏服务上。

阿里巴巴提供的云游戏服务，包含了定制的云游戏解决方案（即把经典游戏转化为云游戏），以及基于阿里云提供的云游戏 PaaS 服务（即以较低成本快速构建云游戏平台）。阿里巴巴基于云游戏服务打造的项目具体如下。

1）平台：2018 年推出游戏云 3.0 和 GameMaster 智能服务，可协助厂商生成智能场景、智能 UI 设计等。

2）硬件：与 Nvidia 联合开发 KVM 环境下的 vGPU 技术；阿里云 ECS 服务器。

3）安全防护：与 Intel 合作开发"傲腾"黑科技。

4）游戏开发：2018 年与 Intel、iTechClub、巨人网络合作推出"TOP 游戏"云生态培育计划，从硬件、云计算等角度扶持游戏开发者。

总体来看，阿里巴巴的优势在于，作为全球第三大云服务提供商，拥有全面、先进的云游戏解决方案和云计算技术，以及流量巨大的淘宝、优酷等发布渠道。但是，阿里巴巴对于云游戏本身涉足不够深入，且缺乏第一方优质游戏内容生产能力。

7. 华为：搭建云游戏基础设施

华为计划开发包含云手机、云手游、云电脑等在内的八项云服务产品，为云游戏厂商提供基础设施、运维、推广等一体化服务，在云游戏领域扮演最强的整体技术解决方案服务商角色。

华为于 2016 年开始云游戏研发，并做出了云游戏的产品原型，核心技术都是由华为自研的，包括芯片、AI 算法、云端的计算渲染以及网络的传输优化等。云手游在内部正式立项于 2018 年 3 月，华为配备了几十人的研发团队专门进行云游戏的开发。目前的成果主要包括如下内容。

1）云布局：2019 年 3 月推出 Cloud X 战略，包括云 PC、云游戏和云 AR/VR 开发。

2）云游戏研究平台：2019 年 6 月，华为 X 实验室与网易雷火合作建立 5G 云游戏实验室。

3）云游戏解决方案：2019 年 8 月，华为与 Cocos 合作推出 Cocos Play。

4）硬件：鲲鹏芯片、Taishan 服务器、麒麟处理器、鸿蒙 OS。

总体来看，华为拥有自研的鲲鹏处理器，不存在兼容性问题；拥有核心的网络技术，包括网络优化、弱网环境下的网络传输以及网络加速；拥有较强的华为云服务。但是，华为在游戏内容研发方面存在不足，在游戏产业布局与发行上也缺乏经验。

2.4.2 国内企业的优势和机会

1. 良好的 5G 基础设施保障

在云游戏发展的过程中，网络能力限制了云游戏场景的落地，成为主要的技术瓶颈。5G 作为新一代移动通信技术，凭借其超大带宽、低时延和高可靠特性的优势，突破了云游戏的技术瓶颈，为云游戏的高速发展提供助力。

我国的 5G 网络建设在世界上处于领先地位，自 2019 年 6 月我国正式发放 5G 牌照以来，中国移动、中国联通、中国电信三大运营商都在加紧 5G 网络的建设。根据工信部的数据显示，截至 2020 年 4 月，我国已开通的 5G 基站达到 25 万个，5G 套餐用户突破 7300 万。预计 2020 年到 2025 年，我国 5G 网络的总投资额在 9000 亿~15000 亿元，5G 商用直接带动的经济总产出达 10.6 万亿元，直接创造的经济增加值达 3.3 万亿元（如图 2-5 所示）。㊀

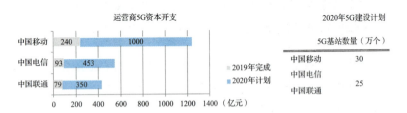

图 2-5 我国 5G 网络建设规模和规划（数据来源：运营商财报）

㊀ 张春飞，左铠瑞，汪明珠．5G 产业经济贡献 [N]．机电商报，2020．

国家高度重视 5G 网络的建设，出台了多项政策以推进 5G 的发展。2020 年 2 月 16 日出版的第 4 期《求是》杂志发表了习近平总书记的重要文章，其中提到了"要加快释放新兴消费潜力，积极丰富 5G 技术应用场景，带动 5G 手机等终端消费，推动增加电子商务、电子政务、网络教育、网络娱乐等方面的消费"。2020 年 3 月，中共中央政治局常务委员会召开会议提出要加大公共卫生服务、应急物资保障领域投入，加快 5G 网络、数据中心等新型基础设施建设进度。为确保新基建政策的快速、平稳落地，2020 年 3 月 24 日，工业和信息化部发布了《工业和信息化部关于推动 5G 加快发展的通知》。

新基建将促进 5G 政策红利进一步释放，5G 应用也将从单一的业务模式向多应用场景融合，5G 与云计算技术的融合将驱动 5G 时代游戏技术的变化，推动云游戏数字娱乐新生态体系的建设。

2. 庞大的市场规模和用户群体

近年来，国内游戏市场蓬勃发展，用户规模不断扩大，销售收入持续增长，并保持着稳中向好的发展态势。2019 年，我国游戏用户规模已突破 6.5 亿人，市场规模达到 2573 亿元，其中核心及硬核游戏用户占比分别为 18% 和 2%，合计超过 1 亿人。

现阶段，云游戏的发展既是主机游戏、PC 端游戏向云游戏进化的过程，也是核心及硬核游戏用户向云游戏用户转化的过程，同时还会吸引更广泛的手机游戏用户群体。因此，庞大的用户基数及市场规模将会为云游戏用户的增长奠定稳固的基础。

云游戏是游戏市场智能化发展的新型模式，相比于传统游戏，云游戏不再依赖手机、电脑或游戏机等终端，具有不受硬件约束、跨终端、一键即玩、利于监管等较为明显的优势，这在一定程度上减少了玩家的游戏投入成本，降低了顶级游戏的准入门槛，从而能够吸引更多的玩家入局，快速拉动云游戏用户的稳步增长。

据艾媒咨询研究报告显示，2018年我国云游戏用户规模为0.63亿人，预计2020年将达到2.47亿人，并在2023年增至6.58亿人（如图2-6所示）。同时，云游戏市场规模预计在2020年将达到68亿元，并在2023年增至986亿元。

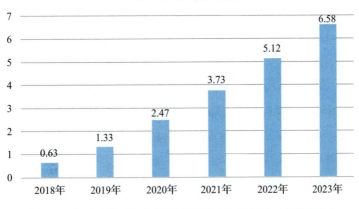

图2-6 我国云游戏用户规模及预测（数据来源：艾媒咨询）

3. 完善的产业链

我国的云游戏产业链较为完善，其中包括通信运营商、网络设备制造、终端设备制造、云计算服务器生产、云服务提供、云游戏平台运营、游戏研发和发行，详尽的产业链分析请参考本书的 5.1 节。完善的产业链使得我国的云游戏企业能够实现优势互补，快速构建生态，激发创新活力。

4. 强大的互联网和创新基因

如果一个行业将迎来颠覆性的改变，就意味着该行业将会在技术、模式、商业等方面出现诸多创新。云游戏改变了游玩过程的架构，游戏行业的商业模式也将随之发生改变，这两者结合起来就会颠覆游戏产业链。除了订阅模式之外，云游戏还会在直播、短视频/互动视频、云网吧、广告试玩、云 VR/AR 等场景中落地。而这一股创新的活力得益于我国强大的互联网和创新基因，云游戏与场景的结合创新将会成为云游戏抓住用户需求的突破点。

当前，全球 5G 已进入关键部署期，我国在云游戏产业方面的投入力度日益加大，社会对云游戏的关注度和认知正在不断提升，在游戏用户数量逐渐趋于饱和的状态下，云游戏将成为游戏产业持续发展的加速器，势必会为我国游戏产业带来新的机遇和高速增长的动力。

第 3 章 CHAPTER

云游戏开启数字娱乐新时代

当前，全球的各个产业正在向着数字化、网络化、智能化的方向转型，工业互联网、数字经济、先进计算和人工智能等热点方向的研究势必会带动新型基础设施建设的飞速发展。如今，互联网信息技术的高速发展加速推动了全球 5G 的商用部署，以万物互联为目标的 5G 技术，为谋求数字经济新生态，将融合云计算、大数据、区块链、边缘计算、物联网等新一代信息技术实现创新发展。作为游戏行业智能化的领先代表，云游戏以云计算作为基础，实现了在线游戏的高端制作，已成为下一代游戏演进的新方向，并将为数字娱乐产业带来颠覆性的变革。5G 时代下游戏产业的变化将催生数字娱乐新生态体系的建设，驱动其他娱乐领域的数字化、智能化转型。

本章首先阐述了数字经济和数字娱乐之间的关系，以及它们在国民经济中的占比和发展趋势；然后从数字经济、数字娱乐、5G商用普及、用户感知、中国文化创意产业、中国游戏产业、游戏防沉迷等多个角度阐述了云游戏的价值和意义；最后从市场、产业链和应用场景三个维度分析了云游戏为数字娱乐产业带来的新变革，以及在云游戏时代游戏产业的发展模式将会发生什么样的变化。

3.1 数字经济与数字娱乐

我国数字娱乐产业日趋成熟，由于涉及领域多、范围广，产业呈现出精细化、多样化的发展趋势。我国正大力促进数字经济的建设，集科技、文化和娱乐等元素于一体的数字娱乐产业是数字经济建设的一部分，是传承中华优秀传统文化的重要载体，将与实体经济融合发展。据《2018年中国泛娱乐产业白皮书》统计，2017年我国泛娱乐核心产业的产值增长明显，占数字经济的比重超过20%，这说明数字娱乐产业为促进我国数字经济的发展做出了突出贡献，在我国新型经济产业的组成中占有越来越重要的地位。

3.1.1 概念和关系

1. 数字经济是国家创新发展的新基石

以云计算、大数据、人工智能和移动互联网等新兴技术为支撑的信息化社会已经进入了数字化时代，数字经济已经逐渐成为推动经济快速发展的重要动力。目前，各个国家纷纷将数字经济认定为核心竞争力，并对其进行大力推动和扶持。

"数字经济"是由加拿大学者 Don Tapscott 于 1996 年在其撰写的《数字经济：智力互联时代的希望与风险》中提出的概念，是计算机和互联网催生的一种新经济形式。当前，通常意义上的数字经济主要指的是"以使用数字化的知识和信息作为关键生产要素、以现代信息网络作为重要载体、以信息通信技术的有效使用作为效率提升和经济结构优化的重要推动力的一系列经济活动"[1]。

数字经济与其他经济不同，有数字经济作为媒介，各种传统产业都能通过智能化、数字化处理转化为数字经济，从而实现经济的快速发展。有了数字技术手段，传统农业经济和工业经济将转型为现代高科技农业经济和新工业经济，迈向更高阶的发展轨道。数字经济与传统实体经济相融合，可以快速构建新型的经济形态，加快经济发展的速度，使经济发展焕发出新的生机。

按照范畴来划分，数字经济可分为三个部分[2]：

第一部分是数字的产业化（即信息通信产业），信息通信产业先行，能够引领数字经济的发展，与此同时，其技术、产品、解决方案等均服务于数字经济；

第二部分是产业的数字化，利用数字技术手段可以使传统产业的生产效率更高，使生产总量增加，数字化是工业、农业、服务业的转型方向；

---

[1] 《二十国集团数字经济发展与合作倡议》，2016。
[2] 中国信息通信研究院，《中国数字经济发展与就业白皮书》，2019。

第三部分是数字化治理，即利用数字化手段强化治理体系，完善治理制度，从而大大提高综合治理能力。

当前，世界正面临着风险与机遇并存的重大变局，我们应优化经济结构，提高科技创新能力，将当前形势下对于经济快速发展的压力转变为推动经济高速度、高质量发展的推动力。数字经济的发展已经引起了世界各国的高度重视，不断强化对数字经济的战略部署以促进经济发展，已经成为各个国家的共识。

美国利用数字技术突破前沿技术，抢占制造业的高附加值产业链，推动制造业革命，使传统工业与智能数字技术深度融合，从而使传统工业焕发新的活力和创造力。欧盟基于合作共赢的原则，积极推动建立一个统一的数字市场，同时构建并完善与数据相关的法律法规以实现对数据的保护，旨在实现共享数据的同时又能对数字经济的规范发展给予保障。英国不断提出并升级多项数字经济发展战略，旨在打造一个数字化强国，同时注重数字经济的创新发展，致力于通过人工智能来实现技术创新。日本基于信息通信产业的优势，高度重视数字化产业的发展，大量投入资本、积极培养数字化人才以实现技术创新，从而推动数字化强国的构建。我国正在努力加强数字经济的战略部署，加快发展产业的数字化和数字的产业化，通过云计算、大数据、人工智能等新技术实现数字经济的发展和创新。

联合国贸易和发展会议在其于2019年发布的《2019年数字经济报告》中指出，由于世界各国对数字经济的定义各不相同，数字经济在世界各国生产总值中的占比估计在4.5%至15.5%之间。中国信息通信研究院发布的《全球数字经济新图景》显示，

2018年美国数字经济规模蝉联全球第一，中国位居第二，数字经济规模总量分别为12.34万亿美元和4.73万亿美元；德国和日本则分别位于第三位和第四位，数字经济规模分别达到2.40万亿美元和2.29万亿美元；第五位和第六位分别是英国和法国，总量分别为1.73万亿美元和1.15万亿美元。部分主要国家2018年的数字经济规模如图3-1所示。

2018年，英国、美国、德国的数字经济在GDP中已占据了绝对主导地位，英国的数字经济占本国GDP的61.2%，美国的数字经济占本国GDP的60.2%，德国的数字经济占本国GDP的60.0%。2018年部分主要国家的数字经济占本国GDP的比重如图3-2所示。

（单位：亿美元）

图3-1　2018年主要国家数字经济规模（数据来源：中国信息通信产业研究院）

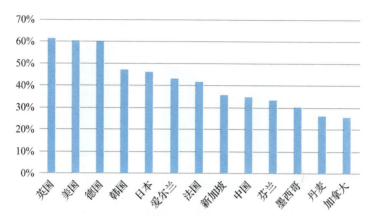

图 3-2 2018 年主要国家数字经济占本国 GDP 比重（数据来源：中国信息化百人会）

当前，我国的总体经济正处于高质量高速度发展阶段，国家高度重视数字经济的发展前景。在 2016 年召开的 G20 杭州峰会提出了数字经济发展与合作倡议，2017 年的政府工作报告中首次写入了数字经济，开启了我国数字经济的新时代。中国信息通信研究院 2019 年发布的《中国数字经济发展与就业》报告中的数据显示，2018 年我国的数字经济总量达到 31.3 万亿元，占 GDP 的 34.8%（图 3-2），同比提升 1.9 个百分点。2018 年数字经济的发展对 GDP 增长的贡献率达到 67.9%，同比提升 12.9%（如图 3-3 所示），其良好的发展势头有效地带动了我国国民经济的快速发展，已赶超部分发达国家。

2. 数字娱乐是国家科技、经济、文化发展的重要体现

随着科学技术的不断发展和人民生活水平的不断提高，数字娱乐走进了人们的生活，数字娱乐产业也因此得到了推动和发展，如今已经成为一个举足轻重的现代化新兴产业。

图 3-3 2016—2018 年我国数字经济规模

作为文化产业中的新兴产业，数字娱乐产业并不是独立存在的，它高度依赖于云计算、大数据、人工智能等信息技术，这些技术为数字娱乐产业提供了强有力的支撑，促进了数字娱乐产业的发展。数字娱乐产业拥有较快的发展速度和较大的发展潜力，能够直接渗透到人们日常生活的各个领域，同时因其具有强大的创造力和影响力，从而也能够带动其他文化产业的蓬勃发展。随着数字娱乐产业的发展，其不可避免地会面临如下两个发展趋势：面向数字娱乐领域的消费正在不断升级，数字娱乐领域的范围正在不断扩大。

数字娱乐是国家科技、经济、文化发展的集中体现，因此，从某种程度上可以说，数字娱乐产业的发展水平已经可以作为衡量一个国家文化实力和经济实力的重要指标，同时也是一个国家科技实力和综合国力的重要体现。数字娱乐产业可以为一个国家带来巨大的经济价值和社会价值，关乎一个国家在国际上的竞争力，因此许多国家都非常重视数字娱乐产业的创新与发展。

目前，全球正处于数字经济时代，在数字技术与娱乐产业的交汇点，电子游戏、动漫、卡通等数字娱乐产业交互发展，各国都在积极制定并出台数字娱乐产业的相关战略举措，同时对数字娱乐产业的范围也有不同的界定。欧洲、美国、日本等国家都在进行数字技术革新，且在文化创意产业有着深远的结构布局，并形成了较为完整的数字创意产业链体系。

在发展战略方面，作为数字娱乐产业典型的开拓者，韩国提出了"文化立国"的发展战略并向外输出了大量的数字娱乐产品，获得了巨大的经济效益，提高了自身在国际上的文化影响力。美国抓住数字贸易的谈判机会，利用其在国际上的地位与话语权输出美国标准。

在动漫产业方面，美国、日本、韩国在全球动漫产业中均占有重要地位，其中：

美国的动漫产业占全球的一半以上，位居首位；

具有成熟动漫生产出口链的日本在动漫领域发展迅速，市场运营也在不断完善，推进了经济的发展；

韩国在数字娱乐产业的其他领域拥有良好的发展基础，动漫产业也逐渐成为支持其增强经济水平的有力支柱。

在网络游戏产业方面，近年来，网络游戏快速发展，手机游戏排在世界前三位的依次是日本、美国、韩国。随着智能手机的普及以及网络覆盖率的增加，我国数字娱乐媒体的市场规模也在逐年快速增长，2018年已经达到了6156亿元，比2013年增加了 4030 亿元，预计到 2022 年我国的数字娱乐市场规模将突破 1 万亿元，达到 14464 亿元。

通过对各种数据的研究与分析，世界数字娱乐产业呈现以下发展趋势：数字娱乐产业的市场规模逐步扩大，数字娱乐创新技术的竞争日益激烈，数字娱乐产业的资本流动速度正在加快，各国数字娱乐产业的发展力度不断加大。目前，各国正在加大对数字娱乐产业的支持力度，同时根据自身的实际情况制定符合本国国情的数字娱乐发展战略。

3. 数字娱乐是推动国家经济高质量发展的新动能

作为新世纪的朝阳产业，数字娱乐产业的产生和发展提高了人们的生活水平，拉动了国家经济的稳定持续增长，同时对底层技术的商业化应用具有推动作用，推动着经济从高速增长到高质量发展的变革，是新经济的重要增长点。

在数字经济时代，数字娱乐是生活服务业的重要组成部分，在"数字+"的影响下，数字娱乐产业可以极快地扩大产业本身的影响范围，同时也能更加容易地渗透到人们生产生活的多个领域中，以此来推动产业的新发展。在经济发展从高速增长向高质量发展转型的过程中，加快数字娱乐产业的发展意义十分重大。

随着网络强国、数字中国战略的加快实施和推进，我国数字经济发展正持续迎来新的发展高峰，并取得了一系列显著的成果。目前，我国的互联网产业蓬勃发展、通信基础设施更加完善、网络覆盖范围更广、网络通信费用下降、城乡居民收入水平不断提高，这些因素都极大地推动了网民对于数字娱乐的需求，因此，作为数字经济重要组成部分的数字娱乐产业当前的发展十分迅猛，产值持续高速增长。当前，随着大数据、云计算、人工智能、AR/VR 等前沿技术的广泛深入应用，依赖于高科技的数字娱乐产业在未来必将迎来更多的发展机遇。

3.1.2　电子游戏是数字娱乐产业的主动脉

电子游戏一般可以分为以下五种：电视游戏、掌机游戏、电脑游戏、街机游戏、手机游戏。电子游戏随着科学技术的进步而不断发展，它的出现极大地丰富了人们的娱乐活动，同时也丰富了人们的精神世界。

近年来，在数字娱乐产业的发展过程中，游戏产业作为数字娱乐产业的核心及重要组成部分，发展速度十分迅猛，游戏产业的成长速度和附加价值不断提升，有力地带动了数字娱乐产业链的发展。目前，世界各国都在为电子游戏的网络技术开发积极投入大量的人力资源，致力于研发更丰富的游戏内容和更完善的平台性能，以满足用户多样化和个性化的娱乐需求，提升自身的服务质量。

随着数字技术和互联网产业的持续快速发展，网络用户的数量正在不断增加，网络用户的消费规模也在持续上涨。因此，游戏产业的市场规模也在不断增长，数字娱乐产业的市场份额得到了快速提升。SuperData 统计的数据显示，2019 年全球数字游戏产业收入已经达到了 1201 亿美元，同比增长 4%。其中，手机游戏、电脑游戏、主机游戏的收入分别为 644 亿美元、296 亿美元、154 亿美元。

中国音数协游戏工委发布的《2019年中国游戏产业报告》显示，2019年，我国游戏市场实际销售收入达到2308.8亿元人民币（如图3-4所示），呈持续增长趋势；国内游戏用户规模达到6.4亿，与2018年相比提高了2.5%，呈持续扩大趋势。北京电影学院及社会科学文献出版社发布的《数字娱乐产业蓝皮书：中国游戏产业发展报告（2019）》显示，2018年1~7月，中国网络游戏（包括手机游戏、PC客户端游戏和网页游戏）业务收入达到了1113亿元，同比增长27.5%。

图3-4　我国游戏市场实际销售收入及增长率（数据来源：中国音数协游戏工委）

3.2 云游戏的意义与价值

云计算作为企业数字化转型的核心基础设施和国家大力推动的核心产业之一，其相关生态产业的发展和革新为游戏产业的发展带来了新的灵感。云游戏将为游戏产业注入新的强大基因，正如 4G 网络和智能手机刚崛起之时，谁也不曾预见手机游戏会成为游戏领域的绝对主力。在云游戏时代，游戏自身的模式将发生巨大的变革，从而扩展游戏创新的边界，全新的交互方式和游戏形态也将随之出现，云游戏的全球竞争正逐渐形成燎原之势，云游戏所带来的价值和意义并不仅仅局限于游戏本身，还将有助于数字经济发展、5G 商用普及、弘扬中华文化、防止未成年人游戏沉迷等。

3.2.1 数字经济的"新驱动"

随着云计算和其他技术的创新发展，"数字 +"已集成到人们生产和生活的各个方面，基于抖音、手机游戏和现场直播等移动数字技术的新型主动娱乐模式，正在促进数字经济的飞速发展。数字娱乐市场的集中化实施方案具有巨大的潜力，未来的产品将实现从模拟技术到数字技术的创新性转变。随着互联网的迅速发展，数字娱乐的发展趋势也变得更加明显。作为数字娱乐行业所涉及的游戏领域，娱乐产业可以迅速扩展其辐射范围，并以对消费者更加友好的方式获得新的发展动力。就市场规模而言，全球游戏市场超过 1500 亿美元，远远超过了电影市场（425 亿美元）和流行音乐市场（191 亿美元）。此外，全球游戏玩家数量接近 25 亿。拥有如此庞大的市场规模和玩家人数，游戏行业正受到越来越多大公司的关注。

云游戏为游戏行业带来了数字化价值。云游戏平台提供了各种各样的异构数字收集模块、实时 / 离线计算框架、简单易用的开发环境和平台界面，同时还为游戏行业提供了大数据管理、开发和计算功能。云游戏平台可用于构建很多企业级应用程序，例如，企业级数据仓库、用户画像、知识图谱和文本分析等。同时，游戏客户还可以最大程度地发现和分析公司核心业务的数字价值，从现有业务和应用系统中发掘潜在的商机，并促进业务创新的健康发展。产业链实现完全闭环可以增加数字应用的数量，并帮助游戏客户实现商业价值。

在娱乐领域，云游戏正受到越来越多的关注，将成为 5G 时代的典型应用场景，国内许多公司已经开始布局云游戏。多屏幕集成带来了三个新的经济体，即同屏经济、平台经济和 IP 共享经济。云游戏将成为引领数字经济的驱动力，成为工业发展的重要渠道，支持各个领域的数字化转型，构建现代经济体系，促进高质量的经济发展。

云游戏市场带来的增量和现有游戏市场云化的总规模可能在千亿级左右，这个量级属于投资中的中上等机会。与云游戏相关的在线服务等行业的业务潜力和核心价值的释放，将迅速扩大数字经济的整体规模，激发并释放健康娱乐生态系统的就业潜力，释放数字娱乐产业价值，从而迈向更加美好的产业未来。

3.2.2 5G 商用普及的"先锋军"

云游戏覆盖手机端、电脑端、VR 端等多种场景。在室外及部分室内环境下，随着 5G 商用的普及，5G 将带来带宽更大、速度更快、延迟更低的移动互联网络。另一方面，作为 5G 的重要应用场景，云游戏为 A 股游戏公司带来了新的增长点。乐观的分析师认为，游戏行业的严冬即将过去，新的投资机会已悄然出现。以游戏为代表的云娱乐已经成为 5G 应用最重要的着陆点，而 5G 为云游戏的开发提供了无限的想象空间。

未来，5G 网络的下行速率的理论值将达到 20Gbit/s，上行速率将达到 10Gbit/s，延迟预计小于 1ms。当 5G 实现大规模商用后，云游戏的带宽限制将大大降低。其次，云游戏的成本低，拥有云游戏服务和游戏开发能力的公司可以保持长期的竞争优势，高质量的游戏内容也是云游戏长久发展的驱动力。

云游戏成为 5G 商用最先落地的场景后，会树立 5G 行业的应用标杆，在技术标准、商业模式等方面，为其他行业提供一定的借鉴意义，并加速推进 5G 技术在各个行业和应用领域的落地。

3.2.3 低成本获取高品质游戏的"新方式"

与常规的在线游戏相比，云游戏具有以下优点：免下载、免安装、即点即玩、零更新、免升级、画面清晰、内容优质、准入门槛低等。这些特点解决了用户终端空间不足、资源不够、硬件功能不够强大等问题。同时，在云游戏平台上，可供选择的游戏内容丰富、种类齐全，用户能够一键玩遍所有的游戏，玩家可以迅速找到感兴趣的游戏种类和内容。

（1）无须下载，低门槛

在传统模式下，用户需要 1~2 个小时才能下载完高达数 GB 的游戏安装包，安装后更是会占用几十 GB 的硬盘空间。如果想要达到最佳的效果，还需要高性能的显卡和 CPU。云游戏则可以跳过下载和安装的步骤。此外，由于游戏过程存储在云中，玩家可以在家用电脑上玩游戏，然后通过手机跟踪计算机的运行情况，因此游戏可以在多个终端（例如家用电脑和手机）之间无缝切换。

云游戏模式下，依托本地硬件设备进行数据处理与音视频渲染的游戏运行方式发生了改变，玩家不再需要购买专业、昂贵的游戏主机，通过云游戏平台便可在PC端和移动端体验大型游戏。据测算，云游戏模式下，玩家在软硬件方面的初始投入成本仅为140～280元；订阅制下，平台的月均订阅费用为35～70元；加上游戏内支付费用，玩家在一款游戏上的投资平均为500元左右。较之传统模式，云游戏成本大大降低，仅为传统模式的十分之一左右。

（2）降低时延

游戏的加载延迟主要取决于游戏应用程序本身的加载延迟，而网络延迟的影响几乎可以忽略不计。在云游戏中，用户希望在操作键盘、鼠标和操纵杆等设备时，可以在视觉和听觉上获得快速响应。如果操作响应延迟太大，用户就会感受到延迟。通常情况下，云游戏业务可以满足网络对超高带宽、低确定性延迟和超低丢包的需求。在5G技术的支持下，云游戏的优势能够得到极大的体现，云游戏屏幕渲染服务和核心云计算服务可以摆脱空间限制，分开进行部署，位于边缘网络上的渲染服务器到用户终端的距离被大幅缩短，这又进一步优化了用户体验。随着5G覆盖的城镇越来越多，边缘计算中心的部署也会越来越多，随时随地玩云游戏的人也越来越多。

（3）隐私保护

在云游戏的各部门的协作中，当终端用户、云提供商和游戏厂商各方进行多方协作时，必须对敏感数据实施诸如操作环境隔离和传输加密之类的措施,以确保用户隐私数据的安全性。当用户执行登录和敏感信息操作时,交互操作由用户启动,凭证信息则需要由用户服务代表进行部署和验证,操作结果由游戏平台提供给用户服务代表确认和答复,云端运行环境无法介入具体的敏感信息,从而实现用户信息与运行环境的隔离。此外,随着云游戏对区块链技术的应用,利用区块链技术的分布式、防篡改和分层身份验证管理等特性,真正做到了用户信息的适度开放、安全交互与最大化利用。

3.2.4 弘扬中华优秀文化的"新载体"

产品是文化创新的最终体现。云游戏作为新技术催生的新产品,不仅是娱乐产品,更是文化创意产品,其庞大的产业背景将使其成为中华优秀文化输出的重要载体。越来越多的人认可游戏所传达出来的文化信息。这种文化既可以是民族文化,也可以是制作人的情感和理想,甚至可以是一种价值观和处世哲学,等等。

育碧作为法国第一大游戏公司,手握无数大型游戏IP,最出名的莫过于《刺客信条》。育碧将《刺客信条》的故事穿插在各种历史背景之中,以此为玩家带来沉浸感,并传达法国文化。游戏与文化的结合是保证云游戏能够快速发展的重要一步。统计数据显示,国内知名游戏公司游族网络2019年上半年的海外营业利润达到了10.9亿元,接近其总利润的60%。可见,文化融合在获得海外市场的认可时至关重要。

结合了东方文学和传统文化元素的《少年三国志》等自主研

发的游戏产品，为玩家开拓了了解中华传统文化和中华优秀故事的新途径。从发展现状来看，中华文化的输出区域主要集中在周边国家和海外华人社区。中华文化迫切需要找到一种更容易传播且可突破地域限制的交流手段。毫无疑问，游戏（尤其是面向社会的网络游戏）是最合适的方法。网络游戏因其特有的互动性和社交性，在文化传播方面具有独特的优势，借助网络游戏传播文化内涵和价值观，最简单且受众最广。

5G 时代来临，5G 通信技术将使信息突破时空限制，提供极佳的交互体验，为我国云游戏占据全球市场提供动力，为中华文化的输出带来更多机遇。

3.2.5　我国游戏产业的"生力军"

重构游戏产业链时，必须从如下三个维度来考虑云游戏。首先，云游戏极大地降低了硬件需求，因此会衍生出一个硬件替代市场，业界预计该市场的规模可达到 170 亿美元。其次，云游戏重组了游戏产业链，削弱了应用商店，这也将带来大约 500 亿元的市场规模。最后，玩家可以轻易获取优质游戏，进入平台即可随意畅玩精品、大型游戏，获得的体验越来越好，用户数量因此将会大量增加。ARPU(Average Revenue Per User，平均单人付费) 产值也会有大幅度的增长，预计到 2024 年我国休闲游戏的市场规模将突破 420 亿元。云游戏允许玩家随时随地以任何形式玩游戏，这不仅会重构游戏产业链的格局，而且会创造新的产品和服务。

当前，云游戏正在迎来加速成长期，海外的索尼、英伟达、微软、谷歌等巨头都在不断地推动云游戏的发展；国内的三大运营商、腾讯、百度、阿里巴巴、华为、顺网科技、海马云、视博云等也已进入市场，云游戏产业正在加速发展。艾媒咨询发布的《2019中国云游戏行业专题研究报告》显示，2018年我国的云游戏用户数为6300万人，未来三年内将保持较高的增长速率，预计到2021年，云游戏用户数量将达到3.73亿（如图3-5所示）。到2023年，我国的云游戏市场规模将达到1000亿元。

图3-5　我国云游戏用户规模及预测（数据来源：艾媒数据中心）

云游戏将改变整个游戏产业生态，综合来看，游戏产业将发生如下三个变化：第一，硬件厂商话语权将变弱；第二，手握底层技术的云服务厂商话语权将变强；第三，内容开发商的话语权持续分化。作为行业参与者的发行商、游戏平台和游戏开发商等也面临升级或更迭。云游戏产业链中的关键角色主要包括云计算提供商、云游戏服务提供商、网络运营商、游戏开发商和主机设备供应商。随着5G应用的发展，主机设备的优势将被削弱，游戏平台化的趋势要求内容方改变收费模式。将云计算提供商和云游戏服务提供商的角色添加到产业链中后，云游戏的利润分配模式将发生根本性的变化。在云游戏时代，各角色的市场份额可能会发生如下变化：开发商的市场份额预计会增加，主机制造商和渠道分销商的市场份额可能会被云计算提供商和云游戏服务提供商侵占。此外，云游戏突破了硬件束缚，游戏质量变得更加重要，开发商可以真正支配云游戏产业链。

云游戏可以通过降低硬件门槛来扩展高质量游戏所覆盖的玩家群体，并通过订阅模式来提高用户的生命周期价值。同时，它还可以改善游戏开发商的产业链处境，使中小型游戏开发商获得更多收益。云游戏将刺激游戏产业，并为其带来质和量的重大变化。在游戏平台上，以运营为导向的公司将在市场中占据主导地位，为基于内容的公司提供与云游戏相关的不同类型的游戏内容，并解决游戏内容开发商和游戏内容发行商的双重身份问题，提升玩家的游戏体验，这在一定程度上可以激发用户的新需求。

对于硬件供应商而言，云游戏本质上是一种在线的交互式流媒体，其降低了游戏对硬件的要求，甚至替代了部分硬件，因此，硬件制造商（例如，终端和消费电子芯片）不得不应对潜在的市场冲击。但是，随着云计算性能的提高，其对网络设备的需求将进一步增强，由此对网络设备（例如，服务器、交换机和路由器）的需求也将进一步增加。

云游戏为云计算提供商的计算资源提供了更好的应用场景，GPU 服务器、虚拟化技术以及音频和视频技术的发展将逐渐改善云服务器提供的游戏场景渲染效果。同时，5G 网络的规模化落地和 5G 应用的持续发展，也将对云计算厂商提出更高的要求，这使得企业会进一步增加对数据中心和云资源池的需求。

3.2.6　防止未成年人沉迷游戏的"防火墙"

云游戏的发展必须依靠游戏产业的健康发展，在这个过程中，只有重视未成年人的身心成长，才可以促进游戏产业自身的绿色、健康、可持续发展。因此，整个行业需要形成统一的治理规范和准则，倡导行业文明自律，并阐明竞争规则。此外，在监管层面，相关维权机制和行业秩序也需要得到进一步的建立和健全。随着云游戏的发展，游戏产业需要不断开展社会舆论引导，在保护未成年人身心健康的同时，树立积极向上的行业形象。

从云游戏体系架构来看，由于云游戏的业务逻辑和运行数据都在云端，因此在云游戏客户端的帮助下，云游戏平台可以实现数据打通、整体管理等创新性的运行方式，为了保护未成年人的身心健康，需要建立有效的未成年人防沉迷机制。

从社会责任和技术两方面来看，云游戏的不断推进和发展将更有利于未成年人游戏防沉迷工作的推进。目前，传统的游戏防沉迷体系在全国范围内尚没有统一的行业管理平台，各大游戏厂商的实名认证及防沉迷系统仍各自为政，相互割裂。许多大型企业（例如，腾讯、网易等）将防沉迷系统部署在每个游戏里，采取实名注册和实名认证、消费限制及其他防沉迷措施，但未成年人仍然可以通过跨账户、跨供应商、跨互联网终端等方式绕过防沉迷系统。对于大多数小游戏公司而言，防沉迷系统仍然没有得到很好的应用，未成年人可以轻松绕开防沉迷系统的限制。

云游戏可以通过统一的云平台实现和支持游戏的部署、运营、运维和全生命周期管理，构建一个统一的防沉迷体系。此外，通过整合虚拟化、集中存储、统一认证、远程协助等云技术，云游戏可以分离数据和基础设施的耦合关系，数据采集、存储和计算都是在数据中心完成的。云游戏可以发挥云游戏平台数据实时性强的优势，即使数据量大也能保持实时性高的特点。云游戏还有海量存储空间的优点，可快速保存玩家的游戏状态数据，保证每人只有一个身份，并同步其在不同游戏上的游戏时间，合并计时，这将有助于平台进行统一监管，以便更有效地设置游戏使用时长，从而促进未成年人游戏防沉迷工作的推进。

3.3 云游戏为数字娱乐带来的新变革

每一项新理念、新技术、新模式的诞生，都会从多个维度对现有的产业生态带来新的变数和革新。本节将从市场、产业链、应用场景三个维度分别分析云游戏为数字娱乐产业带来的新变革。

3.3.1 云游戏市场变革

游戏产业发展至今，移动游戏已经占据市场的主导地位，而移动游戏能够取得现如今的市场地位，与手机、游戏主机等移动终端以及全国范围内网络基础设施的日趋完善密不可分。对于主流的游戏消费群体而言，他们往往会很愿意去体验随着科技的发展而不断出现的新鲜事物。如果大众能够接受云游戏这种新的游戏体验方式和价格，那么整个游戏行业将会发生极大的变革。

（1）游戏作弊彻底消失

云游戏的运营和维护都是在运营商或者游戏公司的服务器上进行的，玩家输入的指令通过互联网传送到云端服务器，云端服务器处理完成之后对最终的画面进行视频压缩，然后串流显示到用户的终端设备上，画面渲染、数据同步、逻辑交互的计算都由云端的服务器来完成。区别于在客户端上运行游戏且保存数据的传统模式，在云游戏模式下，用户无法接触到任何游戏数据，也就是说没有在游戏内作弊的途径。

（2）硬件设备需求的降低和重心转移

与传统游戏相比，云游戏大大降低了用户对于支撑游戏运行所需要的硬件设备的要求。传统游戏的用户为了提升游戏体验，会购置更高性能的处理器、显卡以及主机等。例如，玩主机游戏需要购置游戏主机，如任天堂 Switch、索尼 PS4 等；玩 PC 端游戏需要购买高性能的处理器、显卡等硬件。云游戏彻底解除了这个限制，即使是市面上一款配置较低的手机或显示器，也足以支撑玩家体验 3A 级游戏。随着云游戏的不断普及，对于一些追求更高质量游戏体验的玩家而言，网络的流畅度以及画面的质量将会成为高质量游戏体验的关键因素，所以其核心的硬件诉求会转移到网卡和显示器上。

（3）游戏用户数量增长

对于现有的很多游戏玩家而言，传统游戏尤其是一些大型游戏的前期投入会比较大，包括购买游戏主机或高性能硬件，而且大部分游戏本身也需要购买。高昂的游戏费用和烦琐的安装、卸载过程，导致很大一部分潜在玩家无法得到有效转化。云游戏解决了这些玩家所面临的问题，使得他们变成了云游戏的潜在用户，因此，云游戏的普及在一定程度上为游戏市场带来了用户增量。

（4）游戏表现大幅提升

由于受限于主机或者终端设备的性能，传统游戏开发商在制作游戏时需要考虑到，不同用户所用的设备的性能各不相同，因此不得不在画面质量和运行流畅度之间做出取舍。在云游戏环境下，这一顾虑将彻底消除。终端设备的性能不再是影响用户游戏体验的关键因素，游戏开发商也不再需要顾虑游戏能否流畅运行，而只需要注重游戏画质的提升。

（5）游戏边界逐渐模糊

云游戏时代，游戏降低了对设备的要求，游戏用户可以在任何设备上玩到几乎所有的游戏。在此基础上，传统游戏市场对于PC端、移动端、主机端各类游戏的区分也将逐渐模糊。

（6）游戏两极化

游戏的两极化：一极是高品质游戏，一极是休闲的碎片化小游戏。国内的主力游戏玩家中有很大一部分人的游戏硬件是无法承载重度游戏的，但他们对更高品质的游戏也有需求。这部分玩家追求更高品质的游戏就成为必然。另外一些以休闲为目的轻度游戏用户则会选择玩小游戏。这就压缩了中段游戏的生存空间，使其被上下两端同时分流。

(7）游戏产品交付模式改变

区别于现在主流的买断、充值或 F2P（Free to Play，免费游戏）等付费方式，订阅制可能会成为云游戏最热门的收费模式。随着人们付费习惯的不断养成，用户为数字内容付费的态度也在不断改善，继免费游戏之后，订阅付费制将成为主流。在此之前，游戏行业的营收模式主要包括先试玩后购买和免费两种模式。2010 年前后，免费游戏模式迅速成为主流，用户规模呈现爆发式增长，2010 年游戏用户规模同比增速达到了 70%。后来的 F2P+付费道具、抽卡以及 BattlePass 都是由 F2P 模式发展而来的。

订阅制意味着用户从一次性买断游戏的使用权转变为定期支付一定的费用以获取游戏的使用权。其优点在于用户可以用更低的价格体验原本需要较大花费的游戏；游戏厂商能降低游戏的试错成本，由此改善用户的游戏体验，从而增强用户黏性和提高用户的付费意愿。云游戏的本质是在线交互性流媒体，参考音乐和视频行业，订阅制付费模式将成为游戏流媒体化时代的重要商业模式。

订阅制作为一种前向付费模式，适合于云游戏的理由有如下几点。

第一，对于承担网络和服务器成本的游戏运营商而言，用户成本与实时在线人数和用户游戏市场成正比。这种收费方式可以剔除没有付费意愿的用户，保障运营商的运营成本。

第二，国内大部分的资深玩家和其他各类游戏玩家在消费习惯上差异并不大，这部分群体更容易接受按时间长短收费或订阅制等前向付费模式。

3.3.2 云游戏产业链各环节职能变革

与已有的游戏制作模式相比，云游戏新增了云服务这一部分。云游戏的生产模式包括研发、游戏运营云服务、对接终端设备三个部分。游戏运营云服务包含游戏云平台、云服务商及通信运营商三个主体。

图 3-6　云游戏产业链结构

1. 开发商的职能变革

进入云游戏时代，精品游戏和重度游戏会更受欢迎，位于产业链之首的开发商的市场份额和产业链地位将得到进一步提升。一方面，由于云游戏时代开发商不再需要考虑终端设备的匹配问题，开发成本将因此而降低，渠道推广成本也会降低，游戏开发商可以将这部分节约下来的成本投入到对游戏内容的研发中。另一方面，由于云游戏不再受硬件性能的限制，在一定程度上趋向于更轻易地满足玩家对于高品质游戏的需求，因此会敦促游戏开发商加大在研发力度上的投入，并且专注于提升游戏的画面感、用户体验以及创新性玩法。

云游戏在提升开发商地位的同时，也降低了游戏平台的分成比例，提高了开发商的议价能力。目前，海外游戏发行商需向索尼和微软支付价格不菲的访问控制台游戏机的费用（约30%），随着"游戏流媒体"的广泛普及，内容将变得多样化，控制平台的议价能力将降低，这种发展趋势有助于提升游戏开发商的盈利能力。

2. 运营服务商的职能变革

云游戏服务商是指向用户提供云游戏服务的供应商，其职责包含两个方面：一方面，对接游戏发行商，获取优质的游戏资源，保障内容合规并解决版权问题；另一方面，在技术上，负责提供云平台并对游戏内容进行云化处理。从中远期来看，云游戏服务商未来还可充当发行商的角色，与开发商直接对接，将游戏引入云游戏平台，直接为用户提供服务。随着5G时代的到来，云游戏产业进入爆发式增长阶段。在云游戏产业链中，由于存在游戏云服务这项增值业务，因此阿里巴巴、腾讯等拥有云平台且占据用户、流量优势的互联网企业将增速其在云游戏产业中的布局。

4G时代，三大通信运营商负责数据的传输，借助数据传输职能所带来的优势，三大运营商的数据业务收入获得了大幅度的增长。而在5G网络正全面走向商用的背景下，加之同样获得5G牌照的中国广电网络的入场，数据传输业务已经远远无法满足三大通信运营商的发展规划需求，因此通信运营商纷纷通过与外部企业合作或者加大研发资金投入等方式来深度参与5G应用。

云游戏即点即玩、无须下载的特点将进一步弱化应用商店等渠道在推广过程中的作用，通信运营商借助拥有5G网络入口这一优势，以自身的海量用户为基础，可以与游戏内容方等互利互助，开展云平台运营甚至游戏开发业务。从另一个方面来看，通信运营商很有可能会成为云游戏早期阶段的渠道商。相比于端游和手游的消费体验，在当前阶段，云游戏消费的门槛包括运营商套餐、云游戏流量收费以及游戏付费，体验成本过高。加之目前5G刚进入商用阶段，费用无法快速下降，通信运营商布局云游戏的优势在此就能得到最大的体现：运营商能够将云游戏与手机消费套餐相结合，直接与游戏用户进行对接。

通信运营商将成为导致游戏产业变革的主要力量，其在5G时代不仅可以通过提供数据传输服务来获取数据业务的收入，也可以通过提供游戏服务、参与游戏内容研发来为自己创造更多机会。

3. 终端设备提供商的职能变革

云游戏在解放行业硬件需求的同时还提升了玩家的游戏体验。一直以来，主机游戏和端游需要用户在硬件上投入高昂的成本这一点限制了用户数量的增长。云游戏将游戏场景的渲染过程交给云端服务器，玩家不再需要购置性能强大的硬件设备来提升游戏体验。云游戏既不需要改变终端设备，也不需要升级终端硬件设备，但是对游戏运营商的硬件设备提出了更高的要求，因为游戏内容的持续维护以及所有数据的存储都要在云端服务器上完成。每个玩家都可以用现有的设备获得最佳的游戏体验，游戏画面的好坏仅由网速决定。因此，对终端制造商而言，云游戏有望打破不同类型游戏之间的界限，实现全球范围内主机游戏、端游、页游、手游玩家的全面互通。

3.3.3 应用场景变革

1. 云游戏 + 互动视频

互动视频游戏是一种利用交互选择技术，由玩家决定剧情走向的视频类游戏形式。互动视频游戏的脚本数据存储在云端服务器中，可以为玩家提供多种不同的选择，支持更复杂的多线剧情内容。视频交互的形式可以为玩家提供更多自主选择的权利，这可以极大地丰富玩家的参与感和内容体验。玩家对于游戏画面的细腻程度和真实感的要求将随着科技的发展而不断提高，以强交互的游戏形式为卖点的互动视频游戏具有良好的市场发展前景。

2. 云游戏 + 直播

在云游戏与直播相结合的场景中，区别于传统直播的打赏、观看互动等交互方式，用户可以选择不同的视角直接观看主播的游戏实况直播，同时还可以随时加入主播的游戏进程，与主播共同游戏，这不仅能够增加用户黏性，而且能够提升用户转化率。云游戏与游戏直播结合，通过直播平台联合推广游戏，将打破游戏与直播的边界，使用户体验到更流畅、视角更丰富的优质游戏。

3. 云游戏 + 广告

云游戏与广告相结合，最直接的受益者是游戏类品牌客户。在信息流广告场景中，用户看到游戏的广告直接打开即可试玩，用户可以在短短几秒的时间内进入 4K、60fps 的 3A 级游戏。此外，应用宝和 OPPO 游戏中心等应用商店还推出了云试玩的方式，以助力玩家体验游戏。玩家可以在试玩游戏之后根据自身的体验效果确定是否要下载。这种云试玩方式在降低玩家下载游戏所需时间成本的同时，还可以提高游戏的留存率。

从长期来看，云游戏的发展将为广告行业带来极大的变革，在提升广告转化率的同时改变游戏行业的广告投放形态。从内容上来看，云游戏可以打破自身的壁垒，为更多元、更多领域的游戏内容提供广告载体，比如，以互动游戏的方式推广汽车、电器等。

4. 云游戏 + 网咖

在人们的印象中，场地和硬件是运营一家网吧或者网咖的必需品，如果使用云游戏服务，则能够省下购买电脑的费用，只需要显示屏和路由器，以这种方式运营的网吧或网咖前期所需的投入和维护成本都将大大降低。

例如，顺网科技公司推出的"顺网雲"产品，通过"云网一体"的方案为用户提供了低成本、高效率的终端运维管理服务。对于网吧而言，顺网雲提供的云存储服务在降低维护成本的同时，还能为客户带来更好的消费体验。顺网科技还创新性地提出了"顺网云网咖"这一概念，它是指网吧利用闲置电脑和带宽通过顺网独立研发的云电脑技术（高性能游戏主机云化）向玩家提供服务。对于玩家而言，去网吧打游戏不再受地域限制，家中只需要一台普通电脑就可以通过云端调用附近网吧的专业游戏主机。相对于家用电脑，顺网云网咖除了具备硬件性能方面的优势之外，还为玩家提供了市面上几乎所有的主流游戏，最关键的点在于，不需要玩家在自己的电脑上下载并安装游戏，并且游戏性能也不会受到影响，这就极大地提升了玩家的体验。

5. 云游戏 + 教育

云游戏还可以作为教学工具来使用。游戏强大的物理引擎可以模拟和仿真出各种物理规律支配下的运动，将教学场景视觉化，从而避免学生被动接受没有画面感的信息，鼓励学生主动进行探索和尝试，提升教学的趣味性。学校的教育系统还可以与云游戏相结合，学校无须管理教学用 PC 终端，只需要在本地与处于云端的机房进行连接，然后就能够完成系统应用管理、多教务系统切换、数据存储等功能，从而帮助学校提升教学硬件性能，推进智能教学进程。

6. 云游戏 +VR/AR

VR/AR 与云游戏相结合能够起到相辅相成的作用，能够极大地丰富游戏内容的体现形式。与普通云游戏相比，VR/AR 游戏更贴合玩家对游戏体验的高标准需求，优质的游戏内容与 VR/AR 设备相结合，可以虚拟化体验场景，带给玩家沉浸式的游戏体验。同时，由于突破了设备限制，VR/AR 等智能设备上运行的游戏内容将会显著增加。目前已经有一些 VR/AR 技术与云游戏相结合的案例，例如，腾讯在 2018 年 KPL 春季总决赛开幕式的现场直播中，利用 AR 技术实现了虚拟游戏角色与真人同台表演的效果。未来，在云游戏的催化下，VR/AR 硬件还可降低配置要求、控制成本、降低售价，这将更利于 VR/AR 的普及。

对于将云游戏应用到 VR/AR 上这点来说，最大的困难在于网络的时延，而 5G 的低延时性恰好弥补了这个缺点。如果在当下的带宽条件下采用云游戏方案，高达 160 毫秒的网络时延会传导到物体运动成像时延上，这极大地影响了用户的游戏体验。而

5G 标准要求的是端到端的时延不超过 1 毫秒，这个标准远远低于 VR/AR 带来沉浸式体验所要求的 20 毫秒的时延。在 5G 的加持下，VR/AR 云游戏所面临的最大困难将不复存在。

3.4　云游戏开启数字娱乐经济新时代

在 5G 的大带宽、低时延、广连接的网络条件支持下，云游戏将会成为未来游戏发展的新趋势，这点已经得到了业内的普遍认同。本节将带你全面认识云游戏未来的成长趋势和商用逻辑。

3.4.1　云游戏摆脱硬件束缚，全面重构游戏行业成长逻辑

在传统游戏产业背景下，游戏体验与硬件性能成正比，硬件设备的承载能力明显限制了用户的游戏体验。游戏（软件）升级需要有更高性能的硬件来支持，而硬件的更新又意味着将会出现能够匹配硬件能力、提供更优质用户体验的游戏版本。软件升级与硬件升级相互驱动的这一机制，带动了玩家的购买需求和消费需求。这一消费模式也体现了传统游戏对硬件设备的依赖，随着设备的更新和软件的升级，游戏市场的商业模式也在逐步发生转变。

1. 硬件设备性能对游戏体验的三点影响

（1）普通家用设备往往只能勉强满足大型 3A 游戏的推荐配置。

一旦多线程同时运行或长时间运行，就极易造成游戏卡顿，影响用户体验，可能还会造成不同等级设备间用户的不平衡。以

《刺客信条奥德赛》PC 版为例,其推荐的 4K 配置为:Intel Core i7-7700 处理器、GTX 1080 显卡、16GB 内存。根据以上条件,在京东的搜索结果中,符合条件的台式机最低售价在 4000 元左右(不含显示屏),如果是 Dell、联想等品牌,均价普遍在 5000 元以上。

(2)家用设备的更新换代往往较慢,但次世代游戏 2~3 年就会有一次大迭代,因此设备的更新速度与游戏迭代速度并不匹配。

以《刺客信条》系列为例(如表 3-1 所示),2015 年发布的《刺客信条大革命》的最低配置要求仅为 Intel Core i5-2500 处理器、GTX 680 显卡、8GB 内存,与上文提到的 2018 年发布的《刺客信条奥德赛》的配置要求已有明显差距。

表 3-1 3A 作品对电脑配置要求举例

产品	《刺客信条大革命》(2015 年)		《刺客信条奥德赛》(2018 年)	
项目	最低配置	推荐配置	标准配置	推荐配置
系统	Windows 7/8.1 64bit	Windows 7/8.1 64bit	Windows 7/8.1/10 64bit	Windows 10 64bit
处理器	Intel Core i5-2500	Intel Core i7-3770	Intel Core i7-3770	Intel Core i7-7700
显卡	Nvidia GTX 680	Nvidia GTX 780	Nvidia GTX 970	Nvidia GTX 1080
内存	6GB	8GB	8GB	16GB

(3)对于更新换代速度较快的移动设备和智能家居,由于算力和电池容量的限制,难以获得流畅平稳的 3A 作品体验。

尽管移动设备或智能家居设备的更新换代速度较快,但是受其本身的运算速度及电池容量的限制,用户使用其运行大型手游时常会出现发热、掉线、画质差等各种问题。以《王者荣耀》为例，草根测评的结果显示，在充满电的情况下，用过1～2年的旧手机仅能续航3～4小时，新手机最高可续航6小时。

2. 云游戏为游戏产业带来供给与需求的新正向循环

在内容供给层面，云游戏带来的革新主要体现在以下三个方面。

（1）加入外设，云游戏将突破屏幕操作限制，引入更多创新玩法

目前，相对来说，手游的操作局限较多，仅能通过点击、滑动两种方式实现绝大部分游戏操作。云游戏将极大地拓宽游戏的研发思路，吸引更多厂商和玩家探索多种硬件操作相结合的可能性。表3-2列举了云游戏与现有四种游戏类型的区别。

表3-2 云游戏与现有游戏类型的区别

	端游	页游	手游	主机游戏	云游戏
用户操作	绝大多数端游只能通过鼠标、键盘完成操作	需要通过鼠标、键盘完成操作	只能通过点击、滑动来体验游戏，部分手游会有对应的游戏手柄	依靠主机对应的手柄或按键来实现操作	可通过手柄、遥控器等多种硬件体验游戏
硬件要求	对于显卡、CPU、内存均有要求	硬件要求较低	大型手游对于手机硬件会有一定的要求	需要购买对应主机才能体验游戏	对硬件要求较低，只需要能够播放流媒体的客户端
应用场景	仅限于电脑屏幕	仅限于电脑屏幕	手机屏幕或电脑屏幕皆可	主机屏幕或电视屏幕	包括电视、电脑、平板等多种载体
游戏安全性	出现外挂的可能性较高	外挂较少	外挂较少	基本无外挂	使用视频流机制，100%杜绝外挂

(2)多屏切换将打破终端玩家界限,同时产生新的分发渠道

目前,国内外游戏玩家的类型占比有较大的区别,根据伽马数据统计,在我国的游戏玩家中,90%以上为手游玩家,客户端玩家占比约为25%,主机玩家占比不到1%(不考虑去重);在国外,以美国和日本为例,主机玩家占比超过了30%。云游戏的多屏切换功能最终有望打破不同终端玩家的边界,在全球范围内实现多终端玩家的全面联通。

流媒体式游戏集成平台即将出现,可能会在一段时间内与App共存。新的游戏集成平台的出现意味着全新的分发渠道,用户不再需要下载App,仅需要类似于爱奇艺、Netflix之类的游戏平台,即可实现快速切换,点开即玩。以手游为例,手游的分发渠道主要包括苹果及安卓两大系统,云游戏会将分发渠道拓宽至电视机顶盒或其他终端。

(3)促进VR游戏发展,本地VR将向Cloud VR转变

目前,VR市场分为移动VR和PC VR两大类,前者由手机端处理芯片驱动,后者由高性能PC驱动。由于受到硬件性能的限制,移动VR无法运行大型游戏,画面质量及游戏体验不能与PC VR相媲美,但与云游戏相结合后,即可通过网络串流云端运行的游戏画面,从而获得PC VR般的游戏体验,跳过硬件的限制。Cloud VR是云与VR相结合的产物,Cloud VR减少了端与端的传输,降低了成本,是更加先进的VR系统,而云游戏正是推动VR产业向Cloud VR发展不可缺少的因素。

在用户需求层面上,云游戏带来的革新主要体现在如下三个方面。

1）用户不再需要以较高的频率和成本替换硬件设备，而是以购买云服务的形式长期体验更高品质的游戏。

2）用户可以接触到此前对硬件设备要求较高的精品 3A 游戏，玩家品位整体提升，对游戏质量的需求也将系统性提高。

3）摆脱设备的条件差异后，用户能更加平等地参与游戏，游戏内的平衡性将得到一定程度的提升。

3. 基于云游戏的底层架构，游戏行业的成长逻辑将全面重构

拆解游戏行业的成长逻辑，我们可以发现，游戏行业的增长驱动力主要来源于两个方面，即玩家数量与 ARPU 值（每用户平均收入）。玩家数量及 ARPU 值变化的背后伴随的是大众对游戏的认知变化，大众的消费属性日益凸显，同时游戏在科技、教育等相关交叉产业中的创新价值正逐步显现。

（1）玩家数量、ARPU 值将稳步提升

从玩家数量维度来看，云游戏有望将进一步扩大中重度游戏玩家的规模，以及吸纳一部分非游戏玩家，从而提升游戏玩家的整体数量。对终端设备成本比较敏感的中重度游戏玩家将成为云游戏的第一批用户。一部分非游戏玩家也有望因为云游戏的易得性而成为云游戏的终端用户。

从 ARPU 值维度看，云游戏让用户更有可能接触到 3A 级游戏作品，由此将提升游戏玩家对游戏质量的要求，推动付费意愿上行，从而转化更多商业价值，带动 ARPU 值提升。

（2）付费模型有望再次进化

回顾整个游戏行业的发展史可以发现，游戏产品的收费模式和付费模式会随着硬件载体的改变而改变。从硬件的维度看，游戏的发展可分为单机时代、PC 时代、手游时代。单机时代，游戏产品主要采用 Copy 式收费模式，以及少量的周边衍生产品收费。PC 时代，按照时长付费是主要的商业模式，DCL 等方式用于补充收费。手游时代，游戏内道具、皮肤和技能皆可收费，更多元化的付费方式大量涌现。

在云游戏时代，云服务器集成的云游戏平台能够实现的功能更强大，与传统游戏具有较大的区别。游戏产业链重新分账，可能会带来订阅模式的兴起，或者根据游戏内容进行多元化的游戏内收费，最后可能会逐渐形成混合式收费模式。

3.4.2　流媒体内容形态升级，云游戏发展模式探讨

云游戏是流媒体内容形态发展到一定阶段的产物，通过梳理流媒体内容形态（包括文字、图片、影视、游戏）的迭代过程，我们发现了强交互性这一发展趋势，推测流媒体交互娱乐在未来将进一步渗透到教育、娱乐、营销三大场景。同时，由于云游戏目前的发展模式尚不清晰，本节将从主机市场及视频平台的发展路径寻求启发，探讨云游戏未来可能的发展方向。

1. 下一代内容形态——流媒体交互娱乐

（1）内容形态升级引发产业规模扩增和行业巨头更迭

内容形态的升级往往依托于科技水平的提升，尤其是作为底

层支撑的通信技术，其变革往往会推动新的内容形态应运而生。纵观整个通信技术的发展史，每一轮技术的更新换代均会产生新的内容形态：2G时代，用户通过电话语音、短信和邮件等方式进行交流；3G时代，用户开始尝试通过图片和视频通话等新形式进行交流；4G时代，得益于网速优化和智能手机的普及，短视频兴起，大型中重度手游得以快速发展；5G时代，云游戏将落地，其他泛娱乐生活方式也将进一步丰富。

内容形态的升级将带来消费模式的转型，市场规模的扩大会伴随新的产业巨头的诞生。内容形态主要经历了文字、图片、影视、游戏四个时代，每进入一个新的内容形态，市场规模都会显著增长，从而催生新的行业巨头。

（2）流媒体交互娱乐应用多场景渗透

下一代流媒体借助强交互性这一重要特征，将渗透到教育、娱乐、营销三大应用场景。现代社交方式根据交互的程度可划分为家庭社交、熟人社交、陌生人社交三大类，并且这三大类社交方式又可分别覆盖教育、娱乐、营销三大场景。

家庭社交：覆盖教育场景。新的游戏内容将呈现亲子互娱、师生互动等形态，将游戏渗透到教育当中，丰富家庭教育和校园教育的方式和方法。这种类型的游戏在构思和参与形式上与现有的功能类游戏和体感游戏十分类似，代表作品有《纸境奇缘》《欧式几何》和《Kinect Sports》等。

熟人社交：覆盖娱乐场景。云游戏将在线上运营的基础之上增加即时、互动的特性，让用户感受不到空间的限制，可以享受与家人、朋友一起参与游戏、共同娱乐的良好体验。

陌生人社交：覆盖营销场景。商场、地铁、公交站、公园、游乐场等公共场所内的广告屏可以成为云游戏的入口，行人只需要轻轻点击一下，就可以与大量的在线玩家来一场陌生人之间的互动，游戏广告的投放范围更大，场景更多。

2. 云游戏本土化发展模式探索

（1）从主机游戏市场发展路径中探讨云游戏未来的发展模式

国内云游戏的发展可以借鉴国外主机游戏厂商的"第一方独占+第三方扶持"策略，将3A游戏精品投入市场，吸引大量玩家，奠定云游戏内容口碑，投入成本加大对第三方工作室的扶持。这里以日本游戏企业龙头任天堂为例，其第一方独占游戏储备丰富，有《超级马里奥》《精灵宝可梦》《塞尔达传说》《火焰纹章》等在全球范围内具有知名度的优质作品；同时其还制定了较为严格的第三方准入策略，具体条款包括第三方游戏必须经过任天堂审查、一家厂商一年内只能制作三款游戏、任天堂收取一定的权利金等。

由于国内外玩家的消费习惯和游戏偏好存在显著差异，因此在借鉴国外主机游戏厂商的发展策略的同时，本土云游戏的发展应正视国内玩家需求的差异性，不断打磨和迭代3A作品的收费模式和游戏体验。

（2）从视频平台发展路径中探讨云游戏的未来发展模式

复盘国内多个视频平台的发展历程可以发现，随着分发渠道的变迁，产业链的利润分配比例也会经历重塑。以单集电视剧售价的变化过程为例：第一阶段（2010~2014年），平台为快速抢占用户，头部剧集的价格迅速飙升，部分剧目的单价超过1500万，甚至单剧的利润率高达50%，同时大量出现明星天价片酬的现象；第二阶段（2015~2018年），平台开始注重成本控制和用户群体定位，大力发展原创内容并逐步突破，涌现了多部高口碑与高回报兼具的网络剧目和网络综艺节目；第三阶段（2018年至今），经过政策的管控，头部剧目的投入成本和演员的演出费用有了明显的调整，不再出现不公平片酬、天价片酬的情况，市场价格逐渐趋于稳定。以此为鉴，同样作为流媒体内容，云游戏有望在产业格局演变、产业链利润重新分配方面重走视频平台的发展路线。

与影视剧相比，游戏在内容和用户层面具有差异性，奖励机制更为合理，投资回报的风险系数更小。游戏与影视剧的区别是：影视剧为To B模式，创作者难以直接获得奖励，且对于头部剧的判断存在误判风险，一旦发生误判就会造成无法挽回的损失；游戏为To C模式，奖励机制更直接，且游戏产品可以持续更新，这在一定程度上保证了产品的投资回报。以《王者荣耀》为例，其首发时表现一般，并未吸引大量玩家群体，后经过多次迭代优化后，玩家数量激增，营收大涨，众多玩家纷纷加入并成为长期粉丝，使其逐渐成为国民级手游。

（3）云游戏平台未来展望

受主机游戏与视频平台发展路径的启发，本土云游戏平台未来的发展思路主要有以下三个方面。

第一，收费模式方面：基于传统游戏的混合付费模式，云游戏预期将持续提供更丰富、更优质的付费方式，如订阅制和内容分级付费方式等。

第二，产业链利润分配方面：云游戏平台的出现改变了传统游戏行业的产业链，游戏产业链上的商业模式将进行调整，云游戏业务的提供方式将反过来促使现有渠道的分成模式发生改变。

第三，内容及用户方面：云游戏的出现将降低获得优质内容的门槛，玩家群体将面临重构，游戏行业劣币驱逐良币的现象将有望得到改善。

第 4 章 | CHAPTER

全面解读云游戏

本章首先将介绍传统游戏与云游戏的区别，全面梳理和描述实现云游戏所要用到的技术底座；然后创新性地从系统工程的角度，围绕概念定义、用户需求、技术实现三个维度详细阐述和云游戏的参考架构，并深入解读该架构的内涵；最后时梳理云游戏与 5G 和云计算技术之间的关系，解释为什么云游戏的发展离不开 5G 和云计算技术的发展，以及云游戏产业的发展又会为 5G 和云计算产业的发展带来哪些助力。

4.1 传统游戏和云游戏的区别

云游戏与传统游戏在开发和运行方式等方面存在诸多区别。

从开发的角度来讲，一个完整的云游戏流程如下：

1）指令输入：云游戏玩家通过瘦客户端发送操作指令。

2）指令流上传：通过互联网将指令传送到云游戏平台。

3）客户端交互：平台接收到指令后将其转换为相应的游戏内动作。

4）游戏逻辑：通过游戏逻辑解释游戏世界的变化。

5）GPU 渲染：由图形处理单元（GPU）渲染游戏场景。

6）视频编码：由于渲染后的数据量非常大，因此必须经过视频编码器压缩。

7）视频流：将压缩后的视频流发送给视频流模块。

8）视频流下载：视频流模块将视频流传输给瘦客户端，完成指令流到视频流的转换。

9）画面显示：瘦客户端将视频流解码成视频帧，利用显示屏和播放器呈现给玩家。

整个过程如图 4-1 所示。

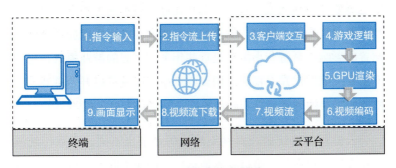

图 4-1 云游戏的流程图

因此，终端侧只需要完成指令流的采集和上传以及视频流的接收和展示即可。相比之下，在传统游戏模式下，玩家的终端需要进行复杂的游戏运算和画面渲染，通过互联网与游戏服务器进行交互。而在云游戏模式下，玩家则可以通过浏览器或者瘦客户端（大小仅为 10MB 左右）访问游戏入口，快速启动游戏，从而实现游戏终端的轻量化。

云游戏的开发环境与传统游戏不同，目前的技术条件只能满足传统游戏的开发，云游戏具有更高的要求。英伟达、微软、谷歌、腾讯、阿里巴巴、华为等科技巨头争相进入这个领域，这其中不乏云提供商、芯片提供商、云服务商、游戏开发和发行商等。高精度的 GPU 服务器、虚拟化技术、优质的音视频编解码技术和边缘计算技术无一不为云游戏的开发提供了条件。

与云游戏相比，端游、页游、手游、主机游戏等传统游戏在运行方式和资源存储上有所不同。端游、手游和主机游戏需要从网络中下载游戏安装包并安装至本地，游戏中的各类场景、音视频及动画资源均需要在本地加载完成，游戏的逻辑计算和图形渲染也需要在本地完成。这几类游戏在进行版本的更新迭代时，用户需要自行操作，同时，游戏的运行速度和画面质量会受到硬件配置的影响。页游和小游戏是近些年来才兴起的游戏模式，用户不需要下载客户端，仅通过网页或者小程序就可以开始游戏，但游戏所需的逻辑运算和画面渲染仍需要在本地完成。

云游戏与传统游戏对网络环境的要求也不同。少数传统游戏在安装客户端之后可以在本地运行，即使不联网也可以运行游戏。多数传统游戏需要在联网之后才能运行，但对网络的要求不高。云游戏则需要高带宽、大容量、低延迟的网络（如表 4-1 所示)才能满足其性能要求。在 5G 网络出现之前,云游戏发展所需的技术和网络环境尚未成熟,因此产业发展受阻。5G 网络拥有高速率、低延时、广连接的特点,为云游戏的发展提供了充分的技术支持,从而使得云游戏的产业变革势如破竹。

表 4-1 云游戏网络要求[一]

显示终端	网络指标	起步阶段	舒适体验阶段	理想体验阶段
电脑显示屏	带宽	≥ 32Mbit/s	≥ 48 Mbit/s	≥ 88 Mbit/s
	网络传输时延	≤ 30 ms	≤ 20 ms	≤ 15 ms
	丢包率	≤ 1×10^{-5}	≤ 1×10^{-5}	≤ 1×10^{-6}
电视显示屏	带宽	≥ 32 Mbit/s	≥ 96 Mbit/s	≥ 320 Mbit/s
	网络传输时延	≤ 30 ms	≤ 20 ms	≤ 15 ms
	丢包率	≤ 1×10^{-5}	≤ 1×10^{-5}	≤ 1×10^{-6}
手机显示屏	带宽	≥ 10 Mbit/s	≥ 32 Mbit/s	≥ 64 Mbit/s
	网络传输时延	≤ 30 ms	≤ 20 ms	≤ 15 ms
	丢包率	≤ 1×10^{-3}	≤ 1×10^{-5}	≤ 1×10^{-6}

相比较于传统游戏,云游戏在商业模式上具有更多可塑性。首先,传统游戏的审批流程需要提交多项材料(包括游戏客户端光盘、游戏演示端光盘等);其次,传统游戏要经历压力测试、封闭测试和公开测试三个阶段,测试阶段耗时长;最后,正式运营后,更新、推广和维护的流程也十分复杂和烦琐。而云游戏在审查阶段仅需要提供游戏入口链接,审核将直接在云端进行,审批流程大大简化。游戏开发周期也相应缩短,游戏上线速度加快,更新操作也在云端进行,不再需要维护多个游戏版本。

[一] 引用自华为技术有限公司和杭州顺网科技股份有限公司于 2019 年发布的《云游戏白皮书》。

在版权方面，云游戏拥有可追溯性，更加安全。游戏包上线之后，一旦出现盗版现象，通过数字版权管理技术，可以很方便地追踪到被攻击的服务器，然后反追踪其攻击源即可进行版权维护，达到安全可靠的效果。

云游戏的经营模式可以在传统游戏模式的基础上进行创新。传统游戏产业链中包含游戏开发商、游戏发行商、终端厂商和用户。云游戏产业链在传统游戏产业链条的基础上引入了云游戏服务提供商、网络提供商（主要为电信运营商）两个重要角色。因此云游戏的商业模式主要可以分为如下三类：

1）以云游戏服务提供商为主体，运营商提供网络基础设施；

2）以运营商为主体，对云游戏服务提供商的内容进行二次包装；

3）运营商与云游戏服务提供商合作，根据投入比例进行分成。

第一类模式中，运营商仅扮演通道的角色，云游戏服务提供商则负责云游戏的内容、版权、渠道、营销、推广、收费模式制定等工作，通过订阅或计时的方式收费。

第二类模式通过套餐收费，利用运营商庞大的用户量和用户黏性，向用户推广云游戏业务，运营商在这种模式下负责云游戏的营销、推广、套餐制定等业务。

第三类模式根据运营商和云游戏服务提供商各自的投入比例进行分成，共同经营。

在推广方式上，还可以通过游戏直播、广告植入、营销号宣传等方式进行推广。传统游戏以流量变现为主要盈利模式，云游戏不仅可以吸收数量庞大且比较固定的传统游戏玩家，还可以吸引休闲游戏玩家、移动游戏玩家和家庭用户，以订阅为主的内容变现模式将获取高额利润，从而达到盈利的目的。

4.2 云游戏的技术底座

支撑云游戏发展的基础技术非常多，大部分都是近几年才兴起并且快速发展的技术，如5G、边缘计算、流媒体等。本节将从服务端、网络管道、客户端三个方面分别介绍云游戏相关的基础技术，以及主要云游戏厂商用于提升云游戏体验和性能的技术。

4.2.1 服务端技术

服务端技术是云游戏技术的基础，其中又以计算资源虚拟化、指令转换模拟、服务端串流为核心，下面就来详细介绍它们。

1. 计算资源虚拟化

虚拟化是一种用于计算资源管理和优化的技术，其作用是对计算机的各种物理资源（例如，CPU、内存、磁盘空间、网卡等）进行统一的抽象和转换，然后呈现出一个可分割并可任意组合为一个或多个计算机（虚拟）的配置环境。虚拟化技术打破了计算机内部实体结构间不可分割的障碍，使用户能够以比原本更好的配置方式来应用这些计算机硬件资源。这些资源的虚拟形式不会受到现有架设方式、地域或物理配置的限制。

计算资源的虚拟化，又分为平台虚拟化和存储虚拟化两大类型。接下来，我们将选取与云游戏相关性较高的技术进行详细阐述。

虚拟化技术之所以是云游戏的技术底座之一，是因为云游戏将原本在客户端的资源消耗迁移到了云端。云端为了更灵活、更高效地管理游戏的运行资源，势必需要云游戏运行环境实现从物理到虚拟的转变。

（1）平台虚拟化

X86和ARM是当前游戏主要依赖的两大平台环境，下面就来分别介绍这两大平台针对云游戏的虚拟化方案。

1）X86虚拟化方案

从1998年开始，VMWare创造性地将虚拟化技术引入X86平台，通过二进制翻译（BT）和直接执行的模式，让X86芯片可以同时运行几种不同的操作系统，并且能够确保高性能、稳定性和安全性，该技术推进了云计算和虚拟桌面技术的发展。随着云计算技术的不断发展，其不断对资源池的输出能力提出更高的要求，单纯的软件层面的虚拟化已经越来越难以满足要求，硬件层面的虚拟化技术开始蓬勃发展起来。现在，新一代的处理器对虚拟化技术的支持已经落实到了芯片级。

X86服务器的虚拟化是指在硬件和应用的运行环境之间引入了虚拟化层，虚拟化层允许多个运行环境实例同时运行在一台物理服务器上，动态分区和共享所有可用的物理资源。

硬件层面，芯片方面的虚拟化技术经历了两个发展阶段：

第一个阶段是为了共享计算能力，是针对 CPU、内存和 I/O 硬件的虚拟化；

第二个阶段，随着异构服务器的兴起和图形计算、AI 等相关的业务的增长，应用场景（如游戏、高清图片渲染、AI 训练等）从单一依赖 CPU 的计算能力扩展到需要多种体系架构的支撑，进而对 GPU、FPGA 等专业计算芯片也提出了强烈的虚拟化要求，因此 GPU、FPGA 的虚拟化技术也随之突飞猛进。

虚拟化技术的发展历程如图 4-2 所示。

图 4-2　虚拟化发展历程

软件层面，就云游戏的需求而言，虚拟化技术可以分为两类：一类是基于 Hypervisor 技术的桌面虚拟化技术，另一类是基于 Sandboxie 技术的进程虚拟化技术。

其中，桌面虚拟化技术又分为两种：一种是 Host OS 虚拟化（宿主型虚拟化），如图 4-3 所示；另一种是 Bare-metal 虚拟化（裸机虚拟化），如图 4-4 所示。在宿主型虚拟化架构中，虚拟机作为主机操作系统中的一个进程来进行调度和管理。宿主型虚拟化调用硬件的流程：虚拟机内核→Hypervisor→操作系统→硬件，因此其拥有更好的硬件兼容性，但是这种流程导致其性能较差。

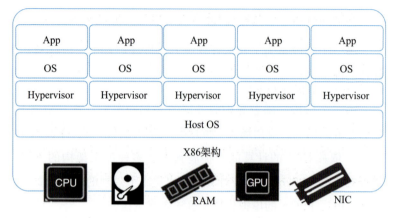

图 4-3　宿主型虚拟化

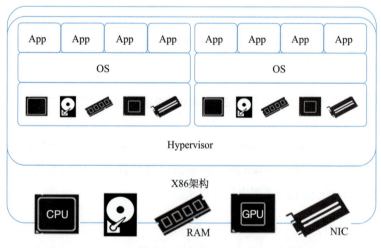

图 4-4　裸机虚拟化

裸机虚拟化方式则不存在主机操作系统，Hypervisor 直接运行在物理硬件上，不需要完整的 Host OS 支撑，因为虚拟管理程序本身就是一个操作系统。裸机虚拟化调用硬件的流程：虚拟机内核→Hypervisor→硬件,因此其性能较高,损耗较少,但是这种方式对硬件的兼容性不是很好。在 RedHat(被收购前)和 IBM 联合推出半虚拟化驱动开发标准后,硬件的兼容性和跨平台的迁移逐渐得到了很好的支持。

虚拟容器所支持的进程虚拟化技术是一个虚拟系统程序,使用沙盒技术可以为应用程序构建一个独立的进程运行所需要的系统环境,并严格控制其中的程序所能访问的资源,比如 CPU、内存、GPU、显存、磁盘等计算资源。同时也能控制对网络和真实系统的访问,以及对输入设备的读取。在该虚拟系统环境中运行的应用程序不会对磁盘和操作系统产生永久性的影响,同时多个沙盒环境中的应用程序在运行时是相互隔离的,如图 4-5 所示。这种方式和宿主型虚拟化技术的区别在于虚拟容器技术并不能提供完整的操作系统环境。

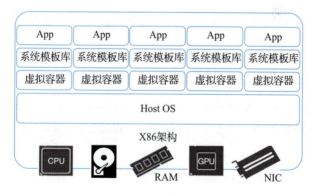

图 4-5 进程虚拟化

对于云游戏业务的使用场景来说,桌面虚拟化和进程虚拟化各有所长。目前,原生云游戏尚处于萌芽阶段,市面上的云游戏大多由传统游戏经过云化处理而来,桌面虚拟化展现了良好的应用兼容性,但是虚拟化软件对硬件的性能损耗比较大,单机的并发数量不高,而进程虚拟化的并发数量会大大提高,因此应用的兼容性会受到限制。

2）ARM 虚拟化方案

ARM 架构的云游戏服务器可以分为两种：一种是与 X86 服务器的架构类似的多核 CPU+独立显卡架构,另一种是 SOC（片上系统）阵列 ARM 服务器。两者的对比具体如表 4-2 所示。

表 4-2　ARM 架构的两种云游戏服务器优劣性对比

	优势	劣势
CPU+独立显卡架构	标准化程度较高	核心供应商少,显卡支持力度弱,配套硬件的供应链不够成熟,成本较高
SOC 阵列	成熟的移动端 ARM 芯片技术,游戏兼容性好,供应链成熟；GPU 核心多,高并发下可稳定支持 4K、60FPS 推流；成本和功耗较低	标准化程度较低

对于 ARM 架构下的虚拟化方案,一般的思路是利用容器技术实现物理算力的弹性分割和复用,同时实现并发间的数据隔离和保护。与 X86 架构下的虚拟化方案不同的是,目前业界对于 ARM 架构下基于 Android 的容器技术尚无成熟解决方案,其实现难点主要集中在如下两个方面。

第一,Android 并非是 MySQL、Nginx 之类的应用层软件,而是一个包含 Linux 内核、硬件抽象层、Framework 的完整操作系统。并且，Android AOSP（原始代码）也没有考虑多实例的设计。

第二，Android 并非一个弱界面，比如命令行程序或 Web 界面程序，相反，Android 是一个强图形化的软件，Android 上运行的应用和游戏对图形化硬件加速具有非常强的性能需求，其要求在实现容器化的同时，图形性能不能受到损失。

Android 容器化的实现分为三个部分，具体如下。

- Android Linux 内核层（Kernel）
- Android Framework
- OpenGL/Vulkan

主要技术点包括：硬件驱动多实例扩展、Framework 多实例化改造（输入、输出、图像多实例独立合成、Sensor 多实例支持等）、内存管理优化等。

Android 容器化的实现思路具体如下。

第一，从 Android Linux 内核层抽丝剥茧，完成与 Android 相关的驱动的多实例化扩展，精准地对 Android 所依赖的驱动和硬件抽象进行多实例改造，从而实现一个可以支持多实例的 Android Linux 内核层。

第二，对 Android Framework 进行具体的多实例化改造，比如触摸输入、声音输出、图像多实例独立合成等，使得 Android Framework 实现多个实例完全独立运行于同一个 SOC 和同一个

Android Linux 内核层上。这也是 Android 容器化技术的核心所在。

第三，对于 OpenGL/Vulkan 图形化部分，也需要多实例化的支持和优化。比如，让多实例之间的 Vsync 互相独立不干扰，优化 GraphicBuffer Fence 以解决多实例下 CPU 与 GPU 同步异常等问题。

目前，ARM 架构下的虚拟化方案已达到如下水平：在性能方面，主流游戏（如《王者荣耀》）在单服务器上可以实现上百实例同时以 1080P、60FPS 模式运行；在兼容性方面，与主流 Android 手机的游戏和应用的兼容性一致；在运营配置方面，实现了按需弹性部署，可以在同一个 SOC 上灵活部署多个不同的游戏，互相之间不干扰。

（2）存储虚拟化

存储虚拟化是资源虚拟化的一种。在云游戏场景中，无论是游戏的分发、维护、更新，还是用户的存档、数据同步的设置，都需要稳定可靠的存储虚拟化技术的支撑。在存储虚拟化技术方案的支持下，用户可以在云端保存其存档和个性化数据，这可以提升其在后续游戏过程中的体验，进而提升用户的回访率。除此之外，如今游戏的安装包越来越大、更新越来越频繁，使用存储虚拟化技术可以使游戏的分发更加便捷可靠。

现阶段，存储虚拟化主要包括基于块级别的存储虚拟化和基于文件级别的存储虚拟化，其中基于块级别的存储虚拟化更为通用。下面就来详细阐述这两种不同的存储虚拟化解决方案的技术特点和优缺点。

1）块级别存储虚拟化

所谓块级别是指虚拟化后的存储设备对来宾操作系统（guest 虚拟机操作系统）而言是一个块设备（Block Device）。来宾操作系统需要在该块设备上创建文件系统之后才能进行通常的文件存储操作。块设备的兼容性比较好，几乎所有的操作系统都兼容块设备的虚拟存储设备。由于文件系统也是由来宾操作系统创建的，因此不会存在文件系统的兼容性问题。一般来说，来宾操作系统的系统盘就存储在一个虚拟的块设备上。另外，由于操作的对象是块而非文件，因此对于存在大量小文件操作的场景来说，I/O 速度要远高于其他方案。

虽然块设备的兼容性很好，但其也存在一些缺点。首先，由于块设备上层有一层由来宾操作系统管理的文件系统，对主机操作系统不透明，在执行差分快照存储等操作时，会受到文件系统碎片的影响，降低差分效果。其次，如果多个操作系统需要同时读取块设备，就需要组合 Copy-on-Write 之类的技术来实现，这会进一步降低读写的性能。此外，由于虚拟化的最小单位是一整个块设备，因此持久化存储数据的最小单位是一个磁盘（或者其分区），所以这种方案并不适合用于存储用户存档之类分散在各个磁盘上的数据，其主要适合用于存储系统盘、游戏等场景中不需要切分的数据。

块级别的存储虚拟化方案比较多，常见的平台虚拟化方案都会内置块设备虚拟化方案，例如，VMWare 的 vmdk、Hyper-V 的 vhdx、RedHat 的 virtio/qcow2 等。这类平台虚拟化方案一般是将一个块设备存储为宿主机上的一个文件，文件大小将会随着虚拟机的写入而不停增长。由于是与虚拟化系统集成，因此这类存储虚拟化方案通常很难适用于 Bare-metal 的场景，主要用于与平台虚拟化设施搭配使用。除此之外，还有一些基于网络的块级别存储虚拟化方案，例如，nbd 或者 iSCSI。基于网络的块级别存储虚拟化的适用范围更加广泛，无论是虚拟化平台还是 Bare-metal 场景，只要有网络接入都可以使用，但由于要经过双方操作系统的网络栈，因此其性能相对较差。

在云游戏技术场景下，块级别的存储虚拟化技术主要用于存储系统盘和游戏的运行文件以及为用户提供云网盘等。

2）文件系统级别存储虚拟化

块级别存储虚拟化虚拟出来的是一个块设备，与之类似，文件系统级别的存储虚拟化虚拟出来的是一个文件系统。通常来说，这个文件系统可以被包括主机在内的多个操作系统同时访问，因而具有更加灵活、自由的虚拟化场景特性。例如，对游戏存档而言，云游戏平台可以提取玩家的存档信息，从而了解存档的大小、游戏的进度等数据。另外，由于无论是在宿主操作系统中还是在来宾操作系统中，都是同样的文件，而没有进一步的抽象，这也避免了多重文件系统带来的文件碎片问题，能够最大化地利用存储空间。

文件系统级别的存储虚拟化虽然灵活性较好，但其兼容性比块设备差，尤其是在 Windows 平台下，如果不开发驱动程序，那么在用户态下，虚拟的文件系统和虚拟化块设备很难像原生地那样工作。部分设计较差的程序甚至无法正常访问虚拟的文件系统，一些依赖文件系统特性的程序也会无法正常工作。

常见的通用文件系统级别的存储虚拟化方案有 NFS 和 Samba 等，还有许多私有化开发的文件系统级别的存储虚拟化方案，本书不展开讲解。

在云游戏技术场景下，文件系统级别的存储虚拟化主要用于游戏的设置、存档同步，以及用户自行安装的插件和软件等信息的存储。也有一些精心设计的虚拟化文件系统可以用于存储和更新游戏程序。

3）虚拟化存储后端

无论是块设备级别的存储虚拟化，还是文件系统级别的存储虚拟化，在来宾操作系统之外，都需要通过存储后端对数据进行持久化的存储和备份，以便能够安全可靠地保存和维护数据。

常见的存储后端主要有分布式文件系统 Ceph 和 GlusterFS，还有各类对象存储，如 S3 和 MinIO 等。对分布式文件系统而言，无论是块级别的存储虚拟化还是文件系统级别的存储虚拟化都可以在其上存储，而对象存储由于更适合于存储文件，因此其主要用于文件系统级别的存储虚拟化。

2. 指令转换映射和模拟

考虑到用户访问云游戏的各种客户端平台（Android、iOS、Web、H5、Windows Native）和这些平台所能连接的不同操控外设（手柄、键鼠、触屏、遥控器等），以及用户操控的设备与游戏原生定义的操控设备之间的差异，我们需要制定一套通用的标准协议来封装针对这些设备的操控指令。这套协议除了用于标准协议的封装和传输之外，还要有指令的转换映射（Mapping）逻辑来保证不同平台和外设的不同指令事件的编码不会发生冲突。服务器实例端收到协议封装的指令事件之后，会先解开协议拿到编码后的指令事件，再按照转换映射关系还原出真实的操作，最后再发送给实例操作系统。

游戏运行在云端的实例上，用户以远程操控的方式玩游戏，但是实例端其实并没有连接真实的物理操控外设，这就需要在实例端通过软件方式模拟出上述虚拟设备，这些虚拟设备首先需要接收从客户端传来的操控指令，之后再进行相应的协议解析以及指令的转换和封装，最后将指令发送给实例操作系统，游戏识别到操控指令后，完成对应的游戏逻辑。

关于服务端实例如何将收到的操控指令模拟输入到正在运行的游戏中，一般的做法是将操控指令发送到内核驱动层，转换和处理相关的指令，最终将处理结果发送到内核中，再自底向上逐层传导到用户态游戏中。这种方式可以完全真实地模拟出输入设备的所有行为和操作。理论上来说，只要是实例端系统可以识别的真实物理外设，都可以通过这种方式进行模拟。

4.2.2 网络侧技术

近几年，网络侧技术的发展突飞猛进，成为支持云游戏加速发展的重要因素。其中，边缘计算、5G 网络链路加速、5G 网络切片等技术是保障云游戏体验的基石。尤其是在国内，得益于国家"新基建"政策的助力和运营商网络基础设施的快速新增，云游戏迎来了有史以来最好的发展环境，并开始进入爆发式增长阶段。接下来将简单介绍云游戏在网络侧的几大基础技术。

1. 边缘计算技术

欧洲电信标准化协会（ETSI）将边缘计算技术定义为：在移动网络边缘提供 IT 服务环境和云计算能力，强调靠近移动用户，以减少网络操作和服务交付的时延，提高用户体验。

边缘计算（Mobile Edge Computing，MEC）是什么技术？我们举个例子来说明，一个典型的云游戏应用，如果需要满足 10～30 毫秒或者更低的延迟需求，那么它对网络侧的时延要求会很高，要想满足这种低时延的需求，可以考虑将云游戏的应用节点部署在终端侧附近。简而言之，边缘计算就是将应用节点部署到网络边缘的技术。

边缘计算业务平台存在地域上的广泛性，结合各类业务的特定需求，边缘计算业务平台不仅可以提供各种基础服务能力以保证业务的正常运转，还可以通过制定 MEC-Enabled API 规范，对外提供通用的能力开放框架，服务于第三方应用。

运营商可以通过开放网络能力挖掘通信网络的各类底层信息的价值。当前运营商网络中产生的大量数据并没有得到很好的利用，包括位置信息、无线网络信息、服务质量信息等。运营商可以利用这些信息针对边缘侧进行业务开发和运营，或者将这些数据信息打包以 API 的形式提供给第三方 App，以优化其性能与体验。数以万计的边缘机房是运营商相对于 OTT 的绝佳优势资源，它们使得边缘计算具有广阔的应用空间，运营商手中大量的无线网络数据是支撑运营商进行数字化转型的有力武器。网络能力开放的典型应用场景包括：位置服务、无线网络信息服务、带宽管理服务、QoS（Quality of Service，服务质量）等。

云游戏是典型的 eMBB 场景，这类 eMBB 场景对带宽的占用较大，如果按照传统业务的处理方式，视频流需要经由核心网发给用户，这又会增加业务的处理时延，导致用户体验较差。如果将云游戏业务部署在本地 MEC 平台进行实时渲染，然后将渲染后的视频流发给用户终端，实现本地分流，这样做一方面可以降低业务时延，另一方面可以降低带宽成本，同时还可以减少对核心网和城域网的流量冲击。

2. 网络链路加速技术

当前的网络链路主要采用如下三种加速技术方案。

（1）在无线网络中，我们可以针对特定的业务分配特定的 5G 切片或者更高的 QoS 优先级，优先保障这类业务的发送，避免由于网络拥塞而带来的额外时延，从而提升业务体验。

（2）在骨干网中，我们可以基于智能路由算法，选择路由时间最短的路由发送业务数据，缩短业务传输时延，提升业务体验。

（3）服务器部署位置下移。具体来说就是将业务服务器尽可能地部署到靠近用户的位置，即下移业务服务器的部署，这样做可以缩短用户访问业务的时延，提升业务体验。

3. 网络切片技术

5G 时代是一个万物感知、万物智能和万物互联的时代。根据国际电信联盟（ITU）的定义可知，5G 时代的业务可以分为三种典型的类型：移动超宽带业务（eMBB）、超高可靠性低时延业务（URLLC）和大规模物联网（mMTC）。不同的业务对于网络的要求是多样化的，例如，智能家居、智能电网、智能农业和智能秒表需要大量的额外连接和频繁传输小型数据包的服务支撑，自动驾驶和工业控制要求毫秒级延迟和趋于 100% 的可靠性，而娱乐信息服务则要求固定的或移动的宽带连接。这表明，5G 网络需要更加灵活才可以支撑不同环境下的大量连接，为了适配不同服务对网络的差异化需求，网络切片技术被寄予了非常高的期望。

从实现原理来看，5G 网络切片是利用虚拟化技术，根据场景需求，将 5G 网络的物理基础设施资源虚拟化为多个相互独立、平行的逻辑网络。

5G 网络运营商可将特定业务配置到特定的网络切片上，为 OTT 提供带宽、连接数量等定制化的网络资源，即使是在网络拥塞的场景下，也可以保证特定切片内的业务不受影响，从而提供良好的业务体验。

基于网络切片提供云游戏所带来的企业效益包括如下 4 点。

1）吸引更多用户：吸引未购买专业设备的主流受众，同时通过合适的渠道向现有玩家提供其他服务来增加消费支出。

2）易于部署：云服务使发行商可以针对更广大的主流受众代理或者开发 3A 游戏，而无须担心特定的硬件要求。

3）易于分发：目前游戏设备市场由游戏主机和电脑主导，云游戏可以为其他公司进入市场提供机会。

4)额外收益:云游戏服务提供了另外一种利用旧游戏产品来获利的方法。

领先的游戏出版商和平台已经开始寻求与电信运营商合作,利用 5G 网络切片的优势,提供极致的游戏体验。

4.2.3 客户端技术

客户端在捕获指令方面的性能和准确性,以及硬件设备的传感性能,是直接影响云游戏体验的重要因素。本节将介绍云游戏在客户端中的重要技术。

1. 从终端分类来看指令捕获技术

操作指令捕获功能需要支持多种类型的设备,当前主流的设备包括手机、PC、机顶盒等。

- 手机:手机端主要通过两种方式进行操作指令的捕获:一种是手机外设加专用 App 的方式,另外一种是手机外设加 WebRTC 浏览器的方式。

- PC:PC 端主要通过两种方式进行操作指令的捕获:一种是 PC 外设加 PC 软终端的方式,另一种是 PC 外设加 WebRTC 浏览器的方式。

- 机顶盒:机顶盒只能通过一种方式进行操作指令的捕获,即机顶盒外设加专用 App 的方式。

终端通过外设加 App(包括专用 App 和 WebRTC 等)的方式捕获到操作指令以后,通过 TCP/UDP 网络传输协议将指令数据传送给服务端，再由服务端解析和处理指令。具体流程图如图 4-6 所示。

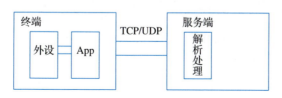

图 4-6　操作指令捕获流程图

2. 从外设分类来看指令捕获技术

在终端层面，不同的外设通过特定通道将用户操作指令传送给专用 App，专用 App 经过统一处理后再通过 TCP/UDP 网络协议传送给服务端。

外设可以分为 USB 外设、蓝牙外设、触控屏、红外外设和虚拟外设 5 种类型，具体说明如下。

- USB 外设：USB 外设是指通过 USB 协议与终端进行连接的外设，主要包括键盘、鼠标、游戏手柄等。

- 蓝牙外设：蓝牙外设是指通过蓝牙协议与终端进行连接的外设，主要包括游戏手柄等。

- 触控屏：触控屏主要是指手机或平台上的触屏。

- 红外外设：红外外设主要是指遥控器等。

- 虚拟外设：虚拟外设主要是指手机或平板上通过软件模拟物理手柄的虚拟手柄外设。

不同的外设数据经过终端系统传送给 App，App 经过处理后，统一映射到 USB 虚拟外设通道，USB 虚拟外设通道再经过 TCP/UDP 网络协议将数据传送给服务端，具体流程如图 4-7 所示。

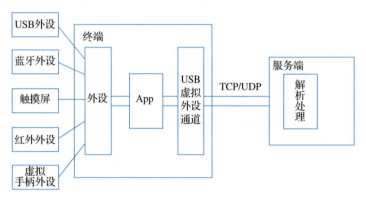

图 4-7　外设数据传输流程

不同的外设数据经过 App 处理后形成统一的、内容可识别的数据格式，然后通过网络将内容传送到服务端的 USB 虚拟外设通道进行处理。

不同的外设数据需要赋予不同的外设句柄或者设备描述符，以用于服务端区分外设数据。外设句柄为 32 比特的 ID 值，下面以体感手柄为例说明设备描述符。

体感手柄报告描述符定义如下：

06,11,ff,　　Usage_Page(Vendor-defined)

0a,34,12,　　Usage(Reserved)

a1,01,　　　Collection(Application)

15,00,	Logical_Minimum(0)
26,ff,00,	Logical_Maximum(255)
75,08,	Report_Size(8)
96,00,02,	Report_Count(512)
81,02,	Input(Data,Variable,……)
15,00,	Logical_Minimum(0)
26,ff,00,	Logical_Maximum(255)
75,08,	Report_Size(8)
96,00,02,	Report_Count(512)
91,02,	Output(Data,Variable,……)
c0	End_Collection

4.2.4 串流技术

Streaming（串流）是云游戏的核心技术，会直接影响用户的云游戏体验。

当前主流云游戏的 Streaming 能力需要支持 4K、60FPS、HDR、环绕声等功能。

当前主流的 Streaming 协议实现分为 3 种：基于 RTMP 的 Streaming 方式、私有 Streaming 协议以及基于 Google 开源的 WebRTC 协议。

基于 RTMP 的解决方案，可以在现有的主流 Streaming 核心代码库的基础上快速构建出一套云游戏的 Streaming 方案，并且能够很好地解决对各个端的支持问题，包括 Web、PC、Android、iOS 等。

私有 Streaming 协议可以不依赖第三方实现的协议库，这些库里面包含了很多实现逻辑，比如基于 PTS（Presentation Time Stamp，显示的时间）、DTS（Decode Time Stamp，解码的时间）的缓冲处理，会对 Streaming 的实时性产生影响，增加时延。另外，私有协议增强了对 Streaming 传输逻辑的控制，可以基于不同的网络情况（比如说弱网）实现编码侧的动态码流控制，以及帧率、分辨率的动态调整，在解码侧可以基于网络情况实现不同的丢帧策略，从而减少端到端的时延。

基于 WebRTC 的 Streaming 可以站在巨人 Google 的肩膀上，复用 Google 提供的 WebRTC 解决方案，通过优化编码、BWE（带宽估算）、Pacer、Gcc 等模块在实现音视频流更低时延的同时，更好地实现弱网下的云游戏无卡顿体验。

Streaming 的核心逻辑包括发送端编码和网络控制以及接收端解码和网络控制。

编码部分，可以通过优化视频编码器的并发能力优化编码器的缓存逻辑，同时还能优化视频帧之前的监测逻辑，从而降低编码时延。编码与云游戏延时有较大关系，云游戏的编码是基于 WebRTC/RTMP 进行深度定制的，可以通过在编码核心逻辑及系统内获取游戏画面时进行逻辑部分的优化，并通过应用编码优化、BWE、Pacer、Gcc、动态码流控制、帧率和分辨率的动态调整等技术来降低时延。

对于接收端的优化，可以通过优化解码器的缓冲逻辑降低时延。接收端音视频的同步问题，可能会因为 RTP 上的时间戳没有打好而导致视频已经到了,但还要等待音频的情况。原因在于服务端的音视频是由不同的逻辑线程处理的,一个取音频,一个取视频,两者并未完全同步,所以在接收端造成了额外的延迟。我们可以针对这一点对时间戳进行优化,在不提高时延的情况下,提升音视频的同步感受。另外,要想实现良好的 Streaming 性能,需要依赖终端硬件的性能。

网络侧为了提升全国范围内用户的 Streaming 体验,需要建设分布式 IDC 节点,确保 Streaming 传输到用户端时不需要跨运营商、跨省、跨骨干网络,可以将网络传输的时间控制在最短的时间范围之内。5G 的移动边缘计算节点和切片网络 QoS 为提升网络 Streaming 的性能做出了积极的贡献。

4.2.5 性能和体验提升技术

1. 分布式节点调度和管理

分布式节点调度和管理主要用于满足大规模部署下的负载调度、负载均衡等需求,其实现了单集群支持跨 IDC 机房调度(比如,当前规模较大的云游戏服务商海马云可以支持 10 万个节点、50 万个容器的并发)、容器镜像中心管理万级镜像、调度器支持标签化弹性调度等。

同时,分布式节点调度和管理还实现了将 Streaming 网络传输的时间控制在最短时间范围内,以实现在全国范围内的一致体验。

核心体验可以通过强大的调度策略来保证。调度策略旨在为用户匹配最优的路由线路,提供端到端的低时延高可靠网络环境，并尽可能以最快的速度为用户提供游戏服务。

调度算法的必要前提具体如下。

IDC建设：广泛覆盖的IDC是调度策略的基础。由于全国用户所用的网络接入线路不同，地域复杂，因此，如果要提供稳定的网络环境，就必须要达到广泛的IDC覆盖。全国用户在任何一个城市接入，都能提供时延低于20毫秒的IDC接入。

基于IDC的路由算法：以IDC为基础，对全国31个省级行政区的接入用户做充分的网络延时测试，形成路由表，路由表中记录了全国各个地区和运营商对应的按网络延迟从低到高排序的每个IDC列表。对于接入的用户，可以通过必要信息获取其所在地区和接入的运营商，用路由表匹配最优的Top N个IDC，优先从这些IDC中为用户分配可用实例，并为实例提供匹配的运营商出口IP，以达到最低网络延迟的效果。

核心调度算法主要基于两个层面：一个是用户维度的业务需求，另一个是游戏Runtime所需要的实例（可以是物理节点，也可以是容器）维度的调度。

- 用户维度调度策略

用户根据接入渠道及VIP级别采取不同的调度策略，以保证不同的服务等级。

- 实例维度调度策略

对实例维度的分配提供多种灵活的策略，可以通过标签（tag）

来指定特定实例、特定机房、特定环境进行调度,甚至是特定设备型号或内核版本等。基于标签的调度算法,建立起 SaaS 业务需求和实例调度的管道,从而实现实例的弹性调度功能。

- 智能预测调度策略

除了提供最佳的网络环境和各种个性化的游戏环境之外,还可以通过智能的预测算法,提前预测不同地区、不同接入商、不同服务质量、不同配置、不同环境、不同时间段用户的游戏需求,预先加载并启动游戏,以实现游戏秒开的最佳体验。

2. ARM 阵列架构云游戏多路并发技术

ARM 阵列架构云游戏多路并发由软件和硬件两部分实现组成。软件部分即前文中已阐述过的服务器虚拟化,可以通过独创的 Android 容器技术来实现,支持单 SoC3-6 实例的弹性复用;硬件部分主要是指阵列架构,可以实现单服务器的超高容量并发。ARM 阵列架构如图 4-8 所示。

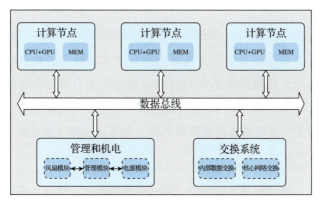

图 4-8　ARM 阵列架构

- 计算节点

每个计算节点都会构成一个独立的 ARM 运算实例,包括独立的 CPU、GPU、存储等物理资源,可以完整、独立地运行基于 ARM 架构的 Android 操作系统,以及所有基于 ARM 编译的 Android 应用。

- 管理和机电系统

管理和机电系统负责统一接受外部命令,控制内部计算节点的系统启动、升级、恢复和关机等基本操作,并负责实时监控各个计算节点的运行情况。同时,负责监控整体工况,包括电源、温度等状况,控制风扇调整工作温度,以保证服务器稳定运行。

- 交换系统

交换系统负责内部与外部的数据交换。对内负责内部计算节点、管理系统之间的数据传输,对外负责业务数据交换、网管控制及调试接入等。

3. 音视频编解码、触控操作指令、网络加速及网络动态适配优化

云游戏是以云计算为基础的游戏方式:所有游戏都在服务器端运行,渲染后的游戏画面和视频在压缩后通过网络传送给玩家。在客户端,玩家的游戏设备不需要任何高端处理器和显卡,只需要具备基本的视频解码能力即可。云游戏的逻辑架构如图 4-9 所示。

在云游戏的完整环境中,网络传输与优化,以及音视频编解码能力,都是关系到最终用户体验和成本的核心要素,因此,提

供高效的音视频编解码技术和网络加速方案是各类云游戏服务商发力的重点。高清低码的音视频编解码技术将有效降低网络传输的带宽压力,同时还可以降低云游戏平台和用户的网络成本。

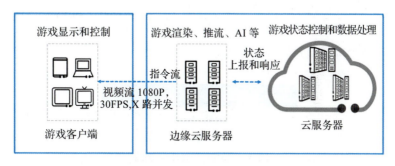

图 4-9 云游戏逻辑架构图

音视频编码主流技术包括 AAC、OPUS 等音频编码技术,以及 H.264、H.265 等常用的视频编码技术。

网络传输技术包括 TCP、UDP、RTC、Web RTC 及 RDP 等协议,同时还支持云端画面的远程投送技术。

云游戏端到端的时延优化:时延主要产生于终端接入侧、网络侧、云平台侧。云游戏远程终端时延测试结果如图 4-10 所示。

接入侧时延主要包含操作输入响应、音视频解码和上屏等产生的时延。

网络侧时延主要为终端用户到云游戏平台侧,以及云游戏平台到游戏服务器之间的双向往返时延。

云平台侧时延主要为云渲染、音视频获取及编码产生的时延。

其中，网络传输侧产生的时延占比最大，也是需要重点优化的方向之一。网络传输通道可分为无线网络通道和固定核心网络通道，优化路径将结合无线网络+核心网络的整体优化思路。5G 技术可以改善接入侧的无线网络时延，其通过广泛建设的边缘计算节点来改善核心网的 TTL（Time to Live，存活时间）时延，从而有效降低端到端的网络时延。

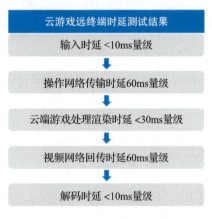

图 4-10　云游戏端到端时延

降低编码和解码时延的音视频技术可以有效降低云游戏中视频编码和解码的时延，用更少的带宽保证视频的清晰度，并且针对网络的抗抖动与快速恢复需求给出了技术方案。一方面，通过在 GPU 内进行视频编码，可以减少数据在显存和内存之间的拷贝时间；另一方面，采用广泛应用的 H.264 标准，可以避免由于类别不同而产生的解码时延；同时，在网络带宽不稳定的时候，可以动态调整音视频的码率，使其匹配当前的网络带宽。

4. 分离渲染方案，优化画质和时延

当前云游戏行业存在两大技术流派，即视频流和指令流，下面具体介绍这两大流派。

（1）视频流

以视频流技术为核心，网络中主要传输的是音视频信号，视频流是现在比较主流的一种形式。游戏所有的计算和画面渲染都在云端进行，云端将游戏图像转换为视频和音频数据，通过网络传输给用户，并在本地解码。视频流的优点是其可以极大地降低对本地硬件设备的要求，缺点是对带宽和网络稳定性的要求比较高。

（2）指令流

以图形指令流技术为核心，网络中主要传输的是指令信号。游戏仍在云端运行，而图形渲染则在本地设备上完成。与视频流相比，指令流的开发难度较大，要对传输数据进行较大程度的压缩，并在这一过程中保证数据的稳定性，这是目前开发中的难点。其优点是对带宽的需求较小，可以有效地解决延迟问题，终端适配性较强。

无论是视频流还是指令流，其核心技术基本上都是一致的（分离渲染方案如图4-11所示），主要分为5大领域：GPU、虚拟化技术、音视频解码、优质网络和边缘计算。这些技术都在最近一两年内有了较大的发展。

视频流与指令流的解决方案及各自的特点具体如表4-2所示。

表 4-2 分离渲染方案优缺点对照表

	解决方案说明	优势	劣势	共同点
视频流解决方案	视频流解决方案的核心是视频流技术，将操作指令结果通过云端GPU云化渲染成视频流，再压缩传输到用户终端，经解码完成传输闭环	● 最大程度降低终端需求 ● 终端能耗低 ● 可运行各种重度游戏 ● 跨终端能力强	● 运行依赖网络传输能力 ● 网络流量消耗高 ● 服务器承压高，成本高	支持技术均涉及虚拟机、音视频编解码、高网络传输能力和边缘计算节点的建设
指令流解决方案	指令流解决方案的核心是指令流压缩技术及传输。游戏仍然运行在云端，收到终端操作指令后生成OpenGL或者Web GL图形指令流，而后进行压缩传输回终端，通过终端的CPU、GPU进行解码渲染	● 可以在较差网络环境下支持更高画质 ● 运行对网络传输能力依赖较低 ● 服务器承压低，成本低 ● 网络流量消耗较低	● 仍较为依赖用户终端能力，使得无计算能力的终端无法适配	

图 4-11 分离渲染方案示意图

4.3 云游戏的参考架构

云游戏参考架构描述了云游戏的各种基本概念和属性，以及各部分的组成要素及相互关系。在深圳标准促进会上发布的团体标准《云游戏参考架构与安全要求》，从用户视图和功能视图两个方面对云游戏参考架构进行了阐述。本节将从云游戏的概念定义、用户需求和技术实现三个维度对云游戏参考架构进行更全面的阐述。

（1）云游戏的概念定义指明了云游戏最基本的构成方式。

（2）根据云游戏用户的需求，对云游戏的用户角色及功能进行梳理，绘制云游戏的用户视图和功能视图，用户视图将云游戏的整个活动按照不同的用户（角色）进行展示，而功能视图则是按照用户视图中不同用户（角色）所需要的功能进行更深层的展示。

（3）结合云游戏的功能及所涉及的技术绘制云游戏的部署视图，对云游戏的要素架构进行更细致的梳理，从而明确云游戏的实现手段。

这三个维度从理论到实践、从抽象到具象，层层递进，不同维度架构间的关系转换如图 4-12 所示。

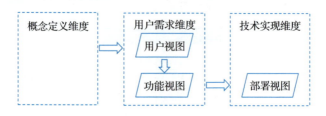

图 4-12　不同维度架构间的关系转换

接下来，我们从云游戏参考架构的不同维度来展开描述。

4.3.1　云游戏概念定义维度

中国信息通信研究院和 5G 云游戏产业联盟于 2019 年发布的白皮书《云游戏产业发展白皮书——5G 助力云游戏产业快速发展》对云游戏做了如下定义：云游戏是以云计算为基础的游戏方式，其本质为交互性的在线视频流，在云游戏的运行模式下，游戏在云端服务器上运行，并将渲染完毕的游戏画面或指令压缩后，通过网络传送给用户。从定义上看，云游戏可以简单地分为终端、网络和云端三层结构，如图 4-13 所示，游戏的动作交互、渲染和编码都放在了云端，而终端只要有基本的输入和视频显示功能即可。

4.3.2　云游戏用户需求维度

云游戏的出现和发展符合广大用户对于游戏的需求，用户不需要昂贵的终端硬件，不需要下载和安装游戏即可享受高品质的游戏体验。

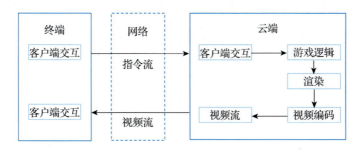

图 4-13　云游戏概念定义维度架构图

1. 用户视图

云游戏用户视图展现了用户对于云游戏的基本需求，从用户需求的角度来看，云游戏中的用户按照角色可以分为四类：云游戏玩家、终端厂商、网络提供商和云游戏服务商（硬件厂商、云服务提供商、云游戏平台商和云游戏开发商）。云游戏用户视图如图 4-14 所示。

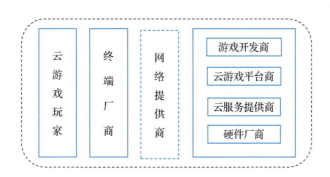

图 4-14　云游戏用户视图

2. 功能视图

根据用户视图中不同用户的功能需求进行划分，可以推导出如图 4-15 所示的云游戏功能视图，云游戏功能视图框架包括 5 个部分：终端功能层、网络功能层、云端功能层、其他功能层和跨层功能层。

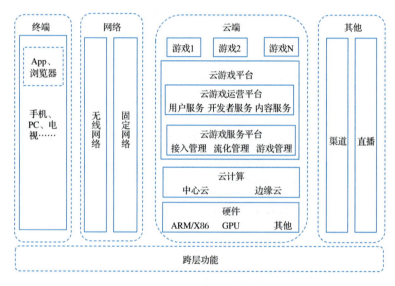

图 4-15 云游戏功能视图框架

4.3.3 云游戏技术实现维度

从云游戏的技术实现维度看，可以根据云游戏的参考架构画出其部署视图。云游戏部署视图更细致地描述了不同功能的实现位置及相互关系，如图 4-16 所示。

第 4 章 全面解读云游戏

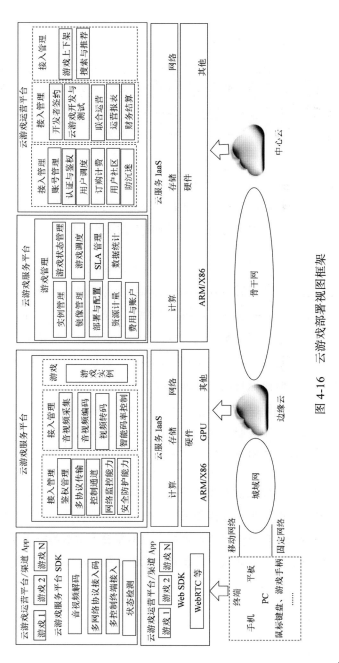

图 4-16 云游戏部署视图框架

165

4.4 云游戏的架构内涵

云游戏的架构内涵主要是确定云游戏整个运行过程中所需要的各种架构实体及其功能，以及它与传统游戏的差异，并对云游戏的各个实体功能及部署位置做进一步说明。

4.4.1 云游戏概念定义维度

从云游戏的概念定义维度看，云游戏的架构可分为终端、网络、云端三层结构。这三者与传统游戏的区别具体如下。

1. 终端

终端主要负责游戏画面的展示和行为的采集，可分为移动终端（如手机、平板电脑等）和固定终端（如电视、PC 等）两大类。行为采集装置既可以由终端自身提供，如触摸屏、摄像头等；也可以由外设提供，如游戏手柄、触控笔、键盘、鼠标、体感收集装置等。游戏画面目前主要通过屏幕来展示，如手机屏幕、投影屏幕等。终端则将外设数据封装为指令流，通过网络上传给云游戏服务器。云游戏服务器对画面进行渲染，编码成视频，流传回终端，以展示给用户。

因此，云游戏不需要在终端上下载和安装游戏，终端只需要具备基本的游戏指令操作和视频解码功能，即可使用户享受到大型游戏带来的良好体验；各类终端也不需要再对游戏应用逐一进行适配，这一点又降低了游戏开发者的开发和测试成本。

2. 网络

网络主要负责传输终端提交的指令流以及云端向终端传输

的视频流，网络可分为有线网络和无线网络。由于终端和云端互动时会有大量的数据传输，因此数据传输的网络必须要拥有低延迟、高带宽、海量连接的特性。

3. 云端

云游戏平台运行在云端，是游戏加载和运行的实际位置，为云游戏服务器提供云计算，具备客户端交互、渲染、视频编码等主要能力。云端通过实时解析网络传输的终端指令流运行游戏并加载游戏场景，然后基于压缩算法压缩图像，并通过视频流回传给用户。

4.4.2 云游戏用户需求维度

1. 用户视图

下面从云游戏的用户视图梳理了云游戏的角色、构成要素及主要活动。

（1）云游戏角色及构成要素

从用户需求的角度看，云游戏拥有不同的角色，每个角色由不同的要素构成，具体如下。

- 云游戏用户：也称为云游戏玩家，是云游戏的最终使用者。

- 终端厂商：终端设备的主要构成要素包含手机、平板电脑、PC、大屏、鼠标、键盘、手柄等，终端厂商的典型代表有华为、OPPO、VIVO、小米、联想、黑鲨、努比亚等。

- 网络运营商：网络主要包含移动网络和固定网络，网络运营商的典型代表有中国移动、中国联通、中国电信等。

- 云服务提供商：云服务的主要构成要素包含中心云和边缘云，云服务提供商的典型代表有腾讯云、阿里云、华为云、百度云、金山云等。

- 硬件厂商：硬件主要包含 CPU、GPU 及其他硬件，硬件厂商的典型代表有 Intel、ARM、华为、英伟达、AMD 等。

- 云游戏平台商：云游戏平台商分为云游戏服务平台商和云游戏运营平台商。云游戏平台商的主要代表有 Google Stadia、微软 xCloud、腾讯即玩 /START、天翼云游戏、达龙云、格莱云、咪咕快游等。云游戏服务平台商主要提供云游戏服务平台，云游戏服务平台商的典型代表有腾讯 GameMatrix、华为、阿里 Welink、视博云、海马云等；云游戏运营平台商的典型代表有腾讯先游、网易、华为等。

- 游戏开发商：游戏开发的主要构成要素是游戏包，游戏开发商的典型代表有腾讯、网易、完美世界、游族、三七等。

（2）云游戏主要活动

云游戏活动主要包含云游戏的上架部署、登录和运行活动。

云游戏上架部署活动的主要参与对象包含游戏开发者和云游戏平台（可以进一步细分为云游戏运营平台、云游戏服务平台和云服务），其流程示例如图 4-17 所示。

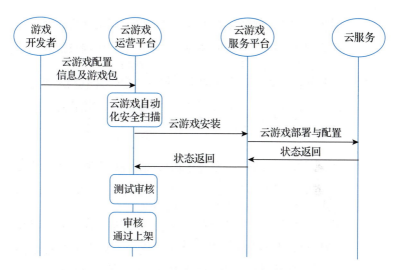

图 4-17 云游戏上架部署活动的流程

云游戏上架部署活动的流程具体说明如下。

1）游戏开发者将云游戏适配的客户端包及相关配置信息传递给云游戏（运营）平台。

2）云游戏（运营）平台对游戏包做安全扫描等预处理，使其满足预定格式、安全合规等要求。

3）云游戏（运营）平台向云游戏服务平台启动安装流程，传递游戏包、部署节点等信息。

4）云游戏服务平台将游戏包等部署到对应的节点并进行配置。

5）云游戏（运营）平台的运营人员测试、审核云游戏内容。

6）审核通过后，云游戏（运营）平台发布并上架该游戏。

云游戏登录活动的主要参与对象有云游戏用户、终端和云游戏运营平台，其流程示例如图 4-18 所示。

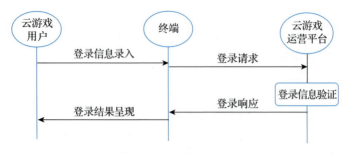

图 4-18 云游戏登录活动的流程

云游戏登录活动的流程具体说明如下。

1）用户输入游戏大厅的登录账户信息。

2）终端将登录信息发送给云游戏（运营）平台进行验证。

3）云游戏（运营）平台验证后返回给终端，用户进入登录后的界面。

云游戏运行活动的主要参与对象包含云游戏用户、终端、云游戏运营平台、云游戏服务平台、云服务和云游戏实例，其流程示例如图 4-19 所示。

云游戏运行活动的流程具体说明如下。

1）用户点击开始游戏。

2）终端携带游戏、用户测速和地址等信息加载请求并发送到云游戏（运营）平台。

3）云游戏（运营）平台根据用户服务等级向云游戏服务平台请求用户调度。

4）云游戏服务平台根据服务节点负载情况、资源配比等信息选择节点资源，向对应的云服务发送申请。

第 4 章　全面解读云游戏

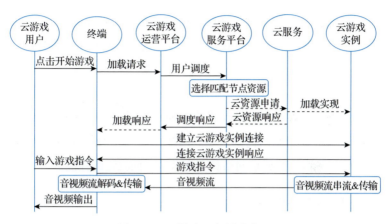

图 4-19　云游戏运行活动流程

5）云服务加载对应的实例和游戏。

6）云游戏服务平台返回为该用户分配的实例信息，并传递给终端。

7）终端启动建立与云游戏实例的安全连接和传输通道。

8）用户通过终端屏幕、手柄等设备输入指令并传递给云端实例，实例通过本地音视频流采集、编码再传输给终端，终端播放音视频。

2. 功能视图

云游戏功能视图框架包括 5 层：终端功能层、网络功能层、云端功能层、其他功能层和跨层功能层。终端功能层、网络功能层、云端功能层和其他功能层通过跨层功能层相互联系构成了云游戏的整体功能架构。

（1）终端功能层

云游戏的表现层，负责用户输入数据的收集、云游戏画面的

171

显示和声音播放等，用户终端支持的设备包括但不仅限于手机、平板电脑、PC、大屏、机顶盒、鼠标、键盘、游戏手柄等外设。

（2）网络功能层

云游戏的传输层，该层将终端用户的操作指令传输到云端，并将云端的视频流回传到终端。网络包含无线网络和有线网络，云游戏的传输体验要求网络具有高带宽、低时延的性能。

（3）云端功能层

基础硬件、云计算、云游戏平台及其上运行的云游戏共同构成了云端功能层。

基础硬件是云端功能层的基石。基础硬件主要包括基于X86或ARM服务器的虚拟机架构、GPU和其他硬件，基础硬件主要负责图形处理和运算，并配合基础云主机、云容器引擎、弹性伸缩服务等。

云计算主要分为中心云和边缘云，通过云边协同的方式实现数据的存储、计算等功能。

云游戏平台主要包含云游戏服务平台和云游戏运营平台，云游戏服务平台主要提供接入管理、流化管理和游戏管理等功能；云游戏运营平台主要提供用户服务、开发者服务和内容服务等功能。

云游戏平台上运行的云游戏直接面向用户，提供用户注册、登录、游戏操作等直观功能。

（4）其他功能层

主要包括云游戏渠道和直播功能。

（5）跨层功能层

主要包括一系列功能组件。这些功能组件与上三层组件进行交互以提供支撑能力。这些支撑能力包括但不限于监控服务、授权与安全策略、认证与身份管理。

4.4.3　云游戏部署实现维度

1. 云游戏逻辑及部署架构

（1）云端侧

云游戏的云端逻辑及架构如图 4-20 所示。

云游戏云端侧的三层架构说明如下。

- SaaS：云游戏（运营）平台，专注于面向用户的游戏推广，与游戏内容开发商合作进行游戏内容运营等。

- PaaS：云游戏服务平台，以云端串流、运行实例和游戏管理、智能调度为核心功能，负责保障云游戏在算力、带宽成本、游玩体验等方面的诉求。

- IaaS：基础设施云服务，主要用于提供基础计算、存储、网络资源，包括中心云和边缘云。

（2）终端侧

终端侧需要基于成本、用户体验、可靠性等因素综合考虑其部署架构，具体说明如下。

图4-20　云游戏的云端逻辑及架构

- 对游戏时延、用户体验要求较高的云游戏，云服务平台的算力应尽可能靠近用户侧，缩短时延，提升用户体验；中心云部署用于对时延不敏感的云游戏或者作为边缘云资源池的备选方案。

- 云游戏服务平台管理面和云游戏（运营）平台以中心云部署为主，以实现全局资源信息的统一管理和高可用性。

- 边边协同，边云协同，以实现弹性资源调度和高可靠性。

2. 云游戏服务平台功能及部署

云游戏服务平台的功能及部署主要包含 3 个部分：

1）终端 App 上的 SDK；

2）部署在边缘云和中心云的业务面功能，负责用户接入管理、流化管理；

3）部署在中心云的管理面，负责游戏管理。

- 接入管理主要包含鉴权管理、多协议传输、控制通道、网络监控、安全防护等。

- 流化管理主要包含音视频采集、音视频编码、视频转码和智能码率控制等。

- 游戏管理主要包含实例管理、镜像管理、部署与配置、资源计量、费用与账单、游戏状态管理、游戏调度、用户体验管理等。

3. 云游戏运营平台功能及部署

云游戏运营平台主要可分为 3 个部分：用户服务、开发者服务、游戏内容管理。

- 用户服务：面向终端用户的相关服务，主要包含账号管理、认证与鉴权、用户调度、订购计费、用户社区、防沉迷等。

- 开发者服务：面向游戏内容开发者的相关服务，主要包含开发者签约、云游戏开发与测试、联合运营、运营报表、财务结算等。

- 游戏内容管理：主要包含游戏上下架、搜索与推荐等。

4.5 云游戏与 5G 技术

4.5.1 5G 技术简介和发展现状

5G 技术代表了网络技术发展的主要方向，将驱动社会从人与人之间的宽带互联逐步扩展到万物互联，从而更加深刻地影响未来人类社会的生活和工作方式。5G 具有三大典型应用场景，具体说明如下。

（1）eMBB 场景

eMBB（Enhanced Mobile Broadband，增强移动宽带）场景的典型应用包括超高清视频、虚拟现实、增强现实等。首先，这类场景对带宽的要求极高，关键的性能指标包括 100Mbit/s 用户体验速率（热点场景可达 1Gbit/s）、数十 Gbit/s 峰值速率、每平方公里数十 Tbit/s 的流量密度、500km/ 时以上的移动性等。其次，涉及交互类操作的应用还对时延敏感，例如，虚拟现实沉浸体验要求将时延控制在十毫秒的量级内。

（2）URLLC 场景

URLLC（Ultra Reliable and Low Latency Communication，超高可靠低时延通信）场景的典型应用包括工业控制、无人机控制、智能驾驶控制等。这类场景主要聚焦于对时延极其敏感的业务，高可靠性也是 URLLC 场景的基本要求。自动驾驶实时监测等要求将时延控制在毫秒级的范围内，汽车生产、工业机器设备加工制造要求将时延控制在十毫秒级，可用性要求接近100%。

（3）mMTC 场景

mMTC（Massive Machine Type Communication，海量机器类通信）场景的典型应用包括智能家居、智能健康等。这类应用对连接密度要求较高，同时呈现出了行业的多样性和差异化。智慧城市中的抄表应用要求终端设备功耗低，网络支持海量连接的小数据包；视频监控不仅要求终端设备部署密度高，还要求终端和网络支持高速率；智能家居业务对时延的要求相对来说并不是很敏感。

接下来，我们将进一步阐述 5G 与云游戏间密不可分的关系。

4.5.2　云游戏为什么需要 5G

1. 云游戏的发展需要移动场景推动

移动技术的每次创新都会引发人类生产和生活方式的变革。2G 使有线电话向无线电话转移，开启了无线通信的新时代；3G 使得移动互联网从文字时代向图片时代转变，并改变了人们对移动互联网的认识；4G 使得随时随地看视频成为可能，并让以移动互联网为平台、手机为载体的手游火遍大江南北。可见，玩家除了对游戏的内容、画质、交互等有要求之外，对其移动性的要求也很高。手游的流行完美地证明了，移动场景为游戏提供了随时可玩的便利性，填补了用户在各种等待场景下的碎片时间，既能使内容简易传送，也能被玩家所接受。

云游戏支持在瘦客户端上畅玩 3A 游戏大作，如若其能同时兼备手游的移动便利性，则云游戏将更加契合玩家的需求。而 5G 之前的网络由于传输能力的限制，无法支持云游戏的移动场景。下文将深入剖析云游戏移动场景因网络能力不足而引发的问题。

2. 网络能力是决定云游戏体验的关键

（1）码率/带宽

游戏场景被渲染后开线的多媒体流的质量取决于网络通信带宽，与传统网络游戏相比，云游戏的多媒体流需要消耗更多带宽，画质越高的多媒体流，对带宽资源的消耗也会越高。

（a）一切都要从码率说起

码率（Data Rate）是指视频文件每单位时间所使用的数据流，又称码流，是视频编码中图像质量控制的重要组成部分。码率与图像质量的关系在一定范围内成正比，即：

1）码率与质量成正比，但文件大小也与码率成正比；

2）如果码率超过了某个值，那么其对图像质量的影响就会很小。

视频质量的研究通常需要分析如下两种经典指标：峰值信噪比（Peak Signal to Noise Ratio，PSNR）和结构相似性指数方法（Structural Similarity Index，SSIM）。PSNR 方法用于量化在压缩过程中添加的重建视频中的错误（噪声）量，可用于评价压缩后重构图像与原图像的差异。SSIM 方法用于计算两个视频帧之间的结构相似度,可用于衡量压缩前后的两个图像的相似度。

华为 iLab 实验室从用户体验的人因角度,通过玩家的主观游戏体验,客观测量指标 PSNR 和 SSIM,以综合评估不同码率下游戏画面的差异度或相似度,从而研究码率对视频质量的影响。其实验数据具体如下。

对于 1080P、144FPS 的电脑屏云游戏来说,在 30Mbit/s 的码率下,云化后的画面与原生游戏画面 SSIM 的相似度约为 98.5%、PSNR 值可高于 35dB,刚好达到高质量画面的要求,是云游戏场景下能为用户提供的"入门级"画质体验要求;而当码率高于 50Mbit/s 时,肉眼基本上无法分辨是原生画面还是云化画面,可为用户提供极致的画面体验。

对于 4K、60FPS 的电视屏云游戏来说,码率高于 60Mbit/s 时,PSNR 峰值信噪比和 SSIM 画面的相似度均可达到高质量画面的要求,玩家可以感知良好的画面质量。

(b)码率和带宽是什么关系

云游戏平台向终端推送视频流时,码流并不是完全平稳的,存在流量突发的情况。华为 iLab 实验室的测试数据显示,只有在网络带宽高于 1.6 倍的平均码率时,云游戏体验才能得到基本保障。分析上文中从用户体验人因视角测试中得出的云游戏码率数值可以推算出如下结论。

在 PC 显示器上运行的 1080P、144FPS 的云游戏(测试游戏为《英雄联盟》),其推流码率限值为 30Mbit/s,因此至少需要

48Mbit/s 以上的带宽才可以有比较稳定且良好的画面体验。而在 4K 电视大屏运行 4K、60FPS 的云游戏（测试游戏为格斗类游戏《街头霸王 4》）时，如使用均值为 60Mbit/s 推流码率，则至少需要 96Mbit/s 及以上的带宽，才能有比较稳定且良好的操作体验。

事实上，为了保证游戏的基本体验，主流的云平台都会对网络带宽提出一定的要求。不同类型的游戏，对带宽也会有不同的要求。目前，游戏平台要求的最低带宽在 5～15Mbit/s 左右，时延要求在 40ms 以内；高清游戏体验对网络带宽的要求则更高。如 Google Stadia 明确表示，要获得 1080P、60FPS 的游戏体验，网速至少需要达到 25Mbit/s；实现 4K、60FPS、5.1 立体声的游戏体验至少需要 35Mbit/s 的独占下行带宽。在 2019 年 12 月《游戏与信息革命：不问来处，何知前路？——云游戏深度研究报告》中也提到，根据海外玩家在 Reddit 等论坛的讨论和反馈，只有达到 50～100Mbit/s 的家庭网络环境才可以保证云游戏的无感运行。

（c）4G 网络的带宽情况

从理论值上看，大规模商用的 TDD-LTE 和 FDD-LTE 的 4G 网络的下行带宽是 100～150Mbit/s；在实际运营中，单基站提供的 4G 专用下行带宽会缩减至 80Mbit/s 左右，而且这 80Mbit/s 并不是由一个终端用户独享的，而是由接入基站的终端共享，这就导致用户实际体验到的下行带宽往往在 10~30Mbit/s。根据网络信号监测公司 Open Signal 对全球 77 个国家的调查数据可知，截至 2018 年 2 月，全球 4G 网络平均速度为 16.9Mbit/s；根据宽带发展联盟发布的《中国宽带速率状况报告》可知，我国 2018 年第 4 季度中国移动宽带用户的 4G 网络的平均下载速率为

22.05Mbit/s。

可见，4G 网络环境下的带宽远远不能满足云游戏对网络带宽的需求，网络传输能力是云游戏过去十年间发展的最大阻碍。

（2）网络时延

与传统网络游戏仅需传输游戏状态数据这一点相比，云游戏的多媒体传输对网络延迟更为敏感，玩家可直接感受到从指令输入到画面更新之间的迟滞。

1）对传统游戏系统的研究表明，不同类别的游戏对延迟具有不同的容忍度。

以第一人称视角播放的游戏（例如，射击游戏《反恐精英》）对延迟最为敏感。此类第一人称游戏往往是基于动作的，因此延迟较高的玩家会有相当大的劣势。例如，在基于动作的第一人称射击游戏（FPS）中，如果"扣动扳机"类的关键动作产生了延迟，则会直接影响游戏结果。此时，延迟影响的就不仅仅是画面和交互体验了，而是整个游戏竞技的公平性。通常，当动作延迟超过 100 毫秒时，此类游戏的可玩性就会明显下降。

第三人称游戏（例如，角色扮演类游戏（RPG））和许多大型多人游戏（例如，《魔兽世界》）通常具有高达 500 毫秒或更高的延迟耐受性。这是因为玩家在此类游戏中的命令（例如使用物品、施放咒语或治疗）通常是由玩家的化身来执行的。这类命令通常会有一个发声阶段，例如，在施放咒语之前先念魔术单词，因此玩家不会期望动作是瞬时的。但是，动作必须及时记录下来,如果因为互动延迟而导致动作产生负面结果,那么玩家可能会感到沮丧(例如,在敌人进攻之前它们已经被治愈,但由于在游戏中未记录其指令而导致死亡)。

最后一类游戏是以"无所不在"视角(即以从上至下的视角查看许多可控实体)进行的游戏,如《星际争霸》之类的实时策略类游戏(RTS)和《模拟人生》之类的模拟游戏。这些类型的游戏最多可以接受1000毫秒的延迟,因为玩家经常会控制许多实体并发出许多单独的命令,而完成这些命令的时间通常需要几秒钟甚至长达几分钟。在典型的RTS游戏中,玩家几乎不会注意到一个耗时超过一分钟的构建单元动作存在长达1000毫秒的延迟。

2)云游戏的产品和技术特点导致其比传统游戏对延时的要求更为苛刻。

首先,传统意义上的交互延迟只是多人在线游戏系统的一个问题,单人游戏通常不会考虑交互延迟的问题,而云游戏则彻底改变了这一点。云游戏的画面渲染和逻辑运算都在云端完成,然后回传给玩家的瘦客户端。因此,即使是单人云游戏,也必须考虑交互延迟的问题。

其次,传统的在线游戏系统通常会在操作者到达游戏服务器之前就在其本地系统上呈现操作,从而隐藏交互延迟所带来的影响。例如,玩家在操控游戏中的角色移动时,本地游戏可以立即在本地渲染并执行,即使游戏服务器在几毫秒内都没有更新位置,也丝毫不影响用户的操控体验。而云游戏的运行过程全部在云平台中实现,客户端无法通过本地操作隐藏交互延迟。因此,云游戏有着比传统游戏更为严苛的延时要求。

从人因工程的角度来看,FPS 之类的基于动作的游戏,只有少于 100 毫秒的交互延迟才能不影响玩家的体验质量。即使是传统游戏中对延时要求不那么高的游戏类别,在云游戏环境中,其交互延迟上限也仅为 200 毫秒。

3)云游戏整体时延中,网络传输时延占比超 70%。

以某云游戏 Demo 为例,其时延为 166ms,包括输入、指令的网络传输、云端游戏渲染、视频网络传输和解码等环节的时延,其中网络传输时延竟高达 120ms,占总延迟比例的 70% 以上。虽然不同的游戏类别由网络环境造成的时延所占的比例不同,但网络时延若不能得到有效降低,那么云游戏必然还会卡在"时延"这一关,无法大规模应用和发展。由此可见,5G 时代"无线+核心网络整体的优化"已成为降低时延的关键。

(3)网络抖动

云游戏除了对网络的带宽和时延有要求之外,还对网络环境的稳定性有较高的要求。

在硬件编解码相对可控的条件下,网络抖动会造成游戏画面帧间隔不均衡的问题,从而导致游戏画面不流畅。帧间隔是指相邻两帧的时间间隔。当某一帧游戏画面因某些原因延迟到达时,会造成后面的游戏帧堆积,而游戏画面是实时变化的,排队积压之后将导致某些本应显示的画面被舍弃掉,故而出现卡顿、跳帧的问题。具体现象一般表现为以下两种情况:第一,相连帧到达终端的时间差变大，可能导致终端显示完当前帧，但下一帧却没有及时到达，从而造成画面的卡顿现象；第二，相连帧同时到达终端，这可能会导致终端只显示最新帧，从而造成画面的跳帧现象。

华为公司的研究数据显示：在网络抖动的情况下，帧间隔会出现大幅度变化，连续拖动角色快速移动时，画面跳帧现象十分明显。此时，平均速度高达 130 帧的游戏远不如没有网络抖动情况下的 120 帧的游戏画面流畅。经过华为 iLab 实验室的实际测试，对于 1080P、144FPS 的云游戏体验，网络 7ms 的抖动是普通电竞玩家的体验边界，对于专业电竞选手来说，这一指标将更加苛刻。所以，保障网络零抖动，在稳定的帧间隔基础上提升帧率才能真正提升云游戏体验。

4G 时代的网络是共享模式，对业务来说，网络其实是不确定的，体验时好时坏（取决于接入的人数和你能抢到的带宽）；真实网络环境下，网速不断波动，稳定性较差，游戏中的平均下载速率尚且难以有效维持，高清、重度游戏的流畅运行更是难以得到保证。因此，如何解决网络共享带来的抖动问题，也是云游戏在网络技术上需要解决的一个痛点。

4.5.3　5G 技术如何解决云游戏痛点

1. 5G 大带宽技术

相较于 4G，5G 提供了充足的带宽空间。国际电信联盟（ITU）发布的关于 5G 网络的技术规范显示，5G 用户端下行网速理论值可达 20Gbit/s，上行网速可达 10Gbit/s，为目前商用 4G 带宽的

100倍。即使考虑到大规模商业化时的性能缩减和带宽共享，也能满足云游戏的35～50Mbit/s的带宽要求。

目前，华为在实地测试中已实现的5G网速记录为3.67Gbit/s，随着技术的不断成熟，实际可用的网速将进一步提升，云游戏对网速的需求在移动端将有望得到满足。高速率不仅可以轻松实现4K超高清游戏画面传输，还能将游戏延迟从4G时代的40～50毫秒降低至10～20毫秒，从而带来更流畅的交互体验。

2. 5G低时延技术

云游戏的整体时延中，网络传输时延占比超70%，5G时代的"无线+核心网络整体优化"可有效降低时延。那么，5G将通过哪些技术实现低时延呢？

第一，5G技术引入了更为丰富的频谱资源以及大规模天线技术（MIMO），能够有效提升网络速率。

第二，5G网络技术中提出的全光网是实现低时延的重要技术支撑，新型的多址技术可以节省调度开销，同时可以基于软件定义网络（SDN）和网络功能虚拟化（NFV）实现网络切片，并采用FlexE技术使业务流以最短、最快的路由到达目标用户。

第三，5G技术改善了接入侧的网络时延，30KHz的子载波间隔、上行免调度以及两个符号微时隙的配置方案可使空中接口的双向时延降低至1ms以下。同时，边缘计算节点可改善核心网TTL的时延，将核心网下沉到接入层可将基站到核心网的延迟控制在1～3ms以内。

3. 5G 网络切片技术

网络切片技术的引入,大幅提升了网络的稳定性,使移动环境中的网络质量可以得到有效保证。从前文中我们了解到,4G 时代的网络是共享模式,对业务来说,网络其实是不确定的,体验是时好时坏的(取决于接入的人数和你能抢到的带宽);而 5G 时代的"边缘+切片技术"可实现业务优先策略,为云游戏业务开辟一条逻辑上的专用通道,网络的一致性、可靠性都是有保障的,用户体验也是稳定的。

4.5.4 云游戏与 5G 的互促共生

5G 助力云游戏发展,而云游戏的率先落地也将树立 5G 行业的应用标杆。从应用场景来看,云 VR/AR、车联网、家庭娱乐、无人机、无线医疗、智能制造将成为市场潜力最大且与 5G 高度相关的 6 大应用场景。5G 发展初期,SA 标准的制定和网络部署均需要一定的时间,C 端的超高清视频、云游戏、VR/AR 等已成为体现 5G 网络优势的重要特色业务。云游戏等娱乐内容有望成为 5G 商用最先落地的场景之一,云游戏的率先落地将会为其他行业在技术标准、商业模式等方面带来一定的借鉴意义,更好地推进 5G 在无人驾驶、智能能源、智能制造、智慧城市等各领域的落地。

云游戏还有利于促进 5G 终端成本的降低。大型手机游戏对终端的性能配置提出了很高的要求,不仅体现在终端的 CPU 和 GPU 能力方面,而且对终端的运行内存(RAM)与存储空间的大小也提出了很高的要求。特别是面向未来的大型 3D 手游、VR/

AR 手游等，将对终端提出更高的要求。而 5G 云游戏可以支持大型 3D 手游、VR/AR 游戏等在云端运行，这极大地解放了终端在算力、内存与存储方面的需求，从而有利于 5G 终端成本的降低。终端成本的降低将对加快 5G 的普及起到非常关键的作用，将极大地促进 5G 应用的规模化落地。

4.6 云游戏与云计算技术

4.6.1 云计算技术的发展

云计算是一种将池化的集群计算能力通过互联网向内外部用户提供应用程序、数据、计算资源和 IT 管理功能的业务。

云计算包括 IaaS（Infrastructure as a Service，基础设施即服务）、PaaS（Platform as a Service，平台即服务）、SaaS（Software as a Service，软件即服务）三种模式，不同模式所涉及的核心技术存在较大差异。云生态系统的出现，旨在提供一系列新的云支持服务，以增强、补充或帮助流行的 SaaS、IaaS 和 PaaS 产品。此类云支持服务的示例包括数据存储即服务（DSaaS）、分析即服务（Aaas）、桌面即服务（DaaS）、安全即服务（SecaaS）、身份和访问管理即服务（IAMaas）和监控即服务（MaaS）。

云计算的部署模型主要包括私有云、公有云和混合云三种模式，具有以网络为中心、以服务为提供方式、高扩展性和高可靠性、资源池化和透明化 4 大特点。使用云计算主要可享有如下优势。

- 应用程序部署方便快捷。

- 运营和服务成本降低——用户按使用付费。

- 按需扩展，以满足峰值和不确定情况下的计算需求。

- 共享对数据和应用程序的访问——支持协作与合作。

- 相较于大多数企业在自己的内部 IT 系统中提供和管理数据，安全性更高。

- 可以在云端自由使用大量计算资源。

4.6.2　云计算与云游戏的关系

云计算技术与游戏产业结合的初衷是解决游戏产业的一系列痛点。不知你可曾有过这样的感受：虽然被大型主机游戏的精美画面和沉浸式操控体验深深吸引，但因硬件装备太昂贵望而却步；喜欢手机游戏随时随地游玩的便利，却又苦恼于手游版功能不够齐全，无法尽兴。

云游戏是以云计算为基础的游戏方式，其本质为交互性的在线视频流。在云游戏的运行模式下，游戏在云端服务器上运行，将渲染完毕的画面或指令进行压缩，然后通过网络传送给用户。云游戏的出现，成功解决了传统大型游戏与手机游戏的局限性，并融合两者的优势，集便捷、体验于一体，让用户可以随时随地在各类移动设备上体验大型 3A 游戏。

国内外大型企业纷纷推出了云游戏业务。国内有阿里云、腾讯云、华为云等提供的游戏云计算服务，为各类游戏运营商提供云端运维托管环境，降低了游戏商的投入成本。国外微软等公司推出的游戏云存储功能可以让用户随时通过云账户查询自己的游戏状态，谷歌公司发布的 Stadia 平台既是数据中心又是强大的游戏平台。

云游戏首先解放了游戏玩家，用户摆脱了硬件设备的限制，在游戏平台上可以任意点播，以获取高质量的视频游戏体验，不需要设备的更换和升级，也无须昂贵的硬件成本投入，甚至不需要下载和安装游戏本身，用户可以使用手机、平板电脑、PC、电视机和机顶盒等简易设备访问云游戏。云游戏可以为游戏服务运营商降低运维难度，门户管理、账号认证、数据挖掘等多项工作都可由云计算技术解决。云游戏甚至颠覆了传统游戏的开发模式，为游戏开发商解决了不同终端、不同版本下出现的各种棘手问题，甚至版本更新再无须征求用户同意，直接在云上更新即可，从而使得因用户与终端版本不同而产生的差异性大大减少。这一切都依赖于云计算的强运算能力、高稳定性和高扩展性。

此外，云游戏由云端服务器进行统一管理和运营，这有利于简化审批流程、加强政府管控，增强青少年防沉迷管控力度，并提供更加有效的数字版权保护，可谓一举多得。

4.6.3　云游戏中用到的云计算关键技术

云游戏的游戏逻辑、计算处理、流化处理等过程均在云平台上完成，因此云计算技术的更迭与云游戏性能的提升和大规模应用息息相关。云平台的关键技术有 GPU 虚拟化、音视频抓取、智能化资源管理和调度、推流和传输自适应等。

1. 智能化资源管理和调度

传统网络游戏，无论是手游、页游，还是 MMORPG（Massive Multiplayer Online Role-Playing Game，大型多人在线角色扮演游戏），实际的运算量很少，而云游戏的整个运行过程都在服务器上，运算量相当庞大，需要游戏服务器的长期运行和良好维护。如何才能智能化地对如此庞大的服务器集群进行资源管理和调度，是云游戏平台面临的一个关键技术问题。

当前，云平台的资源管理和调度主要采用两种主流方案：虚拟化方案和物理方案。虚拟化技术不仅包含虚拟机、容器等隔离技术，还包括 GPU 的虚拟化方案。

虚拟化 GPU 是指将一块 GPU 卡的计算能力进行切片，使其分成多个逻辑上虚拟的 GPU。GPU 切片包含在时间片段上进行的划分（类似于 CPU 的进程调度）以及对 GPU 资源进行的划分，例如，将 16GB 大小的显存划分给多个虚拟机使用，每个虚拟机得到的显存互相独立、不共享。通过这种方式，虚拟 GPU 可实现用户在多个虚拟机中对该 GPU 进行共享。

GPU 虚拟化方案可以根据用户的需求进行动态资源分配，并且支持多路游戏的渲染。GPU 虚拟化可以实现资源共享和动态分配，使得多个云游戏能够共享一台物理服务器，从而灵活部署，提高资源利用效率，因此该方案更受业界的青睐。但是相较于物理方案，虚拟化的过程会存在一定的资源损耗，同时还会产生额外的调度时延，对于时延要求比较敏感的游戏业务，可能会对用户体验造成不好的影响。

2. 云端流化处理

在云平台进行全套的流化过程是云游戏区别于传统游戏的重要技术点，其实现原理和性能是技术中的关键。

云端流化的第一步是抓取游戏的实时画面，云端在抓取到原始游戏画面后，为了便于传输，降低网络和云平台的负担，需要先对其进行编码压缩处理，然后再进行传输。这一技术可以有效地降低云游戏中视频编码和解码的时延，用更少的带宽保证视频的清晰度。

编码技术的实现方式分为硬编码和软编码。软编码是使用 CPU 编码，实现方式直接、简单，同码率下质量较高，但由于会造成 CPU 的负载较重，因此性能相对较低。硬解码主要使用 GPU 编码，性能高、速度快，但同码率下质量不如软编码。

现行的主流视频编码标准是 H.264 和 H.265。相较于以前的编码标准，H.264 增加了参考帧的运动补偿、帧内预测等新特性，视频质量更高，码率更低，因此得到了广泛使用。H.265 在架构上与 H.264 相似，但 H.265 在图像分块、变换编码、预测编码、熵编码等模块上提出了更优的算法，提高了编码的压缩率、稳定性，在相同画质的情况下，理论上 H.265 能比 H.264 节省一半的带宽。不过，H.265 压缩率的提升提高了解码的复杂度，理论上，解码的运算量约是 H.264 的 2 倍，所以 H.265 对解码硬件提出了更高的要求。

对云游戏视频流的编码压缩强度越大,其码率就越小,占用的网络带宽资源也就越小,但这会降低画面的质量,同时不可避免地还会延长编码与解码的时间。因此,需要结合带宽需求、画面质量和处理时延,选择一个合适的推流码率。自适应码率技术是在网络抖动(带宽不稳定)时,根据当前的网络情况,动态调整音视频的码率,使其匹配当前的网络带宽,从而最大程度地优化用户的使用体验。

第 5 章 | CHAPTER

云游戏产业链和生态体系

随着相关技术的推进和发展,云游戏产业链越来越完善。横向来看,原有产业链上的三大核心参与者(即内容研发、运营维护、渠道分发)均呈现相互渗透的态势;纵向来看,产业链上新增了衍生上下游参与者,包括云计算服务商、软硬件配套解决方案厂商、通信运营商等。未来伴随教育、营销、娱乐等多行业的交叉发展,云游戏将进一步形成更立体的三维生态。本章将着重介绍云游戏的产业链和生态体系,整理云游戏的产业链全景图及生态体系模型,介绍各参与主体的主要活动和所发挥的作用,以及目前生态体系所面临的影响产业良性快速发展的问题和未来的发展方向,最后从保障体系和使能环境两个方面进行详细设计和规划。本章的内容对于研究云游戏产业现状、政策制定、产业配套建设具有指导意义。

5.1 云游戏产业图谱

云游戏产业链由上游云计算服务商、软硬件提供商、游戏开发商，中游云游戏运营商/系统设备提供商、通信运营商，以及下游终端设备厂商共同组成。产业链上、中、下游各环节参与主体发挥的作用及主要公司如图5-1所示。

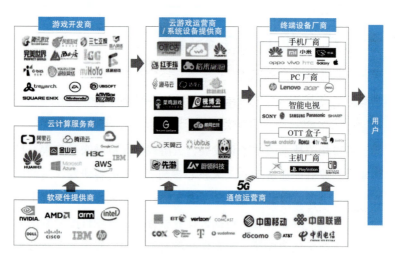

图 5-1 云游戏产业图谱

（1）云计算服务商

云游戏是云计算提供服务的一个细分领域，云计算是云游戏的底层云基础设施，云计算服务商主要是依托其建立的IDC资源为云游戏提供算力及存储服务。云计算服务商既可以是专有的游戏云,如英伟达、Shadow,也可以是典型的 IaaS 公有云平台,如阿里云、腾讯云、谷歌云、华为云、亚马逊 Web 服务、微软 Azure 等。

(2)软硬件提供商

云的核心在于服务器。企业可依据自身特点,找云计算厂商定制服务器。云服务器由内部组件 GPU/CPU 驱动。目前市场上主要的 GPU/CPU 硬件厂商有英伟达、AMD、英特尔和 ARM。

(3)游戏开发商

游戏开发商研发、制作 3A 级游戏产品,为云游戏平台提供丰富的游戏内容。云游戏时代,游戏体验跨越设备限制,用户对于游戏品质的要求越来越高,云游戏内容的品质与丰富程度将成为云游戏平台的核心竞争力之一。目前,国内主要游戏开发商包括腾讯、网易、完美世界、西山居、三七互娱、莉莉丝、吉比特、盛趣游戏、游族网络、中青宝等。

(4)云游戏运营商

云游戏运营商负责云游戏平台的搭建,以及负责云游戏的运营。云游戏运营商主要基于云化技术,负责游戏指令流和视频流的编解码,将游戏内容与 IaaS 公有云对接。云游戏平台可分为 PC 云游戏平台和移动云游戏平台两大赛道,通过提供游戏运营的云化服务,产生订阅收入。2012 年至 2015 年,初创云游戏运营商大量涌现,如海马云、达龙云、视博云、红手指等;2019

年，华为、腾讯两大巨头入局，通过合作和推出自有平台的方式切入云游戏运营。

（5）通信运营商

国内三大运营商提供 5G 通信传输技术支持和宽带互联网传输服务。运营商的 5G 网络具备下载速度快、延迟低等优势，是用户终端-云平台数据传输的重要通道，因此运营商在云游戏领域拥有用户入口优势。同时，运营商在推广 5G 套餐时需要寻求高度耗费流量的内容形态，云游戏可能由此成为重要的内容抓手。

（6）终端设备厂商

终端设备厂商主要包括移动手机、PC、OTT 盒子和游戏主机生产商等。由于云游戏将游戏的运行放在了云端，终端设备只需要具备游戏画面呈现功能即可，因此用户的智能手机、平板电脑、PC、智能电视以及集成游戏内容的智能机顶盒等都可以成为云游戏的终端。

5.2 生态体系模型

云游戏生态体系模型中，政策引导、技术溢出、版权交易、资金支持、人才培养、技术成果转化、云游戏生态体系规划七大板块有机结合，在生态体系中协同发挥作用，本节将具体探讨七大组成板块在云游戏生态体系中发挥的作用。

5.2.1 云游戏生态体系模型

云游戏生态体系模型如图 5-2 所示。

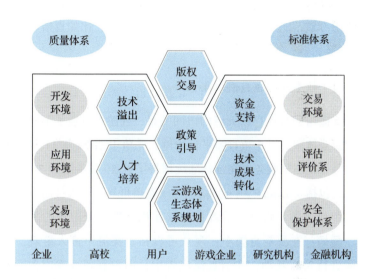

图 5-2 云游戏生态体系模型

1. 政策引导

国家大力推动 5G 应用发展，云游戏作为 5G 时代的王牌应用，将获得极大助力。截至 2020 年 6 月底，中国移动、中国电信和中国联通已在全国建设开通超 40 万个 5G 基站。同时，5G 运营商均在大力建设云游戏平台，积极布局云游戏运营分发渠道。2019 年年底，三大运营商的云游戏平台均已上线，中国移动推出咪咕快游平台，中国联通推出沃家云游，中国电信推出天翼云游戏。借助运营商在云计算领域的先进技术积淀和大量用户积累，云游戏的落地也得到了加速推进。

2. 技术溢出

未来随着底层技术、带宽、编码/解码技术的升级以及流量成本的降低，云游戏可能会彻底改变游戏的成本、形态以及用户的使用习惯，之后再慢慢辐射到游戏产业周边，比如直播、短视频、VR 游戏，等等。

（1）技术溢出至直播行业

直播与云游戏存在天然的协同关系，云游戏打通了不同场景下的游戏体验。以斗鱼直播平台为例，斗鱼于 2019 年 11 月推出了端游云化测试服务，在云端陆续部署了近 20 款端游和 30 多款手游，包括《Dota 2》《绝地求生》《魔兽世界》等人气游戏。以腾讯游戏为例，腾讯云游戏目前正在积极探索云游戏的落地场景，例如：在游戏直播中，观众可以在直播流中进入游戏，与主播进行对战互动；在信息流广告中，用户看到游戏广告，打开即可试玩。根据 5G 云游戏产业联盟调研，85% 的企业对云游戏的运营场景存在需求，其中 84.3% 的企业考虑试玩下载场景，88.2% 的企业考虑在线订阅场景，这两种场景需求的重合度为 74.5%，另外还有 7.8% 的企业提出了结合直播场景的需求，有望为云游戏带来新的玩法。

（2）技术溢出至短视频行业

云试玩广告作为云游戏重要的 2B 应用场景，在 4G 时代流量入口游戏买量的红利末尾，有望借助抖音、快手等短视频流量入口，在流量下沉的市场红海竞争中杀出重围。2019 年，云试玩广告已在游戏行业中展开使用，主要是放置在激励视频、插屏视频广告之后。云试玩广告具有沉浸感强、成本低、快速部署的优点，用户在抖音上刷短视频时，向下滑即可体验游戏，无须跳转。

（3）技术溢出至 VR 游戏

目前，移动 VR/AR 设备受制于硬件性能，无法提供与 PC 端及主机端相同的运行体验。PC 及主机端对显卡和配套设施的高要求，超出了大部分玩家的购买力水平，致使厂商的生产意愿下降，市场及用户规模难以扩展。而云游戏将渲染过程的实现从本地迁移至云端，这极大地降低了 VR/AR 游戏体验必需的头显设备性能要求，设备价格不再成为阻挡用户的门槛，市场必将迎来爆发式增长。同时，5G 网络解决了网络延迟问题，进一步提升了游戏体验，拓宽了用户群体，从而有效推动了 VR/AR 游戏的发展。

3. 版权交易

从游戏行业的整体监管政策来看，云游戏版号控制的可能趋势及其对云游戏发展的影响主要体现在两大方面。

一是游戏版号政策收紧引导传统游戏走向精品化，云游戏同样面临精品化的趋势。根据游戏行业监管政策的收紧趋势，版号是云游戏内容充实的关键因素。自 2018 年游戏版号暂停发行，国家对游戏版号实施常态化控制之后，游戏行业的版号基本保持在每年 1500 个左右，2019 年国产和进口游戏版号共发放 1570 个，而 2018 年停发版号前共有 8000～9000 款新游戏获得版号，审批空间明显缩小。同时，原生云游戏主要是基于云的架构进行开发,本身开发难度较大,存在一定的技术准入壁垒。原生云游戏将由大厂商进行主导,中小厂商缺乏技术优势难以切入原生云游戏的开发市场,整体游戏内容将进一步走向高度精品化。

二是云游戏全面上云的特性使得监管具有实时、便捷、透明化的优势,这些优势有利于实现版号的进一步细化及一一对应。短期内,已获得版号的游戏有可能上线云游戏平台;长期来看,未来云游戏上线可能需要通过单独版号审核。目前,一款游戏获得版号后,后续版本的更迭仍然使用原有的版号。但是到了云游戏时代,监管层可以实现实时监管,因此会出现每一次版本更迭均需要报备甚至重新申报版号的情况,这一转变将完全杜绝游戏"换皮""套版号"等行业乱象,游戏行业版权交易将进一步规范化。

4. 资金支持

根据腾讯研究院《2019云游戏发展与趋势报告》中的数据,截至2019年9月,全球入局云游戏的公司共计152家。从投融资情况来看,入局的这152家企业中,除上市公司之外,融资总额达13.48亿美元;除头部企业之外,超80家企业获得了融资。从公开融资案例来看,投资大多集中在种子轮或天使轮,超过3次以上的投资较少,投资金额主要集中于100万~1000万美元。从时间上来看,融资时间主要集中在2016~2019年,在此期间融资企业多达59家。

我国境内资本合作也呈现出繁荣态势,主要入局资本方包括:1)上市公司,例如,巨人网络战投海马云、金山战投蔚领时代、高通战投达龙云;2)国有资本,包括各地方产业基金;3)其他一级市场私募基金。

5. 人才培养

云游戏当前的人才培养主要采用内部创新与外部合作两条路径。一方面，游戏开发商内部开始进行研发创新及云游戏研发人才的培养，腾讯、网易、完美等行业头部开发商已经开始筹备原生云游戏开发人才、游戏云优化人才的储备。另一方面，云游戏行业上下游公司间也加强了沟通与合作。

6. 技术成果转化

根据商业化路径的不同，云游戏技术成果转化主要分为 2C 的云游戏平台运营和 2B 的技术解决方案两大路径。

（1）2C 平台化运营

云游戏的 2C 成果转化目前主要是初创公司推出的云手机、云电脑及云游戏平台。目前大多数厂商按时长收费，部分平台采取订阅制和会员制向视频流媒体产品靠拢。差异化定价策略与初创公司所处的生命周期密不可分，伴随用户规模的扩大，平台的广告收入也有望进一步增加。当前市场中云游戏创业公司旗下云手机和云电脑产品及云游戏平台收费模式的汇总情况如表 5-1 所示。

表 5-1 云游戏创业公司旗下云手机和云电脑产品及云游戏平台收费模式

云游戏产品	收费模式	具体收费方式	现有用户量
格来云游戏	订阅制+会员费	①虚拟币：100G 币=1 元 ②订阅制购买游戏内容：包天/周/月/年畅玩，一般包月价格在 10~40 元；推出 8.88 元的 24 小时畅玩"包天卡" ③会员付费：单月/单季/半年/一年的 SVIP 会员价分别为 23.9/70/136/258 元	千万级用户，MAU 达百万

(续)

云游戏产品	收费模式	具体收费方式	现有用户量
达龙云电脑	会员费+时长费	每个会员每天 10 分钟免费体验时间 ①会员费：50 元起充，50/100/300/400 四个档位 ②时长费用：会员标配 3 元/小时，高配 5 元/小时；非会员标配 5 元/小时，高配 8 元/小时	注册用户达千万，VIP 付费用户约百万
菜鸡游戏	创新定价模式	取消会员付费，直接推出免排队卡券，1 天"秒进卡"折合人民币 11.4 元，5 天"秒进卡"折合人民币 5.7 元/天	—
胖鱼游戏	时长费	时长费用：13 元/天、70 元/周、200 元/月、3 小时 5 元	—
红手指云手机	时长费+会员费	VIP 云手机：2 元/天、10 元/5 天、60 元/30 天、730 元/年 GVIP 云手机：90 元/30 天、270 元/90 天、1095 元/年 瞬玩族：首充 3 元/30 钻，其他 0.1 元/钻，2 钻/10 分钟	注册用户超 5000 万，月付费用户达百万
海马云	时长费+广告	按时长付费广告：开机广告、信息流广告、游戏前插广告	—

（2）2B 提供云游戏技术解决方案

云游戏的 2B 成果转化目前主要是云游戏技术解决方案。优必达、蔚领云、Cocos、视博云、微算互联（红手指）等初创公司同样通过为公有云厂商、电信运营商、终端设备厂商提供云计算解决方案盈利，目前主要收入方式包括技术服务费、租用闲置服务器资源、配置接口和试玩广告等。从商业模式的内在逻辑来看，随着我国基础云服务规模的不断扩大，阿里云、腾讯云等我国头部公有云厂商逐渐扎根基础技术和前沿技术，具体的应用场景则更多地依托于生态合作伙伴，以实现降低成本和规模化盈利的目的。当前云游戏解决方案供应商主要通过公有云巨头合作实现布局，如云游戏厂商优必达于 2019 年云栖大会上正式牵手阿里云，蔚领云陆续与阿里云、金山云、百度云达成合作，Cocos 与华为云共研移动云游戏底层架构等。

7. 云游戏生态体系规划

在传统游戏模式中，手机游戏产生的收入主要由硬件商、研发商、发行商三方共享，PC 游戏产生的收入则主要由平台商、研发商、发行商三方共享。而在云游戏生态体系中，利益将重新分配。对比传统游戏产业链及云游戏产业链，我们可以发现六大核心差异点，具体为：硬件设备厂商的弱化，云计算厂商与 5G 通信运营商重要性的凸显，游戏发行方式的多元化，新兴渠道的分化，云游戏平台围绕优质稀缺内容的竞争加剧，以及游戏研发商话语权的分化。

（1）硬件厂商话语权将变弱

以主机硬件为例，在主机游戏市场上，索尼（PS 系列）、任天堂（Switch）、微软（Xbox 系列）三足鼎立，在主机平台领域罕有挑战。但云游戏时代的到来，极大地降低了玩家对昂贵的主机硬件的需求，使得主机厂商的话语权减弱。

（2）云计算厂商和 5G 通信运营商作用凸显

云计算技术和网络传输技术是云游戏能够流畅运行的先决条件，而且进入云游戏市场的资金及技术壁垒均较高，云计算厂商和 5G 通信运营商手握底层技术，在产业链中的重要性日益凸显，将来有望夺得强势话语权，从而更深入地参与云游戏生态体系建设。

(3) 游戏发行方式更加多元化

云游戏即点即玩的特性，使得游戏的分发方式不再局限于 Google Play、App Store 等游戏商店中，游戏入口可以放置在多种应用里，比如社交平台、短视频和直播等内容平台，还可以与广告多元结合。

(4) 云游戏将促使发行渠道变革

一方面，媒体即渠道。用户触达游戏无须借助应用商店、无须等待下载。媒体平台成为渠道，转化率将进一步提升。直播、视频平台与云游戏具有天然的协同性。另一方面，新兴渠道应运而生。产业链多方布局于云游戏平台，旨在自建分发渠道；新兴渠道将与原有渠道形成竞争，并重构渠道竞争格局。

(5) 云游戏平台竞争加剧

游戏发行方式的多样化导致了流量分化，这将会极大地影响传统游戏平台的生存方式。对于新平台而言，云游戏为打击游戏黑产、清除游戏外挂、增强大数据统计和分析等提供了更多便利。游戏新老平台之战的核心赛点在于内容，谁能优先满足用户对游戏"内容+体验"的双重要求，谁就更有可能主导市场，高品质的游戏研发内容将成为各平台竞争的重点。

(6) 研发商话语权分化

伴随新平台的出现，用户将出现大量分流现象，此时独占内容将成为前期绑定用户的重要手段。优质的头部研发商议价权将得到提升，而平台为了平衡成本，势必将挤压普通产品的分成比例，最终造成研发商话语权的持续分化。

5.2.2 云游戏生态体系仍待完善

现阶段云游戏尚处于探索期，各入局方通过研发合作、资源互补、资本参股等多种形式碰撞交流，共同进行基础设施建设、优质原创内容开发、多元化商业模式试验，最终落脚点在于提升用户体验、解决痛点、创造需求。

1. 推广难题：基础设施未全覆盖，通信协议未统一

从底层来看，云游戏的推广仍然存在如下两大难题。

（1）基础设施未能全面覆盖

云游戏的必要基础设施是固定和移动宽带网络，但根据中华人民共和国工业和信息化部的统计数据，我国 4G 网络基站数量全球最多，地理覆盖率全球第一，但截至 2019 年 6 月底，我国 4G 的用户渗透率仅有 77.6%；而欧美发达国家 4G 的用户渗透率都保持在 90% 以上，北美地区则达到了 94%。同时，基础设施的不足意味着高速网络资源的缺乏和不稳定。云游戏的流畅体验需要稳定高带宽的网络支持，目前我国的平均网络带宽较低，这一点给云游戏的发展带来了一定的障碍。

（2）云数据传输协议尚欠缺统一的标准

全球多家云平台之间目前并没有采用统一的数据传输协议，不同云系统和不同终端之间的数据传输方式均存在一定的差异，因此云游戏难以在不同的平台之间传递数据。在云游戏未来的发

展中,需要全行业统一标准的云服务网络通信协议来支持不同云平台间的数据流动。

2. 内容困局:大作因版权纠纷下架,中小团队缺位导致内容贫瘠

云游戏平台上线云化游戏面临版权纠纷,以及被迫将云化游戏下架的风险。以英伟达公司推出的 GeForce NOW 云游戏服务为例,由于英伟达未达成让游戏厂商满意的商业条件,导致动视暴雪、Take Two 等大批游戏厂商将游戏从 GeForce NOW 下架。GeForce NOW 的运营模式本质上更像是"云服务器租赁",玩家利用服务器端的硬件运行其在 Steam、Epic 等平台上已经拥有的游戏,再将画面串流到本地的设备上,英伟达并不直接售卖任何游戏,仅在串流服务环节收取费用。

Google Stadia 也面临着游戏内容供应的难题。Stadia 平台上只有少量大厂商的 3A 游戏大作,在 Stadia 列出的合作名单中基本上看不到中小团队的影子,平台前期上线的 28 款游戏中只有 4 款来自中小团队。中小团队游戏厂商的缺位导致游戏内容的短缺,有限的内容无法支撑平台的兴起。

国内云游戏平台同样存在以上内容隐患。比如,腾讯曾就《英雄联盟》《QQ 飞车》《地下城与勇士》《穿越火线》《逆战》等多款旗下游戏被侵权或不正当竞争而起诉某公司,立案标的额总计超过 960 万元人民币。诉讼之所以会发生,本质原因在于平台是否获得了游戏厂商的授权。

3. 商业模式:订阅制盈利模式单一,云端支付存在风险

在收费模式上,各大云游戏平台尚未使用统一标准,多数倾

向于提供订阅制。云游戏本质上也是一项流媒体服务，视频和音乐类网站采用的都是通过订阅模式来运营的商业模式，因此云游戏率先尝试的商业模式也是订阅制，但订阅制的盈利模式过于单一，短时间内难以支持云游戏平台的高成本运营。

同时，游戏行业传统的内购、广告模式嵌入技术还有待进一步开发，现阶段的主要痛点在于无法支持云端支付，以及广告平台的识别设置存在缺陷。云游戏内购支付的问题主要体现在以下方面：传统游戏在触发计费后支持微信、支付宝、手机渠道等完成支付，但云游戏由于部署在服务器上，云端没有相应的客户端，无法支持用户本地支付。广告模式的问题体现在以下方面：由于广告平台有设备码、IP段的识别设置，在云游戏中可能被视为同一个平台，导致广告收益被核减。

5.3 参与主体及主要活动

云游戏生态建设参与主体主要包括产业链上、中、下游的云计算服务商、游戏开发商、终端设备厂商、云游戏运营商、通信运营商等。产业链各方主要从平台生态、内容生态、行业标准三个层面展开云游戏生态体系建设的主要活动：平台生态层面，产业链各方以云游戏平台为核心展开布局；内容生态层面，云游戏内容的产出策略短期为存量游戏上云，长期则指向原生云游戏开发；行业标准层面，产业链上下游企业将融合发展，共同推动云游戏行业标准的制定。下面就来详细说明这三个层面展开的云游戏生态体系建设的主要活动。

1. 平台生态层面

在平台生态层面，云游戏产业链上、中、下游多方以云游戏平台为核心展开布局，下面就来分别探讨产业链中游戏开发商、云计算服务商、终端设备厂商（原渠道）、云游戏运营商、通信运营商布局云游戏平台的方式及优劣势。

（1）开发商布局云游戏平台：精力有限、市场空间有限、底层技术依赖第三方

受制于有限的时间和精力，游戏开发商自主开发云游戏平台的可能性不大，其劣势主要集中于精力有限、市场空间有限、底层技术依赖第三方这三个方面。

其一，游戏开发需要长期投入大量资源、时间、精力来保持高标准的游戏品质，从而持续吸引和保持用户，因此游戏开发商很难再留出充足的时间和精力自营云游戏平台。比如，育碧推出过自己的游戏销售平台 UPLAY，因为其服务器的网速缓慢和游戏 Bug 而广受诟病。

其二，开发商集中于自身开发的游戏，上升空间小，平台云化的可能性较低。大部分开发公司提供的游戏平台上只提供了自己开发的游戏，极少有为第三方游戏提供支持的，因此所面对的用户和市场有限。如暴雪游戏平台除了《命运 2》之外，并未加入其他非自身开发的游戏作品，并明确表示没有为第三方游戏提供平台支持的短期或长期计划。

其三，开发商做云游戏平台最大的劣势是在底层技术上依赖于第三方，导致长期来看云服务成本无法降低。例如，EA 收购

了 GameFly 的云游戏技术和团队，并正式推出了 Project Atlas 云平台，但其核心硬件开发能力较弱，底层技术仍然依赖于亚马逊等头部企业。

（2）云计算服务商布局云游戏平台：立足云计算底层技术，自带优势，未来可期

云计算服务商坐拥海量云资源，自带行业优势。云游戏将用户硬件端运算转移到云服务器上，需要高配置的云端服务器提供性能支持，运营门槛极高，并且在非高峰期时容易产生多台服务器闲置的资源浪费问题，云计算服务商拥有强大的云计算能力和云端服务器资源，云服务质量高，调配灵活，可充分满足云游戏的要求。

云计算服务商凭借技术升级颠覆了传统游戏市场，正寻机入局。过去数年间，游戏行业逐渐走向成熟，形成了几家平台商相互博弈制衡的格局，为新企业的加入设置了一定的门槛，云技术的升级打破了原有限制，局外互联网企业会抓紧时机进入游戏市场。

云计算服务商在云游戏上的核心优势在于成本。云游戏时代，由于平台的统一，游戏开发无须考虑运行硬件不同的问题，开发成本大幅度降低，云服务将成为最大的运营成本，因此云计算服务商具有一定的竞争优势。

随着 5G 的发展，国外如谷歌、微软、亚马逊等云服务商头部公司纷纷依托自身云计算优势推出了自己的云游戏平台，国内如腾讯、华为、阿里巴巴等巨头也展开了布局。

（3）终端设备厂商布局云游戏平台：现有渠道云化，资源积累助推更上一层楼

主机厂商预装的应用商店是目前渗透率最高的发行渠道，如索尼的 PlayStation Store。云游戏时代，硬件设备弱化，主机厂商将更重视游戏向云端的转变。云游戏的推出将颠覆硬件市场，游戏玩家既不需要购入高性能的显卡及 CPU，也不需要再对设备进行升级更新，硬件巨头将迎来前所未有的挑战。终端硬件设备厂商面对冲击将积极部署串联服务及云游戏平台，如索尼推出云游戏服务 PlayStation Now，Steam 相继推出串流服务 Steam Link 和云游戏平台 Steam Link Anywhere。

此外，现有平台如 Steam、PlayStation 等拥有多年资源积累，借助云化有望得到进一步提升。现有平台运营商在游戏的发行、运营和推广等方面积累了丰富的经验、流量和用户基础，拥有对接第三方游戏的广泛资源，可从多方面支持云游戏平台，提高对用户的吸引力和平台竞争力。

（4）5G 运营商布局云游戏平台：独有流量壁垒，深度绑定云游戏，推出 5G 套餐

国内三大运营商在 5G 战略方面纷纷布局云游戏平台：中国移动推出"咪咕快游"，中国电信推出"天翼云游戏"，中国联通推出"沃家云游"。

一方面，三大运营商通过与产业链内的各大公司积极合作来推进云游戏业务，如中国移动咪咕公司与我国最大的移动云游戏服务提供商海马云针对 Android 游戏云化开展技术合作，中国电

信天翼云游戏宣布与GAMEPOCH（国内规模最大的主机游戏发行商）在云游戏平台上就主机云游戏与PC云游戏业务开展深度合作，中国联通携手深圳威尔视觉传媒、北京视博云科技、优刻得科技、奥飞娱乐及厦门雅基软件等多家数字娱乐与云游戏领域的领军企业共同打造"中国联通沃家云游"产业联盟。另一方面，三大运营商绑定云游戏应用推出5G套餐，希望借助云游戏这一内容抓手推广5G。5G时代，网络运营商需要重量级"杀"流量应用的出现，云游戏是绝佳选择。三大运营商均将云游戏、超清视频等作为5G套餐的增值服务加以推广。

（5）云游戏运营商：初创公司依据自研虚拟化优势自建云游戏平台

云游戏产业链上、下游均有巨头早早布局，壁垒高筑，多数初创公司因此入局产业链中游。初创公司以云游戏运营商或解决方案供应商身份切入云游戏领域，试图依托自研虚拟化技术搭建游戏运营平台，通过与全产业链头部公司的合作联动，增强自身作为流量入口的赢利能力。

从业务路径来看，当前主要云游戏初创公司可大致分为PC云游戏和移动云游戏两大赛道。移动云游戏赛道是当前较为主流的赛道，也是移动云游戏运营商比较注重的占据主导地位的移动游戏市场。移动云游戏需要ARM架构虚拟化技术的支持，典型产品包括微算互联旗下产品"红手指云手机"、海马云旗下产品"集游社"。其中，"红手指云手机"运用ARM虚拟机（VM）技术，为用户提供虚拟Android手机以运行移动游戏，而海马云则利用容器化技术，直接为用户运行虚拟化的游戏App。

PC 云游戏赛道，PC 云游戏运营商强调底层逻辑，认为重度 PC 游戏所要求的高配终端硬件的门槛是 PC 游戏发展的最大阻碍，云游戏能够显著释放重度 PC 游戏玩家需求。PC 云游戏需要 X86 架构虚拟化的支持。典型产品包括格来云游戏和达龙云电脑，其自研的 X86 架构解决方案开启了 PC 云游戏赛道，二者围绕当前云游戏低延迟、高并发的痛点深研串流协议、音视频解码及传输技术，并实现了全终端兼容；菜鸡游戏和胖鱼游戏实现了重型游戏在网页端的运行；视博云则主打电视终端的 PC 云游戏适配。

2. 内容生态层面

内容生态层面，云游戏内容产出策略短期为存量游戏上云，长期则指向原生云游戏的开发。云游戏产业链以内容为核心，短期与长期将采取不同的发展手段。短期来看，存量游戏云化是云游戏上云的主要发展手段，而长期来看，高品质内容稀缺将倒逼游戏厂商开发原生云游戏内容来填充云游戏平台，原生云游戏终将成为云游戏的最终发展形态。

（1）从短期来看，高品质云游戏内容较为稀缺，存量游戏云化是主要发展手段

云游戏的规模化发展依赖于大量高品质的游戏内容，但当前国内游戏同质化较为严重，游戏内容创新力不足，高品质游戏内容多为外国进口。随着云游戏行业景气度的持续攀升，越来越多的游戏厂商将加速云游戏内容的研发供给。由于高品质游戏研发难度大、周期长，因此更多厂商及云游戏平台在短期内会优先采取存量游戏云化的方式提高平台内容的丰富度。

云游戏目前尚处于初级阶段,即存量大型游戏上云的阶段,持续时间可能在 3 年左右。在此阶段,用户仍需要教育和培养,用户体验和服务器成本也需要优化,内容方仍处于观望和尝试阶段,部分进取型内容方会尝试用云游戏平台发行游戏产品,而部分保守型内容方则会根据市场反应再择机入局。

开发商短期内多采取"存量游戏上云"的发展手段,如盛趣游戏已经完成了多款端游云游戏化的开发和内部测试,包括《传奇世界》《最终幻想 14》《冒险岛》《龙之谷》《永恒之塔》《彩虹岛》等。西山居游戏将旗下知名国产武侠网络游戏《剑网 3》上云,并于 2020 年 2 月 21 日正式开启其云端版本的首轮对外测试,成为首批将自研经典 IP 延展向云端的研发厂商。与西山居相同,完美世界也选择了与电信天翼云游戏、谷歌 Stadia 合作,将旗下游戏《诛仙》手游、《神雕侠侣 2》手游、《梦间集》等云化并放入云端。

(2)从长期来看,高品质原生云游戏将占据云游戏平台主流

当玩家逐步接受云游戏,且市面上出现一两款爆款的云游戏之后,内容方将研发原生的云游戏内容。原生云游戏将兼具主机游戏的画面感和端游的社交性和生态性,用户体验将颠覆现有的游戏。届时原生云游戏将成为游戏内容的主流形态。

原生云游戏的架构有别于存量游戏,其在画质、内容上也会远超存量游戏。当用户的硬件设备已经能够满足开发商的要求时,云游戏平台会针对游戏本身做进一步的提升和优化,云游戏平台所购买的云端算力及服务在一定程度上要高于用户端的设备配置,使用户真正感受到云游戏的优越性。

目前，已经有部分研发商开始尝试原生云游戏的研发工作，如盛趣游戏联合中国移动咪咕互娱成立了国内首个云游戏工作室"擎云"，专注于原生云游戏的开发；咪咕原生云游戏"云帆计划"正式启动合作招募；完美世界亦携手天翼云宣布推出旗下首款原生云游戏《新神魔大陆》。

3.行业标准层面

行业标准层面，产业链上下游企业将融合发展，共同推动云游戏行业标准的制定。2020年以来，游戏开发商、云计算服务商、通信运营商、云游戏运营商（云游戏平台）、终端硬件厂商纷纷加速布局，部分产业链内各大厂商开始加强合作、战略联合以共同推动云游戏业务、抢占云游戏市场先机，如2020年3月，云计算服务商腾讯云、游戏研发商盛趣游戏、游戏平台腾讯游戏三方宣布达成战略合作关系，共同推进云游戏落地。2020年6月，网易与华为正式签订了战略合作协议，双方以"云+AI+5G+终端"新一代信息技术发展为合作契机，围绕"数字娱乐"创新，就新技术和生态展开深度合作，共同推动游戏、音乐和教育业务的发展。此次战略合作研发的新技术将优先应用于网易旗下以《逆水寒》为代表的游戏，对游戏"云"端的新展示进行探究。

目前，云游戏产业仍处在发展起步阶段，行业并未形成较为统一的产品技术标准，不利于行业长期有序的发展。随着云游戏产业链上、中、下游厂商之间加强合作，行业相关标准有望快速建立与落地。5G云游戏产业联盟在云游戏行业标准的研制和推进上发挥了非常重要的作用，联盟通过设立技术推进组以及下设的面向网络、终端、应用、开发平台、云服务平台各类工作组开展技术推进和探讨，通过技术标准工作组开展标准化工作。目前，5G 云游戏产业联盟已完成了《云游戏术语和定义》《云游戏参考架构》《云游戏标准体系》等基础标准的制定和发布，正在开展《云游戏服务平台通用技术要求》《云游戏通用安全技术要求》《云游戏用户体验评测方法》等标准的研究和制定。

5.4 云游戏保障体系建设

云游戏的保障体系包括标准体系、评估评价体系、产品质量体系、信息安全保护体系、知识产权保护体系和未成年人游戏防沉迷体系，本节就来详细介绍这六大保障体系的建设。

5.4.1 标准体系

云游戏产业体量庞大，涉及的产业链条繁多，其关系也较为复杂。云游戏行业的标准化将打通整个云游戏产业链，消除行业内部壁垒，推动产业链上下游企业融合发展。目前，我国云游戏行业尚处于起步阶段，还未形成公认的最佳实践，云游戏技术标准化仍需游戏企业的不断尝试，以便最终成为行业广泛接受的技术标准。

从云游戏的参与角色来看，云游戏的参与者可划分为游戏开发者、方案提供商、服务运营者和用户；云游戏产业构成要素包括游戏开发平台、云游戏服务平台、网络资源、云游戏平台和渠道、终端设备、游戏应用。参与者与要素行为的对应关系为：游戏开发者在游戏开发平台上完成游戏内容和技术实现的开发；方案提供商以云游戏服务平台的形式提供云游戏服务；网络提供商提供网络资源；服务运营者以云游戏平台或渠道的形式对云游戏进行分发、运营，包括针对业务方的客户端和终端设备的开发，以及优化终端的云游戏能力。用户使用云游戏应用来玩游戏。

通过对云游戏参与角色和产业要素中的技术点和需要标准化的点进行梳理细化，我们得到了完整的云游戏标准体系规划。该体系涵盖了云游戏应用层、云游戏开发平台（含游戏内容和游戏开发）、云游戏服务平台、渠道侧、终端侧、网络侧六项产业要素，同时还加入了贯穿整个产业链的安全标准和通用标准。5G云游戏标准体系框架如图5-3所示。

通用标准是5G云游戏领域内广泛适用的标准，主要包括基础标准、关键技术标准和用户体验标准。

游戏内容标准体系较为复杂，建议根据产业的成熟度与需求更迭循序渐进。当前列出的建议标准化的类别包括：原生云游戏类、云游戏版权版号类、未成年防沉迷类以及云游戏用户数据资产安全类。

游戏开发标准是对在云游戏开发过程中开发者需要用到的通用功能进行标准化规定。基于这些统一的基础标准，游戏开发者在不同的游戏引擎上可以快速开发各种云游戏，且无须修改即可在不同的云游戏平台上正常运行。本部分体系包括游戏业务相关、平台能力相关以及用户交互相关三类标准。

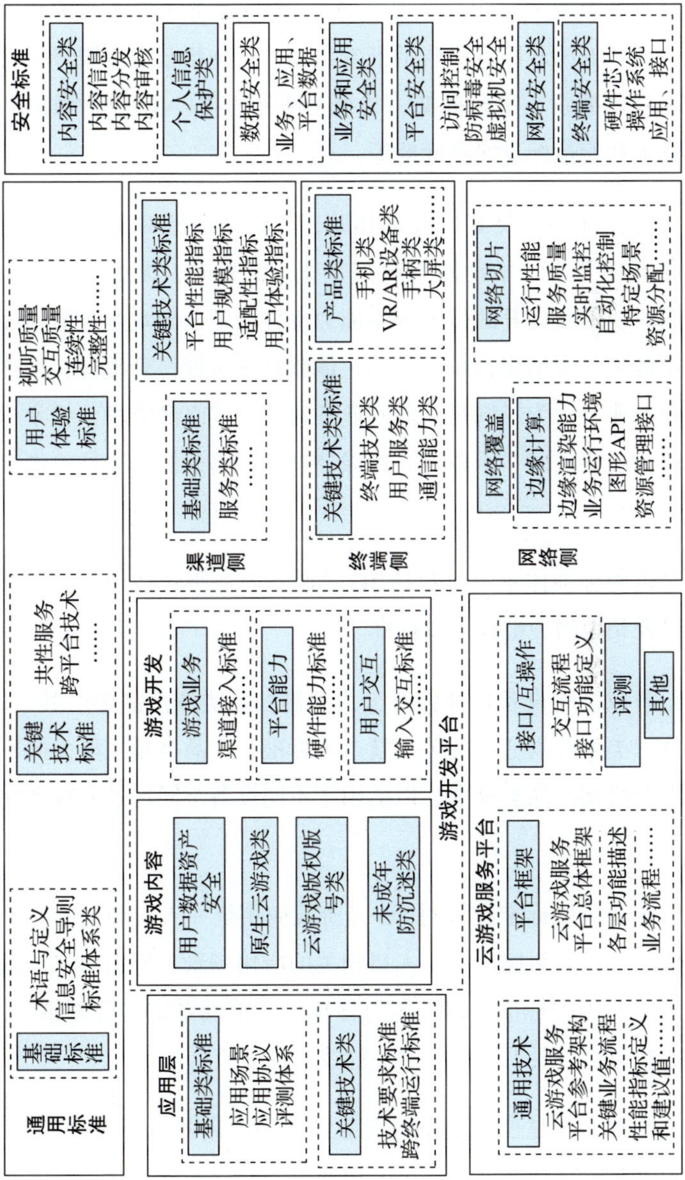

图 5-3　5G 云游戏标准体系框架图

云游戏服务平台标准主要是 5G 云游戏服务平台涉及的相关标准，指导云游戏服务平台的开发与设计，包括云游戏服务平台的通用技术要求、平台框架、与相关网元的接口及互操作标准、关键技术性能指标及评测标准等。

为了保证用户良好的互动体验，云游戏业务对网络传输提出了很高的要求，推动网络向高带宽、低延时、无线化方向演进。同时，不断提升的传输分发能力也推动了云游戏业务清晰度和帧率的进一步增强，从而使用户体验和满意度得到提升，最终促进业务普及。为了满足云游戏业务对传输网络的需求，技术上还需要涵盖接入网、承载网、边缘计算、网络运维与监控等诸多领域。

渠道侧标准体系主要包括 5G 云游戏服务平台适用的基础类标准以及相关的关键技术类标准。

云游戏终端设备标准体系分为关键技术类和产品类。其中，关键技术类为终端通用的关键技术类标准，产品类则主要面向不同形态的终端产品类标准，以适用于不同设备不同场景的标准化需求。

云游戏应用标准是针对 5G 云游戏应用统一入口制定的系列标准体系，包括与应用统一入口相关的应用场景、应用协议与评测体系等基础类标准，以及与总体框架、前端系统和管理系统、技术指标与接口要求等相关的关键技术标准。

云游戏安全是保证云游戏业务和应用使用的重要组成部分，制定云游戏安全标准可以保证云游戏业务开展的规范化。云游戏安全标准包括内容安全、个人信息保护、数据安全、业务和应用安全、平台安全、网络安全、终端安全、运营安全等各项标准。

5.4.2 评估评价体系

云游戏评估评价体系需要建立科学合理的评价系统，包括合理的评估评价工作流程、科学的评估评价方法以及中立的评估评价团队。

1）制定合理的评估评价工作流程。根据云游戏评估评价需求，工作流程可以分为正式评估评价工作流程和非正式评估评价工作流程两种情况。

2）确定科学的评估评价方法。建立多种类型的评价方法与模型（如对于加权评估，需要针对评价要素分配合适的权重等），建立不同类型云游戏使用的评价方法与模型匹配矩阵。

- 选取并完善评估评价项：根据评估评价的需求和目的确定云游戏的评价要素。确定云游戏的评价要素最为关键，评价要素应尽量全面，符合云游戏的特征和特性。评价体系项可以从云游戏的终端、平台和内容等几方面进行分类拟定，可以按照各种评估评价类别进行划分，如终端设备的画质、解码能力和响应时间，云游戏平台的易用性、兼容性、码率性能等，云游戏内容的创新和公益性等。

- 明确评估评价手段：明确云游戏的测试步骤以及所需的设备，等等。

- 确立评估评价准则：建立科学的评估评价项的结果判定和评价准则。

3）组织中立的评估评价团队。在正式评估评价工作流程中，需要组织云游戏专业领域的多名专业人士组成评估评价团队；在非正式评估评价工作流程中，云游戏使用者即为评估人，通过让广泛的使用者参与进来，给出具有代表性的评估评价结果。

5.4.3　产品质量体系

无论是 5G 技术还是云计算突破，对云游戏而言最终改善的都是用户体验。要想保证云游戏的用户体验，离不开云游戏质量体系的构建，只有合理的、完备的质量体系规范和流程，才能孕育出高质量的产品，带活整条产业链上下游，进入良性生态运转。

保证云游戏产品质量最有效的方式是构建政府部门、行业联盟、第三方测评机构以及企业多方参与的开放式云游戏质量生态体系。在整个生态体系中，应由政府部门出台政策法规，建立云游戏产品发行、上线审查制度，规范产业运行管理机制；由行业联盟等制定标准规范，为质量管理提供行动指南，使行动有据可依；由第三方检验检测机构，依据政策法规以及标准规范，构建相关测试认证评估能力和测试服务平台，以质量管理服务为手段，开展对云游戏相关产品的质量管控、供需对接、能力认证和测评服务，从管理体系认证、产品测试、持续服务能力评价、运行维护监管等方面对整个产业链进行全方位的质量把控。

整个质量体系的运营流程可大致归纳为：1）由第三方测试机构依据相关标准规范，搭建质量公共服务平台；2）由经过认证或具备一定资质的第三方测试服务提供商对提交的云游戏相关产品进行测试，并为通过测试的合格产品出具检测报告或相关能力证书；3）在用户的使用过程中，由政府监管部门及第三方测试机构对云游戏的相关产品进行监管，以保证云游戏全生命周期的质量。

5.4.4 信息安全保护体系

云游戏信息安全保护涉及云游戏活动的整个环节，建立安全可靠的信息安全保护体系是云游戏产业发展的重要保障。在云游戏的整个环节中，需要采用有效的安全策略，以降低云游戏中的安全威胁，从而保障用户及厂商的信息安全。

- 政策法规保护：云游戏参与者应熟悉国家信息安全保护的相关法律法规，并在相应的规定下开展云游戏的相关活动；云游戏服务商应让用户知悉需要搜集的用户数据及其保护和运用的规定。

- 建立健全完善的信息安全保护机制。

  ○ 云游戏平台通过鉴别和身份管理，保护用户的个人信息、登录状态及财产安全。

  ○ 云游戏平台可以通过安全防御体系内预设的恶意代码特征库和行为特征库，对已知的病毒木马、攻击技术和破坏行为进行防御。

- 云游戏平台可以通过加密管理（密钥管理和加密模式选择等）提供加密保护，主动提升安全保障能力，主动防御未知的病毒、攻击和破坏。

• 建立云游戏信息安全协同配合机制和测评体系，加强信息安全保护。

- 建立云游戏信息安全协同配合机制，创造公平、公正、安全的游戏环境。如：云游戏运营商配合游戏发行商部署安全方案、运营授权和认证工作，合作打击各种类型的游戏外挂和作弊工具，协同保护玩家的游戏账号安全，配合打击游戏盗号等行为。

- 建立云游戏数据安全保护体系和信息安全测评机制，加强数据采集、存储、处理、转移等环节的安全防护能力，形成云游戏信息安全测评的长效机制。

5.4.5 知识产权保护体系

云游戏的安装包存放于服务器上，这就意味着游戏的可复制性变得极高，很多人不用下载即可接触到游戏。因而云游戏需要一套知识产权保护体系来保证云游戏领域各个主体的合法权益，同时促进云游戏市场经济健康发展，公平竞争。

尽管云游戏并不是知识产权法明确规定的某一类保护客体，但是云游戏中涵盖的各个要素可以分别纳入现有知识产权法律体系中受到保护，例如云游戏著作权、云游戏商标权、云游戏专利权等。

国内云游戏尚处于早期发展阶段，行业内版权使用和授权流程还存在很多不规范之处，同时市场上也出现了大量的无授权内容，长此以往将对行业造成不可弥补的损害，不利于行业的可持续发展。优质合法的游戏内容是云游戏产业长期繁荣发展的重要动力和关键因素。为保护和促进游戏作品的创作和传播，提高优质内容的使用效率，促进游戏内容稳定持续地再生产，推动行业的繁荣发展，必须确立完善的云游戏知识产权保护体系，使云游戏产业链中的各个主体都能得到合理、充分的回报，保持继续创作的动力和热情，稳定持续地为公众提供丰富优质的游戏产品。

适用于云游戏的知识产权保护体系应具备如下基本要素。

- 云游戏知识产权备案登记平台。
- 云游戏平台全网大数据监测能力。
- 知识产权纠纷投诉和处置能力。
- 司法保护和行政保护体系建设。

5.4.6 未成年人游戏防沉迷体系

从云游戏的产品形态来看，用户想要玩游戏，不再需要下载游戏软件安装包，只需要通过云游戏平台接入游戏即可畅玩，例如，"咪咕快游""天翼云游戏"这类专门的云游戏平台，或者像斗鱼、虎牙这类流量平台中的云游戏业务板块。这类平台作为用户的直接入口，应该尽到未成年人游戏防沉迷的义务和责任。原有的游戏防沉迷体系在云游戏的业务架构中并不能发挥有效作用，因此需要设计一套适用于云游戏的专属防沉迷体系。具体原因有以下三点。

第一，传统防沉迷体系之间数据不互通，起不到防沉迷的作用。在云游戏平台中，可能存在众多游戏厂商的游戏，各游戏之间防沉迷系统的用户数据是不互通的，未成年人可以轻松绕开一家游戏厂商的防沉迷系统限制，转而去玩另外一家或多家的游戏，并且一个平台上的选择面更广，反而会更容易使未成年人沉迷于游戏。

第二，云游戏和传统游戏的收费模式不同。传统游戏的收费主要是游戏内付费，而云游戏目前的主流付费模式为平台使用时长付费，或者说是租用云游戏主机时长付费。从控制消费的角度来看，传统的控制时长和控制消费模式的未成年人防沉迷体系可能起不到任何作用，因为游戏厂商可以取消游戏内付费，而从云游戏平台分成中获取收益。

第三，影响云游戏的用户体验。从另一个角度来说，如果沿用传统的防沉迷体系，那么用户在平台中玩每一个游戏之前都要经历一遍身份认证和防沉迷系统的操作，很影响用户体验。

适用于云游戏的未成年人防沉迷体系应该具备以下基本要素。

- 云游戏的未成年人防沉迷系统应该接入云游戏平台、具备云游戏运用能力的应用和其他任何形式的入口。

- 各平台使用的云游戏未成年人防沉迷系统需要遵循统一的管理要求和规范。

- 各平台之间的未成年人防沉迷相关数据应该互通,以防止未成年人在多个云游戏平台上沉迷于游戏。

5.5 云游戏使能环境建设

云游戏生态体系的使能环境建设包含三个使能环境,即云游戏的开发环境、云游戏的交易环境、云游戏的运行环境。

5.5.1 云游戏的开发环境

云游戏的开发过程与现有游戏开发基本上没有区别,主要分为策划、程序、美术、测试、运营等多个部门。在传统的游戏开发过程中,策划、程序、美术等均是在本地各干各的,在各自负责的模块完成后,再将所有的模块拼成一个完整的游戏,但是这样做带来的后果是工作量大,并且在最后的拼合过程中遭遇的 Bug 和问题会比较多。

为了提高云游戏的开发效率,我们需要一套适用于云游戏的开发环境。云游戏的开发基于云端,即将游戏开发所需的一切东西全部放到云端服务器上。将开发过程中需要的代码、美术资源、运维资源等整体全部云化,所有操作均在云端服务器上完成,而无须在本地开发,具体来说就是在云端开发和实现游戏的各个模块和功能,同时在云端对游戏进行联调和测试等。这样做大大节省了拼合的时间,后续测试调整的效率也会有质的提升。

云游戏开发并非完全颠覆传统的游戏设计模式，而是对传统游戏开发模式进行提升和修改，让其更适合于在云平台上运行。让游戏能够利用云平台的特点实现游戏资源的按需使用和弹性伸缩，以及算力的合理分配，这些才是各家云游戏开发商所要实现的目标。

我们需要探索一套适用于云游戏的开发平台和开发环境，将策划、开发、调试、部署等环节完整地串联起来，力求为云时代的原生云游戏开发者提供一个一站式的开发环境。

5.5.2 云游戏的交易环境

建立云游戏交易中心的目的，是给云游戏提供一个规范的、可监控的交易环境，为游戏行业的从业者（包括游戏开发商、游戏发行商、游戏渠道商等）以及各监管部门、投资者等非从业者，从版权、版号、内容、互动、IP等多个方面，提供一个权威、公开、公正、透明的第三方市场服务环境。

1. 提供版权和版号管理能力

在云游戏应用场景中，云游戏在上线之前，需要经过国家审批，获得国家出版的版号、文号，以保证云游戏内容的质量及水准。另外，不同的用户平台需要先获得游戏开发商、游戏发行商的上线授权，之后方可将已获得游戏版号的游戏产品上线到自己的游戏平台。

（1）版号申请

为了方便云游戏内容提供者快速有效地获得交易能力（上

线授权），可以允许其在交易环境中填写自身的游戏资料以申请版号。

（2）审批

提供专业的游戏内容审核团队，帮助云游戏内容提供者进行初次审核，以保障云游戏内容的合法性及唯一性。

（3）查询

已经获得游戏版号的内容可以在交易环境中公开展示，做到透明、公开，让所有用户都能信息对称。一旦出现侵权现象，也可通过交易环境提供的功能进行二次确认。

2. 提供 IP 交易能力

在云游戏场景中，大家达成了一个共识，即内容为王。在传统的知识体系内，IP 作为一种知识产权，可以是一个故事，也可以是一个概念，或者是一个形象。一个好的 IP 可以延伸出很多内容，从而诞生一系列的产品，为云游戏提供各种各样的内容。因而某些拥有优良 IP 并希望将它发扬光大，但缺少开发能力，或者因为其他原因无法自己推广的内容提供者，可以选择 IP 交易。

另外，IP 交易不仅仅会涉及知识产权的使用权，而且还会涉及 IP 的确权及运用，因而云游戏行业需要一个交易平台来支撑云游戏产业链，并且是在政府的监管下，交易平台可以有效地保障国家游戏文化市场的繁荣有序发展，推动优秀的中华传统文化走出国门，同时也可将国外优秀的 IP 内容引入国内，以丰富游戏平台的内容。

3. 提供活动展示能力

"酒香也怕巷子深",在互联网时代,如何进行市场宣传一直是互联网人的一门必修课,好的作品需要通过曝光为人所知。在游戏行业里,经常会有一些厂家以年度游戏展会的形式将好的作品展示给玩家。

定期举办的游戏展会活动,可以让人们对当前的云游戏有一个较为全面的认知。第一,活动可以为采买者和售卖者提供一个快速沟通的机会,以便更高效地互换信息。第二,展会活动还可以促进云游戏行业新鲜血液的注入,以及向行业展示其优秀的云游戏内容,避免出现闭门造车的情况。第三,展会活动这种一对一的体验形式比交易环境中的线上图文、视频这样的单向传播更具说服力。

4. 提供游戏融资能力

云游戏是一种新型的游戏形式,这种形式往往会带来技术上的变革,而技术的升级换代需要一定的成本。投入越多,云游戏的产能才有可能变得更高。

游戏融资能力可以让游戏开发者提供自身的游戏 Demo、游戏介绍以及游戏评测等资料,由交易环境统一审核,以保证游戏资料的可信度和真实性。在确保信息正确可信之后,采购者可以结合自己的判断,在交易环境中根据各种资料进行采买,从而帮助开发者开发更好的内容,同时促进产业更好地发展。

5.5.3 云游戏运行环境

云游戏运行环境的发展受到多方技术的影响,从玩家终端到服务端、从软件到硬件的技术都会对云游戏的运行环境产生巨大的影响。运行环境技术的不断升级和成熟、基础设施和服务成本的不断降低,是推动运行环境发展和云游戏产业发展的关键。

从用户体验的角度来看,云游戏运行环境的服务质量和能力,会在很大程度上影响用户的云游戏游玩体验。硬件越好,网络环境越好,基础设施覆盖越多,就意味着云游戏的游玩体验越好。

从成本的角度来看,云游戏运行环境基础设施(硬件、IaaS 环境)的技术成熟度和供给成本,又影响着云游戏运行环境的发展速度。云游戏产业发展的原始推动力是市场和商业,在市场和商业环境下,各个层面的云游戏服务提供商都希望通过更低的服务成本来提供更好的云游戏服务。

无论是从用户体验的角度还是成本的角度,归根结底都是希望云游戏的运行环境和技术在软件层面和硬件层面能有更多的创新和突破。

软件层面的技术发展目标侧重于如何在硬件环境不变的情况下,提升资源的利用率,节省成本开支。可从云服务封装、并发优化、资源共享、服务调度优化等多个方面提升资源能效,节省成本。

硬件层面的技术发展目标侧重于如何通过提供成本不变、算力更强、效率更高的硬件或硬件组合降低服务成本。硬件层面的成本主要包含 IDC、网络带宽和服务器等成本，云游戏是一个低延迟、高算力的计算型业务，这一特性决定了云游戏的硬件基础设施需要就近提供。可从轻量级 IDC 构建、专有云游戏服务器构建、硬件设施信息共享互通等多个方面提升硬件的服务能力，并间接降低服务成本。

促进云游戏行业发展的不仅是运行环境的成本，还有运行环境能够提供的用户体验。用户体验将直接影响用户的市场规模，从行业发展的角度考虑，建设和完善云游戏运行环境体验指标和测评标准，能够更好地长期引领和指导行业发展，持续提升云游戏的整体用户体验。

第 6 章 | CHAPTER

云原生游戏

本章将主要介绍云原生游戏涉及的云化技术基础、云原生的概念及基本原理、云原生游戏对行业的影响，还将着重介绍云原生游戏开发所涉及的流程、工具、引擎等，以及云原生游戏开发与传统游戏开发的异同之处，云原生游戏对开发者的影响以及云原生游戏的运营会发生怎样的变化。

6.1 游戏云化

云原生游戏（Cloud Native Game）又称原生云游戏，其基础是云游戏。本节将介绍云游戏的技术流派、云游戏物理设备的指令架构、游戏云化所涉及的主要技术及过程，旨在让读者了解游戏云化的技术特点。

6.1.1 云游戏开发现状

目前，市面上大多数云游戏平台仍以云化游戏为主。云化是指将游戏所在的环境由本地变为云端，游戏客户端在云端服务器上运行，并将渲染完毕的游戏画面或指令压缩后通过网络传送给用户。游戏客户端和用户数据均存储在云端服务器上，本地终端不再需要安装游戏客户端和存储用户数据。客户端架构由本地系统模块发展为云端统一调度，系统运维环境从本地变为云端服务器，原本难以获取的游戏终端数据现在可在云端服务器上轻松获取，这样做也有利于问题定位和游戏优化。云游戏将打破本地终端存储空间的容量限制，并实现游戏画质的大幅提升。

当前，云化游戏在技术上可分为视频流和指令流两种方式。视频流是指游戏的画面在云端服务器渲染后编码成视频数据，传输给云游戏客户端，云游戏客户端再对视频数据进行解码，展示在用户手机侧。指令流的方式是指云端服务器将游戏的渲染指令传输给云游戏客户端，云游戏客户端利用用户手机的显卡进行渲染，再将游戏画面展示出来。

6.1.2 游戏的云化方式

目前，游戏的云化平台非常多，比较主流的有 ARM 架构平台、X86 架构平台。手游主流操作系统为 Android、iOS，由于 iOS 具有封闭性，手游一般使用 Android 版本在 ARM 架构平台进行云化。PC 版本游戏的云化一般采用 X86 架构平台。主机游戏平台基本上都属于封闭技术，现有云平台常用的方式是在 X86 架构上云化主机类游戏，当前部分主机游戏厂商也在研发主机上的云游戏。

简单来讲，云化是将游戏的客户端安装包部署到云端服务器上运行，相当于使用云端服务器替代用户手机、PC 机或主机的硬件设备。对于主机类游戏，用户不需要额外购买设备，在手机、PC 等现有设备上就可以体验云游戏。云游戏平台通过视频流或指令流的方式将游戏画面展现在用户终端，用户在自己的设备终端操作游戏，云游戏平台将游戏画面的所有操作全部同步到云端服务器的游戏客户端，以实现游戏的交互过程。

下面就来详细介绍具有代表性的 ARM 和 X86 这两种游戏云化架构平台。

1. ARM 架构云游戏

ARM 架构云游戏是指将 Android 游戏客户端部署到云端服务器，云端服务器再将游戏运行结果传输到用户的终端设备上。这种方式的适应性比较好，开发者的研发、测试环境都是在 Android 平台上，云化后的游戏也是在 Android 平台上运行，兼容性、指令集都不存在问题。IPTV（交互式网络电视）运营商也非常乐于接受这种运行方式，因为机顶盒不允许安装第三方的应用，受到了比较严格的监控和限制，采用游戏云化的方式时，游戏是运行在云端服务器上的，并没有安装在机顶盒中，这一点对于机顶盒这种产品的销售有很大帮助，非常适合机顶盒当前的市场环境。

云化的 Android 系统游戏同样可在玩家的 iOS 系统上运行。由于游戏的操作方式与 Android 手机一样,都是点击和滑屏,因此不同的系统在游戏的体验方面几乎没有差别,游戏的使用效果也一致。但在一些使用上,还是会使用户产生误解。虽然用户终端是 iOS 系统,但云端服务器上运行的是此游戏的 Android 版本,因此账号体系仍是采用 Android 系统的方式,用户在登录 iOS 终端上安装的游戏与云游戏时,虽然使用的是同一个登录方式(同一个手机号码、微信或 QQ 账号登录),但可能会出现游戏内账号不相同的情况。

云化的 Android 游戏在电脑上运行时,由于在电脑上用户使用的是键盘、鼠标的操作方式,而 Android 系统使用的是点击、滑动的方式,在操作输入的方式上具有明显的不同,因此需要通过虚拟键盘的映射,将手机的点击、滑屏操作在电脑终端上映射出来,转换成键盘、鼠标的操作方式。现在各种 Android 模拟器上采用的就是此种方式,大多数游戏可以比较便捷地进行操作,甚至在 Android 模拟器上操作的灵活度还会超出手机。

2. X86 架构云游戏

云端服务器运行 PC 游戏,再将数据传回 PC 设备,由于游戏本身就是基于 PC 开发和测试的,因此同样也不存在兼容性和指令集方面的问题。此种云化方式,主要用于解决用户端 PC 设备性能不足,尤其是显卡配置无法达到大型游戏要求的问题,此时,用户无须在硬件设备上进行额外投入,也可以达到低配电脑变高配电脑的效果。由于电脑上的网络带宽硬件普遍优于手机,在网络上存在一定的优势,因此手机上出现的游戏延迟性问题在电脑上会有很明显的改善。

PC 游戏在手机操作系统（Android 或 iOS）上运行，同样会由于输入设备不同，而不能直接操作。这里也可以通过虚拟键盘映射，将键盘、鼠标的操作在手机终端上映射出来，转换为点击、滑屏操作。这样做的优势在于只用一部手机就可以玩 PC 游戏，用户不需要额外增加硬件，但其在游戏的可操作性上与使用键盘、鼠标还是有一定的差距。

主机游戏在手机操作系统（Android 或 iOS）上运行，与 PC 游戏类似，同样也需要将输入方式映射成手机界面的虚拟手柄，因此在操作体验上与使用实物手柄还是存在一定差距的。

6.1.3　云化涉及的主要技术

1. 高性能的服务器

目前，由于成本原因，云平台大多使用 CPU 服务器，而很少使用 GPU 服务器。由于游戏软件会大量用到视频编解码操作，因此 GPU 服务器能够有效提升云游戏的性能，随着云游戏的发展，未来会出现更多高性能、低成本的 GPU 服务器。

2. 更高效的视频编解码技术

云游戏的主要技术是对视频编解码的处理及传输，如何使用更少的视频编码占用率，同时还能保持视频的完整度、清晰度，也是技术提升的一个重要方面。目前广泛使用的是 H.264 标准，随着 H.265 标准及未来更优协议的实践，视频编解码的处理速度将会更快。

3. 传输网络

5G 网络已经开始融入我们的生活，高带宽、低延时的网络特性，将为云游戏的发展提供最坚实的技术基础。1G 实现语音通话，2G 实现短信业务，3G 实现图像浏览，4G 使得观看在线视频成为可能，5G 网络速度是 4G 的数百倍，云游戏视频传输的质量、速度均可大幅提升，用户体验也会实现质的飞越。

4. 云服务器虚拟化

目前云服务器大多采用单一实例提供服务的方式，即云游戏平台会为每个玩家提供一台独立的云服务器，这对于服务器的使用是一种较大的浪费。云服务器的虚拟化技术将物理设备集成到一个集群，通过切片技术对集群内的资源进行统一分配，按照不同的策略提供云游戏服务，在满足玩家使用的前提下，提升硬件利用率，降低设备成本。

5. 边缘计算的应用

云游戏对时延的要求比较高，较高的网络时延将会直接影响玩家的用户体验，甚至让玩家放弃游戏。降低网络传输的一个有效方法是引入边缘计算节点，将原本集中建设的机房分离出一部分来在特定区域进行建设，从而使得用户可以就近访问，减少网络传输，降低游戏时延。目前经过验证，边缘计算节点可以有效降低时延。

上述 5 点是云化涉及的主要技术及可提升方向，随着技术的成熟，云端的游戏体验将更接近甚至超越本地终端的使用体验，为玩家提供沉浸式游戏体验。

6.1.4　游戏云化的优势

跨平台具有如下好处：对于广大游戏玩家而言，拥有 PC 和主机游戏设备的比例并不是很高，但几乎每人都拥有一部智能手机，在手机上玩 PC、主机类游戏，目前已成为迫切的用户需求。传统方式下，用户在 Steam 上玩游戏时，需要先注册 Steam 账号，再下载并安装对应的游戏，之后才能开始玩游戏。而通过游戏云化的方式，云游戏平台将此类游戏部署到云端，为玩家提供虚拟键盘的操作方式，这时玩家只需要打开手机，就可以玩 Steam 上的游戏了，这种方式可以为玩家提供便捷、高效的游戏体验。

机顶盒使用 TV 端云游戏，符合政策要求，同时良好的带宽条件、大型的屏幕等家庭设备也为良好的游戏体验提供了基础条件。

云化游戏可以不受用户终端算力、存储量的限制，云端的算力和存储在理论上是无穷大的。同时云化游戏将 PC 游戏云化，使得用户利用碎片化时间玩 PC 游戏成为可能。云化游戏还能够杜绝游戏外挂，以便更好地保证游戏的公平性。

6.1.5　如何实现游戏云化

游戏云化是指将游戏包安装到云端设备并展现给最终玩家的过程，游戏云化模块会对接相关的内部功能部件，负责游戏云化、换包、热更等与游戏包相关的操作，游戏云化的最终结果将通知到路由器节点，作为路由策略的一部分。

典型的游戏云化过程具体如下。

1)提供云游戏配置信息及游戏包,申请在云游戏平台上架游戏。

2)云游戏平台自动执行安全扫描,检查游戏包是否符合平台要求。

3)云游戏平台对游戏包完成安装、部署和配置操作。

4)部署成功后通知路由器节点管理模块。

5)最终,用户可以通过云游戏客户端查看新上架的游戏。

6.2 什么是云原生游戏

本节将从云原生游戏的概念及基本的原理开始阐述,明确云原生游戏的定义及特性,从而让读者明确云原生游戏与游戏云化的区别,以及云原生游戏的价值和意义。

6.2.1 云原生的概念及基本原理

云原生是一种专门针对云上应用所设计的方法,主要用于构建和部署应用,以充分发挥云计算的优势。Pivotal 是云原生应用的提出者,也是云原生技术的先驱者和探路者。2015 年,来自 Pivotal 公司的 Matt Stine 提出了云原生应用架构应该具备的几个主要特征:符合 12 因素应用、面向微服务架构、自服务敏捷架构、基于 API 的协作、抗脆弱性。而在 Pivotal 官方网站上,对云原生的最新定义是:DevOps(研发运维一体化)、持续交付、面向微服务架构、容器化。

2015年CNCF（Cloud Native Computing Foundation，云原生计算基金会）建立之后，开始围绕云原生的概念打造云原生生态体系。起初，CNCF对云原生的定义主要包含以下三个方面：应用容器化、面向微服务架构、应用支持容器的编排调度。2018年CNCF又更新了定义，认为云原生的代表技术包括容器、服务网格、微服务、不可变基础设施和声明式API。

通过以上两大流派的定义及说法，我们可以发现，云原生这个概念一直在变，不同的组织有不同的定义，同一个组织在不同的时间点会有不同的定义，同一个人在不同的时间点也会有不同的定义。可以预见，未来云原生的定义还会发生改变。但是如果把云和原生拆开来看，就会发现一些新的、有意思的结论。这里的云指的是云计算，它包含了从物理机到虚拟机再到容器的演变进程，同时还包含了基础设施即服务（IaaS）、平台即服务（PaaS）和软件即服务（SaaS）这三种主流形态。敏捷的不可变基础设施交付类似于IaaS，可用来提供计算网络存储等基础资源，这些资源是可编程且不可变的，可以直接通过API对外提供服务；有些应用通过PaaS服务本来就能组合成不同的业务能力，不一定需要从头开始建设；还有一些软件只需要"云"的资源就能直接运行起来，并为云用户提供服务，即SaaS能力，用户直接面对的就是原生的应用。在回顾完云计算的历史之后，我们再来看一下原生（Native）。在英语词典中，原生的释义总是与Born联系在一起的，强调与生俱来、生而知之，这是原生最关键的一个特性。

以上是我们总结出来的针对云原生的理解及定义，下面回到本章的主题。我们应该看到，云原生游戏，其本质脱离不了云原生的技术及本源,但它又具备游戏的天然属性,针对前文所提及的表述,我们可以将云原生游戏定义为:云原生游戏是一种充分发挥云游戏特点的创新游戏类型,它在游戏策划、开发、运营中的一个或多个环节完全基于云技术进行设计,具备云网融合、视频交互、跨享终端三大特征,可为用户提供沉浸式游戏体验,也称原生云游戏。

这里提到的云网融合,云就是前文提到的云计算,而网就是移动网络及其相关技术,如边缘计算。云平台技术一个非常核心的点在于云端算力,客户端负责视频播放,而游戏本身的计算、渲染都是在云端进行的,因此,该特点将为游戏开发者提供无穷的想象空间。游戏在设计的时候可以突破用户终端的算力限制,将算力的解放及提升寄托在云端这个持续进化的"终端"上,这样做带来的改变也将是划时代的。一方面可能会诞生超高清的游戏画面,在游戏美术水平上实现质的飞跃;另一方面也可能会衍生出超大规模的同屏战斗场景,让诸如"头号玩家"中的最终决战真实上演。云游戏的成熟与发展,同样离不开网络的支持,一方面,5G 高带宽、低时延、大容量的特点,为视频流的传输提供了巨大的支持,而边缘计算的引入,则使得用户接入云平台的节点与用户实际地理位置更接近,这也从另一个角度降低了网络传输时延。

云原生游戏的第二个特征是视频交互。由于云游戏技术是基于视频流的方式实现的,因此可能还会衍生出新的实时交互玩法。有别于目前观众在观看视频过程中的弹幕评论,云游戏可以有更多的交互场景。最简单的基于多路视频流的呈现,可以在游戏内实现画中画的效果，或者诸如 2020 年 3 月初出现的直播互动玩法，其核心本质都是将云游戏的视频流特性与游戏场景相结合产生的新玩法。

第三个特征，也是用户侧感知最明显的，即跨享终端。这里所说的跨终端，具体体现在两个方面。首先云游戏技术的核心是视频流，客户端实际上只是用来播放视频的，因此任何一个具备视频播放能力的终端都可以玩游戏。其次，更加重要的是，这里的跨享终端，不仅是指可以在不同终端之间进行切换，还指游戏体验没有差别。例如，用户在地铁上通过手机玩一款云原生游戏，当他回到家中启动咪咕快游 TV 版客户端，客户端检测到用户在手机端玩游戏，将会自动切换，用户即可直接在 TV 端通过手柄继续操控游戏。这一方面需要云平台提供开发支持，另一方面，云原生游戏在设计之初就要考虑这样的跨端场景，不需要适配不同的客户端，从而带给用户无差别的游戏体验。

6.2.2　云原生游戏与游戏云化的差异

游戏云化仅是指在云端安装并运行游戏包，再以视频流方式推送到用户终端进行游戏交互。虽实现了视频流化，但无论是游戏的开发、运行模式，还是玩法、运营机制，都仍然采用传统的非云模式。

相较于游戏云化将虚拟机当作物理机来用的模式，云原生游戏具备 6.2.1 节所述的三要素（云网融合，视频交互、跨享终端），可以更有效地使用云平台的资源，提高云平台的服务能力。从成本方面来说，在价格相同的时候，云服务利用率要高于游戏整体云化，在云服务利用率相同的时候，价格要低于游戏整体云化。

另一方面，云原生游戏由于在设计之初就考虑了云平台的技术特点，因此其将衍生出更多种类的创新玩法，例如，控制权交互、主播对战等。相信广大的游戏开发者在云游戏技术的加持下，会有更多创新。

6.3 为什么要开发云原生游戏

随着时代变迁，游戏也在迭代。本节将阐述 5G 时代信息通信技术将发生的巨大变革以及此背景下云游戏开发的必要性。

6.3.1 5G 带来技术新格局

过去这二十年，我国最大的几波创业机会，都与移动通信系统的代际更迭密不可分：从即时通信软件（QQ）到新浪、搜狐等门户网站，再到美团点评、滴滴出行等基于地理位置的本地生活类应用，从视频网站（优爱腾）到快手、抖音等短视频 App。因此，在 2019 年 6 月工信部 5G 商用牌照正式发放时，舆论将 2019 年称为"5G 商用元年"。2019 年 10 月 31 日，在中国国际信息通信展览会上，工信部与三大运营商举行了 5G 商用启动仪式。中国移动、中国联通、中国电信正式公布 5G 套餐，并于 11 月 1 日正式上线 5G 商用套餐。这标志着中国正式进入 5G 商用时代。

5G 不仅使网速变得更快，也使应用场景更丰富。中国移动聚焦 50 个场景，为 5G 个人客户打造全场景沉浸式新看法、新听法、新玩法、新拍法、新用法"5新"业务体验,其中的新玩法就是指云游戏。

云游戏是 5G 的重要应用场景之一,5G 高速率、低延迟的特性为云游戏的发展提供了良好的条件。在 5G 技术商用的趋势下,借助云服务能力,将最耗费硬件资源和功能的那部分任务放在云端完成,从而让玩家摆脱硬件和平台的束缚,实现在低端机上玩高端大作的梦想,同时即开即玩,无须占用自己手机的空间。云平台在后台接收玩家操作指令并运行游戏,然后将云端运行内容编码为视频流并提供给终端玩家,再接收玩家从终端上传的操控指令在云端进行模拟,最终实现云游戏体验闭环。云游戏技术最终可以实现跨平台、低延迟、高画质的游戏效果,同时还可以覆盖更多可玩终端,且不受空间的局限。正因为云游戏具有脱离终端限制、直接在云端服务器运行游戏的特点,可以借力 5G,所以被称为应用层面最先火起来的"5G 风口"。

6.3.2　5G 带来游戏产业新变化

5G 及边缘计算的发展为游戏媒体及云游戏带来了全新的风口,国内外大厂纷纷入局云游戏市场,除此之外,众多以流媒体、云计算、游戏等为依托的中小企业也开始聚焦于"云游戏"领域。根据 Crunchbase 数据及腾讯研究院综合调研,截至 2019 年 9 月,全球入局云游戏的公司共计 152 家。

从产业生态的角度而言,云游戏重新构建了产业生态,新的生态包括:云计算厂商、游戏研发与发行商、云平台、电信运营商及传统主机游戏设备商。在传统游戏市场中,主机游戏市场的收益主要由设备制造商、研发商、发行商三方分享，PC及手机游戏市场的收益主要由平台（渠道方）、研发商和发行商三方分享，而云游戏将带来利益的重新分配。首先，传统主机游戏设备商话语权将变弱，云游戏用户无须再采购成本高昂的主机设备；其次，云服务厂商地位将得到提升，这里的云服务厂商是指手握底层技术、可以快速搭建云平台的云技术头部企业，如谷歌、亚马逊等；最后，内容研发商将迎来新的市场机会，随着新的云平台的出现，用户将会被新的内容形态所吸引，内容为王的机制凸显，谁能创造出优秀的原生内容，谁就将抢占市场先机。

从产业构成的主体来说，发行商、平台商（渠道）、研发商和玩家都面临着升级或者变革。首先，对于发行商而言，由于云游戏即点即玩的特性，渠道将不仅局限于硬核联盟这类游戏商店，而且还可以与长短视频平台有更多结合点；其次，传统游戏平台竞争加剧，随着新型平台的分流，传统渠道的流量越发紧张，而与新平台之间的核心竞争点内容，也将进一步提升高品质游戏研发者的话语权；再次，对于游戏研发者而言，可以节省针对不同硬件及系统开发不同游戏版本的成本，同时还可以通过应用云端算力及云平台能力，设计更复杂的游戏场景及创新性的游戏玩法，从而推出更优质的游戏内容；最后，对于玩家而言，可以节省高昂的终端设备支出，在千元机上玩高品质大作将不再是梦想。

6.3.3　内容领域迎来新的发展机遇

随着整个云游戏技术的发展，游戏开发者在内容领域迎来了新的发展机遇。目前已经发展成熟的游戏市场中，游戏内容本身反而越来越缺乏创意，更多的游戏厂商屈服于数值，采用简单的IP换皮思路迭代新的游戏内容。用户对于这种游戏类型已经审美疲劳，而云原生游戏则有望摆脱这一困境。

首先，从云原生游戏的定义而言，其本身就自带了云平台的特性，诞生之初就注定其有不同于现有游戏的创新玩法；其次，云原生游戏植根于云游戏技术，即点即玩、不占用终端算力的特质与云化游戏一脉相承，大大降低了用户的进入门槛；最后，云原生游戏将催生新的商业模式，这对于在红海中厮杀的游戏开发商而言，无疑提供了新的商业价值，而且也会反过来激励他们将重心更多地转移到游戏品质上。

另一方面，对比游戏云化，云原生游戏具有更多优势。目前，云化游戏主要面临以下三个困难：一是如何解决游戏云化，二是如何保证视频传输速率，三是成本控制。三个困难从本质上说都是技术层面的问题。云游戏此前就已存在，但发展速度缓慢。一是之前移动通信网络带宽技术有限，限制了高清画面的传输效果；二是云游戏控制时延较高，尤其是在如何将控制器的指令快速转化为屏幕上的画面这个问题上显得尤为重要。真正的云原生游戏开发，需要考虑带宽、抖动、延迟、帧率、分辨率等一系列复杂的因素，游戏开发者主要是在设计和测试两个环节介入，以实现云友好的最优可玩性策略，而不是简单粗暴地将已有的PC游戏或主机游戏移植到云端进行处理，这样做是无法找到最优可玩性策略的。延迟问题是云游戏必须面对和解决的大难题。在没有"黑科技"的情况下，只能通过痛苦的权衡取舍，找到各种游戏类型、终端类型、网络环境等多重组合条件下的最优可玩性策略，这是原生的意义所在，也是原生的价值所在。未来基于 5G 网络的低延时和高带宽特性，做好云游戏不能只是将游戏云端化，而是要生产出优质的原生内容，只有这样才能掌握突围的王牌。5G 基站建设加速，网络技术的升级将满足云游戏所需的低时延性，更大的 5G 覆盖面也将增加云游戏的潜在用户。与 4G 网络相比，5G 网络可以提升数据在服务器与用户端之间的传输速率，进而使云游戏实现低时延性。国家"新基建"政策的推行将加速 5G 基站的建设，使 5G 网络覆盖面增大，更大范围的 5G 网络覆盖可使更多用户享受到网络的低时延特性，云游戏的潜在用户群体也将因此进一步扩大。这些都为云原生游戏提供了有力的支持，使其可以进一步发展壮大。

国内众多游戏"巨头"也纷纷抢滩入驻，布局云游戏市场。2019 年 6 月 25 日，中国移动旗下的咪咕互娱正式推出 5G 云游戏产品"咪咕快游"，截至 2020 年 6 月，用户数已超过 2500 万，成为国内最大的云游戏平台。2020 年 3 月初，腾讯游戏与华为宣布达成战略合作关系，双方将成立联合实验室，确定移动云游戏、游戏引擎、前沿技术等重点合作方向。而在 2020 年 3 月底，云鹭科技向行业展现了直播领域的云游戏互动玩法；2020 年 5 月，三七互娱与华为签订合作框架协议，双方联手开展云游戏合作，共同开拓云游戏行业市场。随着大厂的持续进入，未来云原生游戏领域将迎来更多突破性的进展。

6.4　云原生游戏的开发体系

本节将从云原生游戏的开发周期、开发流程、开发环境以及开发工具四个方面，为读者介绍云原生游戏的开发体系。

6.4.1 云原生游戏的开发周期

云原生游戏开发周期与传统游戏开发周期大致类似，只是开发的方式从传统的本地开发转化为了云端开发，弱化了后端和运维的概念，无须搭建服务器，使用云开发平台提供的 API 进行核心业务开发，即可实现产品的快速上线和迭代，并且与开发者已经使用的云服务相互兼容。以上是理想场景中的云原生游戏开发方式之一，未来可能还会有更多更方便、敏捷的开发方式等待大家进一步探索，目前腾讯、海马云、云鹭等多家公司都是朝着这个方向努力的。

6.4.2 云原生游戏的开发流程

目前，云原生游戏开发的核心是 GPU、云游戏引擎、游戏开发生态。

GPU 需要有能够集群化渲染的能力。现在的 HPC 应用，可以基于 NVIDIA 的 NVLink 总线或 PCIe 总线在 GPU 之间交换数据，使用 GPU 的集群运算能力。未来的云端 GPU 渲染集群也需要具备类似的能力，并且需要更高的数据交换效率。基于 GPU 渲染集群，游戏渲染管线的流程会发生变化，引擎也需要相应改变，以充分利用 GPU 能力。同时，引擎要为游戏开发者构建一套全新的游戏研发流程和生态。

在新的云原生游戏研发生态中（如图 6-1 所示），游戏的开发、发布和运营均在云游戏技术平台上完成，一切都是基于云端完成的，不在本地运行。

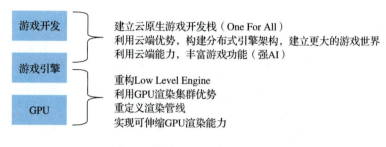

图 6-1　新的云原生游戏研发生态

6.4.3　云原生游戏的开发环境

这里将云化游戏的架构调整为云原生游戏的开发环境。相较于现在云化游戏的方式，云原生游戏的开发是指将一切调整为基于云端进行开发，也就是将游戏开发所需的一切东西全部放到云端服务器中完成，比如，游戏引擎、开发过程中需要的代码、美术资源、运维资源等整体全部云化，所有的操作均在云端服务器上完成，同时在云端完成游戏的联调和测试等。云原生游戏开发平台的探索是将开发调试和部署发布两个环节完整地串联起来，力求为云时代的原住民开发者提供一个一站式的开发工作环境。

6.4.4　云原生游戏的开发工具

在云时代，应用架构基本上需要通过云产品服务的组合来进行表达，技术栈由编程语言、编程框架、版本控制、构建编译等工具构成。云鹭科技将所有模块背后的技术栈、依赖环境、依赖服务全部集成在一起，使得开发者在工作的时候能够直接进入到逻辑开发的过程；同时整合能够触达到游戏的各大分发渠道，使得开发者在完成代码的开发调试之后，能够快速将代码打包变成游戏直接上线。

目前行业内普遍认为，最终云原生游戏的开发工具应该是一个开源的、开放式的开发者工作平台，所有人都在云端进行开发，平台方将现有的工具全部从线下放到云端服务器上，最终演化成新时代的云原生开发平台。

6.5 云原生游戏的开发引擎

在云原生游戏的开发过程中，最重要的就是引擎工具，本节将为大家讲解为了适应云原生游戏的开发，具体应该在哪些方面做出调整及适配，以便大家能够更加合理地调整自身的研发方向。

6.5.1 引擎向云原生游戏开发靠拢

云原生的本质是一种模式，它要求云原生应用满足可用性和伸缩性，具备自动化部署和管理的能力，可随处运行，并且能够通过持续集成、持续交付工具提升研发、测试与发布的效率，在不改变现有业务代码的情况下，分布式系统无缝入云，因此需要改变的就只是中间件了。分布式中间件向云原生中间件的变迁是目前云游戏从业企业研发云原生游戏引擎需要解决的重点问题。

云原生游戏并不是要完全颠覆传统的游戏设计模式，而是对其进行改进和优化，使其更适合于在云平台上运行。使游戏能够利用云平台的特点，实现游戏资源的按需使用和弹性伸缩以及算力的合理分配，这些才是各企业在云原生游戏开发上追求的目标。

6.5.2 C/S 架构的改变

　　C/S（客户端/服务器）架构是常用的两层架构。服务器运行服务端程序，客户端安装客户端软件。在该架构里，服务端和客户端分别需要完成不同的任务，客户端需要处理用户的前端界面和交互操作，服务端需要处理后台的业务逻辑和请求数据，这种处理方式大大提高了两端的通信速度和效率。服务器通常采用高性能的 PC、工作站或小型机，并采用大型数据库系统，如 Oracle、Sybase、Informix 或 SQL Server。客户端需要安装专用的客户端软件。而 B/S（Browser/Server）架构是 Web 兴起后的一种网络架构模式，Web 浏览器是客户端最主要的应用软件。这种模式统一了客户端，将系统功能实现的核心部分集中到了服务器上，简化了系统的开发、维护和使用。客户机上只需要安装一个浏览器即可，服务器上需要安装 SQL Server、Oracle、MySQL 等数据库。浏览器通过 Web Server 与数据库进行数据交互。

　　目前业内普遍认为，相较于 C/S 架构，B/S 架构在硬件环境、安全要求、程序架构、开发维护成本、问题处理、接口等方面具有明显的优势。未来，基于云端算力的不断提升，B/S 架构很可能会取代 C/S 架构，成为全新的、普遍的架构模式。

6.5.3 开发工具、环境的改变

1. 新纪元的分水岭——容器技术

　　近年来，虽然云平台一直在不断地发展，但应用程序想要在

云平台上运行，仍然需要为不同的开发语言安装相应的运行时环境。虽然自动化运维工具可以降低环境搭建的复杂度，但仍然不能从根本上解决环境搭建的问题。Docker 的出现，成为软件开发行业新的分水岭；容器技术的成熟，也标志着技术新纪元的开启。Docker 使得开发工程师可以将他们的应用和依赖封装到一个可移植的容器中。通过集装箱式的封装，开发和运维都以标准化的方式发布应用，异构语言不再是桎梏团队的枷锁。

2. 新纪元的编排和调度系统

Kubernetes、Mesos 和 Docker Swarm 为云原生应用提供了强有力的编排和调度能力，它们都是云平台上的分布式操作系统。

Docker、Kubernetes 以及 Mesos 的出色表现，为运维工程师的工作模式带来了颠覆性的改变。运维工程师再也无须像照顾宠物那样精心照顾每一台服务器，只需要将出问题的服务器换掉即可。业务开发工程师不必再过分关注非功能性需求，只需要专注于自己的业务领域即可。而中间件开发工程师则需要开发出稳定可靠的云原生中间件，以连接业务应用与云平台。

3. 微服务

近年来，微服务已经迅速成为技术圈最热门的术语之一。微服务是一种架构风格，它将一个复杂的单体应用分解成为多个独立部署的微型服务，每个服务均在自己的进程中运行，服务间通信采用轻量级通信机制，如 RESTful API。服务可以使用不同的开发语言和数据存储技术。通过微服务的拆分，系统可以更加自由地将所需资源分配到对应的应用中,而不是直接扩展至整个应用。

6.5.4　如何做好云原生游戏设备适配

云原生游戏开发引擎需要在图形、画面、手柄、多线启动机制等方面应对不同设备完成多种适配。

图形 API 分为 DirectX 9、10、11、12,还有 OpenGL,接管 API 后就可以将画面重定向到视频编码器,而不是在屏幕上输出。音频则比较简单,只要接管 Windows Audio Session API 就可以了。

因为手柄支持的 API 类型比较多,如 DirectInput、XInput、RawInput 等,还有些游戏是直接读取 USB 设备,实现这些 API 的接管工作是比较琐碎的,需要不断地进行测试和调整。

一般的游戏只支持单开,需要绕过游戏的防多启动机制,还有些游戏无法在后台窗口中运行,需要通过 API Hook 的方式让游戏认为它正处于一个正常的状态。最理想的适配方式是接入 SDK,让 CP 适配云游戏平台。

6.6　云原生游戏对开发者的影响

本节将面向所有开发者,阐述云原生游戏开发与现有游戏开发的区别,旨在帮助开发者更好地面对从传统游戏开发到云原生游戏开发的转变。

6.6.1 云原生游戏带来开发理念的更新

开发云原生游戏时，玩法模块各自独立，数据逻辑互相分开，程序实现遵循以简单为好的标准。将整个游戏的实现拆分成最基本的元素，便于灵活地组合策划的设计，因此普遍应用于各个玩法系统。模块内功能回调，模块间互相隔离没有耦合，数据管理模块和逻辑模块分开，服务器、客户端代码共用，这样的结构在源码管理中更易于合并，而且可以避免冲突，降低耦合，减少工作量和错误，有利于进行分布式并行开发。这种开发方式可以保证游戏的安全性、底层架构和逻辑的稳定性，可以减少逻辑Bug，而且提供了一种更合理、易维护、易扩展的玩法开发架构。

6.6.2 全新架构对开发者的影响

大数据和安全是未来互联网企业的核心竞争力，云技术正好是大数据和安全的完美结合体。传统游戏企业在做开发和运维的时候，往往会面临区域性或者跨区域性的网络构建与管理、全面的系统和业务监控告警、安全事件甄别处理、大量日志收集分析处理等问题，而云恰好能解决这些问题。云计算业务分层模型如图 6-2 所示。

云计算业务分层模型包含网络物理层的 IaaS（基础设施即服务）、系统容器层的 PaaS（平台即服务）以及应用服务层的 SaaS（软件即服务），在产品的自动扩容、虚拟化和数据高度集成等方面提供了一套完整的解决方案。开发者将适应全新的云端开发工具、B/S 架构、新的云端合作开发理念，按照游戏模块进行分布式开发，最后拼合成整体游戏即可，因为所有内容都放在云端，所以不必考虑整体打包问题。

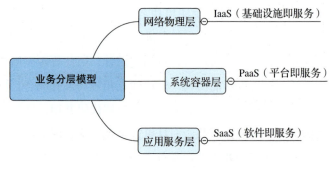

图 6-2　云计算业务分层模型

6.6.3　开发工具将迎来全面变革

自 2018 年以来，云原生技术开始在企业 IT 架构搭建和转型中发挥引领性作用，容器、微服务等云原生理念日益深入人心，随着虚拟化技术的成熟和分布式架构的普及，用来部署、管理和运行应用的云平台将得到越来越多的关注。

云原生可以分成"云"和"原生"两个部分。"云"是与"本地"相对的概念，传统的应用必须在本地服务器上运行，现在流行的应用都在云端运行，云包含了 IaaS、PaaS 和 SaaS。"原生"就是土生土长的意思，我们在开始设计产品的时候就要考虑到，应用将来是要运行于云环境里面的，要充分利用云资源的优点，比如云服务的弹性和分布式优势。采用基于云原生的技术和管理方法，可以更好地使业务生于"云"或迁移到云平台，从而享受"云"高效和持续的服务。

随着 5G 和物联网时代的到来，传统云计算中心集中存储、计算的模式已经无法满足终端设备对于时效、容量、算力的需求，将云计算的能力下沉到边缘侧、设备侧，并通过中心进行统一交付、运维、管控，将是云计算的重要发展趋势。全新的云原生应用架构不仅大大简化了多云/混合云的部署，而且降低了成本，也提供了更多选择，比如，满足安全合规的要求、提升业务敏捷性、提升地域覆盖性等，同时还会催生更多新的业务价值。

云原生开发工具最终将会是一种开源的、开放式的云端工作平台，所有工作全部基于云端完成，现有的工具将会全线转化为云端开发工具，并最终演化为新时代的云原生开发平台。

6.7 云原生游戏对游戏运营的影响

随着玩家接触游戏方式的多元化，以及对游戏品质要求的不断提升，云原生游戏这种基于云游戏技术特点而设计的创新互动游戏类型，会催生全新的内容需求并改变使用设备，从而带动研发商改变内容生产，进而引发传统渠道发行模式的变革。

6.7.1 云原生游戏改变传统渠道分发模式

目前，游戏玩家获得游戏的方式已经呈现多元化的趋势。传统渠道中的应用商店缺乏内容沉淀及玩家生态的沉淀，作为分发下载渠道的意义正变得越来越弱，最终将会被逐步淘汰。而云游戏即点即玩、无须下载，使玩家选择一款游戏的壁垒变得极低，玩家选择游戏的时间试错成本、流量成本大大降低，这将进一步压缩传统渠道应用商店的商业价值及行业话语权。而基于云游戏特性的游戏内容和分发平台将快速发展并加速成熟,这势必将颠覆整个发行渠道的分发模式,好的游戏内容会以更便捷的方式为用户所知晓、接受并消费。

首先,游戏推广形式发生了重要的变化,由原来传统意义上的文字、图片等内容形态转变为直播、短视频与PGC/UGC(专业用户产出内容)等新兴的内容形态,并成为重要的载体。传统的买量模式下,厂商针对潜在用户单向触达进行投放的信息流/视频流广告,只需要找到特定的目标用户群体即可,因此不需要考虑大部分不感兴趣的用户对推广内容的感受。重视传播内容与用户交互形成共鸣的直播、短视频、PGC/UGC、长视频等新兴内容形态,体现在设计上就是通过平台推荐加搜索机制引导用户发现内容,并最终以订阅的形式让内容创造者与内容需求者产生双向绑定的关系,同时用户之间还能通过发言、弹幕等形式形成社交圈。相较于传统模式,这种内容推广模式对潜在用户的定位更加精准且有效。

其次,基于云游戏视频流的技术架构,用户无须再通过应用商店下载,更无须等待,即可快速进入游戏,用户转化率得到进一步提升。比如,在游戏直播中,观众可以在直播流中进入游戏,与主播进行对战互动。再比如,用户看到游戏广告后,无须下载,打开即可试玩,这种基于视频交互加在线体验的全新渠道分发模式,从游戏设计之初就可以考虑用户体验、社交属性等设计因素,为留存率高的产品分配更多推荐资源。而同时,玩家通过视频流往往能够更好地操作游戏,这也有助于提高玩家的游戏体验,从而进一步提升用户黏性,与过去传统的类似于导航网站推荐、黄金广告位推荐的图文分发模式相比,用户对游戏推荐的接受度更高,留存率更好,也不容易产生厌恶情绪。

最后,基于通信技术的发展,移动运营商已经可以实现图片、音频、视频、互动等信息的有效融合。比如,移动运营商通过短信推送图片、视频、语音等信息,依托运营商用户体系,抢占各类传统移动应用平台用户资源,这种无须下载、即点即玩的模式终将颠覆传统发行渠道的分发模式。

6.7.2 云原生游戏带来全新用户需求

游戏品质的提升可以带来用户体验的提升,吸引更多用户,从而扩大用户的规模。云原生游戏可以从内容需求和内容生产两个方面驱动游戏品质的提升。从内容需求方面来看,云游戏打破了传统意义上精品大作需要高性能硬件支持的屏障,这在一定意义上拓展了精品游戏的受众群体,也从一定程度上提升了用户对游戏品质的整体要求,从而促进更多游戏内容制作商推出更多类型的精品游戏。从内容生产方面来看,云原生游戏云网融合、跨享终端的技术特性,可以为内容制作商解决产品多终端适配的难题,降低研发成本,同时云游戏即点即玩的新型发行模式还可以节约渠道及推广成本,让内容制作方可以节省更多资金,将其投入到产品品质的打磨上,从而不断提供优质的精品游戏。

因为云技术突破了硬件的壁垒,所以云原生游戏的应用场景更加广泛。对于移动游戏用户而言,他们可以不用再纠结游戏内容对手机性能的限制,这势必会使得这些用户选择更优质的游戏内容,从而促使游戏内容的本质发生变化,低劣的游戏将逐步失去市场而被淘汰。对于主机游戏用户而言，他们可以不必花钱升级主机配置，也能够选择玩 3A 游戏大作。云原生游戏所有的任务均在云端运行，自动保存，随时切换，用户的终端实例只负责处理执行指令，从而避免篡改服务进程及数据，杜绝作弊、盗版、破解的可能性，使得单机游戏开发商不再受到盗版和游戏被破解的困扰。

主播依托主播软件与观众粉丝互动的场景在未来可能会发生巨变，主播可利用云原生游戏无须下载、即点即玩的技术特性，将自己即时的游戏状态分享给粉丝，粉丝可通过分享与主播同场景游戏，不同平台千人、万人同场景竞技或将成为可能。而云原生游戏跨享终端的技术特性，使用户可以利用普通电视、手机、显示屏一起进行游戏，丰富了用户的社交场景，重塑了游戏社交逻辑。

"内容—平台—订阅"的模式将逐步为用户所接受，用户支付一定的会员费用就可以在内容平台中选择自己喜欢的游戏内容开始游戏，这使用户具有更高的自主选择权。这种付费模式与传统的买断制度、道具付费模式存在本质上的区别。而云游戏天然契合这种订阅制，这将会促使更多的内容平台去丰富游戏品类，甚至通过优质的独占内容吸引用户，从而为游戏付费收入的进一步增长提供新的动力。

6.7.3　云原生游戏带来新的研发商需求

云原生游戏是一种能够充分发挥云游戏特点的创新型游戏，在设计之初就已经约定应用将在云端运行，故而需要内容制作商在游戏策划、开发、运营中的一个或多个环节完全基于云技术进行设计和规划，以便充分发挥云原生游戏的优势。这将有助于内容制作商从设计之初就开始通盘考虑，从而全面提升研发能力。

由于云游戏不需要考虑设备终端的适配问题，因此研发成本将进一步降低，再加上用户获取成本的降低，内容制作商可以将这些降低的成本投入到游戏制作品质的提升上。同时，云游戏也降低了用户的设备门槛，使用户可以有更多的选择，用户会向精品游戏内容聚集，因此对游戏内容品质的要求也会越来越高，这将进一步促使内容制作商放弃劣质游戏制作，转而将更多资源投入到精品游戏内容的制作上。

云游戏跨享终端的特性，将突破屏幕操作的限制，带来更具深度性和互动性的游戏体验，在丰富用户社交场景的同时，还会加入外部设备，以拓展游戏研发思路，吸引更多内容制作商及玩家探索更多操作模式及游戏体验场景。

6.7.4　云原生游戏将进一步降低设备门槛

随着云游戏的发展与普及，硬件设备的门槛势必会极大地降低，同时用户的体验也会得到提升，这将为游戏产业带来新的用户增量，并加大市场规模。

当前主流的、高品质的游戏内容，如果想要为用户提供较好的游戏体验，就需要配备价格高昂的硬件设备，这在一定程度上限制了用户群体的规模。根据 Alphawise 的调查数据，分别有

10% 和 7% 的玩家因为硬件太贵而不玩主机游戏和 PC 游戏。云游戏在云端服务器上处理数据并进行渲染，玩家在本地设备上接收游戏画面，这种模式可以使玩家不再需要购买价格高昂的游戏主机，只需要通过云游戏平台即可获得高品质的游戏体验。而基于这种模式所节省的成本，也促使用户更有可能选择云游戏订阅付费模式，从而丰富用户选择游戏的种类及场景，延长用户的游戏时长及生命周期。同时，这种模式也会促使过去受制于硬件价格的玩家转化为新的云原生游戏用户，从而拓展市场空间。

第 7 章 CHAPTER

创新应用和典型案例

在我国云游戏产业发展的技术实践中,已经有越来越多的企业基于自身技术或行业资源方面的优势,推进云游戏产品和服务的创新应用。我们从 5G 云游戏产业联盟 2020 年征集的优秀案例中梳理出了一些典型案例,通过这些案例来介绍云游戏用户平台玩法的创新、实践以及应用效果,说明基于 X86 和 ARM 两种不同硬件架构的逻辑和特点,并展示云游戏与直播场景、可玩广告、云 XR 等场景结合的技术实践原理。

7.1 咪咕快游:不断突破创新的云游戏平台引领行业发展

本节将介绍咪咕快游在云游戏领域的探索和发展,探讨咪咕快游平台上产品的技术特点及用户规模，旨在让读者了解典型的 2C 端云游戏平台的发展历程及未来趋势。

7.1.1 案例背景和概况

游戏产业虽然在高速发展，但仍存在如下会影响产业可持续发展的问题。

- 高画质、高性能与终端轻量化趋势的矛盾。

- 用户下载游戏包之后，在本地安装和运行游戏，版权保护困难。

- 现有的"免费下载，应用内付费"的商业模式导致了游戏行业重"付费转化"，轻"用户体验"的现象，"好游戏叫好不叫座"的问题突出。

近年来，"云游戏"的概念及各种实践如雨后春笋般不断涌现，它们对产业发展问题的解决方式以及重塑游戏行业生态的趋势，也引起了全行业的关注和思考。

"云网融合、网随云动"，云游戏作为 5G 时代公认的杀手级应用，延展了用户消费的内容，为用户带来了全场景沉浸式的游戏体验。

咪咕互动娱乐有限公司，作为全球最大的通信运营商中国移动在游戏领域的专业子公司，与行业合作伙伴融合共生，打造了国内规模最大的云游戏用户平台——咪咕快游，并以 5G 赋能产业生态，不断突破创新，引领云游戏产业的健康持续发展。

咪咕是中国移动旗下游戏数字内容业务板块的唯一运营实体，成立已超过 10 年，在我国游戏产业链中一直发挥着重要的作用。自 2017 年起，咪咕互娱顺应游戏行业的发展，将自身平台产品从传统的游戏分发模式向在线云游戏方向战略转型，并持续加大硬件、技术及人力的投入，于 2019 年正式发布了基于 X86/ARM 架构的云游戏商业化用户平台产品——咪咕快游。

咪咕快游充分发挥了 5G 网络超低延迟、超大带宽的特点，结合云游戏的运行模式，实现游戏完全在云端服务器运行，游戏运行不再受限于用户终端处理器和显卡等物理硬件，从而使得图形处理与数据运算能力相对有限的轻端设备也能运行高品质的游戏。同时，咪咕快游还改变了传统游戏的下载安装、应用内付费的模式，采用用户即点即玩、订阅畅玩的模式，实现了 5G 在互联网游戏行业的商业化探索，对游戏研发、游戏发行以及玩家的用户习惯带来了颠覆式的变革。

7.1.2 咪咕快游的关键系统及平台架构

咪咕快游基于云游戏形态，构建了包含基于 Eureka 注册中心、数据动态存储扩容、智能线路推荐、游戏加载服务、统一存档服务、会员权益管理等一系列流程在内的闭环云游戏生态系统，实现了将玩家启动的游戏放在云端服务器运行，对渲染完毕的游戏画面（控制流 + 音频流）进行压缩，通过网络传输给玩家，在用户显示器上解码并显示，同时再将用户操作（控制流）传回云端服务器，打造了玩家在手机端（Android、iOS）、PC 端等不同终端屏幕上同时体验同一款游戏的创新型游戏体验模式。

咪咕快游作为云游戏运营平台，包含三大系统：资源调度系统、游戏云化系统、统一存档系统。

1. 资源调度系统

资源调度系统从前到后分别由路由器 Router、核心控制器 Coordinator、云端设备控制器 Controller、云端设备代理 Agent 组成。资源调度系统的作用是控制云端设备的行为，将可用的云端设备分配给用户。资源调度系统通过多机房、多集群部署的方式实现横向扩展。

2. 游戏云化系统

游戏云化系统用于对接开发者平台，负责游戏云化、换包、热更等与游戏包相关的操作。游戏云化的结果写入全局 ZooKeeper，通知到路由器 Router。路由器 Router 根据游戏云化的结果和分组，将用户请求分发到不同的服务节点。

3. 统一存档系统

统一存档系统用于提供存档上传、下载、状态查询等功能。存档系统类似于数据库，只提供数据层面的服务。存档系统由 StorageService、MinIOManager、MinIO 集群三个组件构成。通过部署多套 MinIO 集群，使用 MinIOManager 做集群管理，使用一致性 Hash 做分片，使不同的游戏存档数据分散到多个 MinIO 集群中。

咪咕快游平台架构的分层设计分为以下几个部分。

- 接入网关：统一的接入网关，根据负载情况将用户分配到最优机房。

- 控制中心：与云端设备上的控制器进行交互，控制和管理云端设备行为。

- 控制器：执行控制中心下发的指令，控制云端设备行为，向控制中心汇报设备信息。

- 存档系统：保存用户的存档信息。

- 云化系统：上架和更新游戏包，在云端设备中安装和更新游戏。

咪咕快游的平台架构如图 7-1 所示。

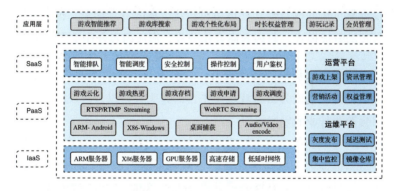

图 7-1　咪咕快游平台架构

7.1.3　应用实践：一品多端掀起行业新浪潮

咪咕快游充分利用云游戏跨端运行的模式，通过构建 PC 主机游戏与移动游戏共存的差异化内容体系，逐步形成了"一品多端"的产品形态，即"咪咕快游"的一个品牌，支持手机 App、TV、PC 及 VR 头显多终端展现，实现用户游戏场景全覆盖。咪咪咕快游的基本运行模式如图 7-2 所示。

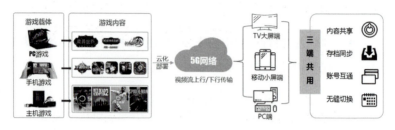

图 7-2　咪咕快游的基本运行模式

在实践中，咪咕快游以"高清互动视频流"的形式将多端的权益打通，即同一价格体系、同一游戏账号、同一商务模式，并以全新玩法的权益模式促进会员转化。在内容合作上，推广基于时长的分成模式，与内容商合作分成，形成内容合作生态。

随着用户规模的逐步提升，经过了几十个版本的快速迭代，咪咕快游已经成为云游戏玩家平台的排头兵，以云游戏的新形态引领游戏行业的发展。

1. 新技术：云端内容管理实现入口可控

所有游戏的运营内容都在统一的云服务平台上，游戏画面通过视频流下发到用户端。云服务平台可实时审查游戏内容、调整游戏位置、下线游戏实体等各类管控操作，充分实现全流程可管可控。

2. 新玩法：基于云游戏平台的三大创新玩法

云观战、云助战和云对战是基于云游戏平台的三大创新玩法再次创新了云游戏的互动场景。云观战基于低延迟、高性能的云平台优势，实现了随时观战及快速开启主播模式的新玩法；云助战基于咪咕自有云游戏平台，实现了游戏操控任意转移的新玩法；云对战基于互联网云游戏对战模式，实现了随时随地组团开黑的新玩法。

3. 新模式：会员订阅制绿色健康

咪咕快游采用会员订阅制，以包月的方式提供权益服务，不另设游戏内订购，内容为精选的无广告、无内购的优质绿色内容。通过为用户提供优质健康内容来吸引用户订购，而非传统游戏模式中通过刺激用户冲动消费来获利。

4. 新机制：保护知识产权，实现防沉迷体系

用户在客户端全程通过视频流与服务端进行交互，无法接触到游戏包，这可以从根源上杜绝通过破解游戏包贩卖盗版游戏，维护正版权益。

由于游戏是在服务端运行，通过云游戏平台提供的能力，可以实现用户身份认证、使用时长控制、使用内容控制等功能，因此可以更好地保护未成年人的使用权责。

7.1.4 应用效果

2019年，咪咕快游产品矩阵逐步完善，覆盖全网络多终端用户，全平台产品用户规模超过2000万，截至2020年第一季度突破2500万。并且，随着用户运营的深化，咪咕快游平台整体活跃用户次日留存率超过50%，用户人均游戏时长超过260分钟。越来越多的游戏玩家通过咪咕快游接触到云游戏，并由此感

受到云游戏的全新体验。

2020年3月18日下午，代表全球移动运营商共同权益的GSMA通过线上发布会的形式成功召开"2020中国5G发展"系列报告分享会，并正式发布《中国5G垂直行业应用案例（2020）》研究报告。报告共汇集了15个领先的5G行业应用实践，涵盖工业制造、交通运输、医疗、教育和内容等诸多领域，充分展现了5G带给我国及世界其他地区垂直行业的发展机会。"咪咕快游"作为5G应用的典型案例成功入选，为我国乃至全球的5G技术在游戏行业应用中的推广与发展提供参考与启发。

7.1.5 持续提升

随着5G网络技术的进一步发展，咪咕快游将进一步加大5G云游戏的资源投入，打造基于5G网络的边缘云技术，扩展迭代符合5G高清标准的云游戏平台能力，以创新商务模式主导云原生游戏的内容生态合作，引领云游戏产业向纵深方向演进，健康发展。

1. 部署边缘计算

咪咕互娱与中国移动研究院深入边缘计算关键架构与技术研发，打造5G边缘云计算平台，实现智慧中台技术创新，并通过在南京、上海、广州等地搭建测试平台，展开边缘计算的试点与规范化工作，加速对业务技术平台的改造，形成边缘化承载能力，实现中心－大区－边缘的资源多级化管理和应用规模化部署。

2. 启动云帆计划

云游戏的发展，既是对传统游戏形式的一种突破，也是一项技术的革新。回顾整个游戏行业的发展进程，从端游到手游，市场的发展壮大永远离不开承载技术的原生内容。云原生游戏必定会引发新一轮的行业变革。由此，咪咕互娱启动了"云帆计划"，从资金、流量、专业团队和技术支持四个方面，对云原生游戏内容进行全面扶持，同时还邀请产业上下游的合作伙伴共建云原生游戏生态，打造云原生游戏标杆案例，建立云原生游戏技术标准，赋能云原生游戏产业发展。

7.2 "X86 架构 + 定制 GPU"方案助力云游戏平台

根据运行游戏的硬件平台不同，可将游戏分为三大类别：手机游戏、电脑游戏和主机游戏。根据支持的游戏类型和实现的架构不同，云游戏服务平台可以分为两大类：一类是基于 X86 的架构（采用复杂指令集 CISC），用于运行大型游戏，包括主机游戏、电脑游戏及精品 / 重度手游；另一类是 ARM 架构（使用精简指令集 RISC），主要适用于手机游戏的云化。

基于 X86 架构的云游戏服务平台，目前主要采用两种技术方案。第一种是"X86 架构 + 通用 GPU"的方案，是目前主流云服务商普遍采用的方案。该方案通过 GPU 虚拟化技术，提供图形工作站级别的计算任务。由于服务器价格昂贵，因此将其用于云游戏业务性价比不高，目前主要用于演示和小规模市场试量等方面。另外一种方案是"X86 架构 + 定制 GPU"，该方案既能保证云游戏品质,又能有效降低成本。该方案需要对软硬一体的底层架构系统进行深度改造,并针对云游戏业务的"低时延高并发互动"做定制开发,应用门槛比较高。最早应用于索尼的 PS Now,也是目前谷歌、微软云游戏主要采用的解决方案。在国内,"咪咕快游"和威尔视觉深度合作,推出了基于上述方案的云游戏平台,该平台是目前国内商用规模最大的云游戏平台。

下文将通过"咪咕快游"的案例简单地描述基于 X86 架构的云游戏平台的性能指标要求、客户端功能以及服务端逻辑架构。

7.2.1 基于 X86 架构的性能指标

为了保证用户体验,"咪咕快游"云游戏平台的性能指标达到了以下标准。

- 画质:画质是用户对游戏品质的直观感受。为了获得良好的用户体验,分辨率需要能够支持 1080P 或者 4K,达到目前游戏画质能够支持的最高等级。同时,帧率的要求是最低支持 30 帧 / 秒,最高支持 60 帧 / 秒。

- 延迟:在 4G 环境下,端到端的总时延控制需要达到 40ms,其中 RTT 时延≤20ms,控制、编解码等其他环节的时延需要控制在 20ms 以内。

为了达到上述性能,用户侧的终端系统和网络带宽也需要满足一定的要求。操作系统的版本支持需要满足如下要求。

- Android 系统的版本必须高于 4.4。

- iOS 系统的版本必须高于 9.0。

- Windows PC 系统的版本必须高于 7.0。

网络带宽的大小与游戏串流画质具有直接关系。画质要求越高，对网络带宽的要求也就越高。例如，当分辨率为 4K、帧率为 60 帧 / 秒时，带宽最小要达到 15Mbit/s，甚至高达 40Mbit/s。而当分辨率为 1080P、帧率为 60 帧 / 秒时，带宽要在 5Mbit/s 到 10Mbit/s 之间。

7.2.2 基于 X86 架构的客户端功能描述

为了满足用户随时随地玩游戏的需求，云游戏平台的客户端需要实现一些通用和基本的产品功能。下面仍以"咪咕快游"为例，其客户端的基本功能列举如下。

- 多终端适配。云游戏客户端支持用户通过手机 / 平板、电视（通过机顶盒）、台式电脑、笔记本电脑、网页甚至 VR 设备来玩游戏。

- 支持多种操控方式。云游戏对外接蓝牙手柄、键盘鼠标进行了广泛的操作适配，玩家可通过手柄、键盘或者鼠标操作游戏。游戏中提供了虚拟手柄或者键盘、鼠标，供玩家在没有外接设备时操作游戏，同时还提供了使用 TV 遥控器操作游戏的功能，通过遥控器可以完成选择、开始或退出游戏的操作，以及游戏内的基本操作。

- 游戏排队机制。当玩游戏的用户数超过后台设置的并发数时，用户将进入排队队列；当用户处于排队状态时，如果当前游戏的并发数低于最高并发数，游戏平台就会提醒用户可以进入游戏了。

- 网络自适应传输。实时检测网络传输状态，针对不同类型的游戏，在帧率、码率、分辨率、质量等多个方面进行协调，从而使得用户得到的游戏视频体验最优。

- 用户状态管理和资源回收。云游戏平台对用户在游戏中的状态进行跟踪和管理。当用户处于空闲、异常退出或者网络通信异常等状态时，平台就会及时通知服务端回收游戏主机资源，以实现资源利用率最大化。

为了增加用户的云游戏体验，"咪咕快游"进一步拓展了更多应用场景，例如"云观战""云助战""云对战"，加强了用户与游戏之间的互动，有效拓展了云游戏的外延。

7.2.3 基于 X86 架构的服务端逻辑架构

图 7-3 以手机和平板为例描述了基于 X86 架构的云游戏服务端逻辑架构。

基于 X86 架构的云游戏服务端逻辑架构各部分的功能描述具体如下。

- 接入服务。接入服务是服务端的接口模块，负责获取游戏和用户信息，为用户申请游戏资源，启动游戏和退出游戏，释放资源。

第 7 章 创新应用和典型案例

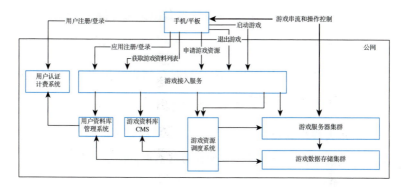

图 7-3 云游戏服务端逻辑架构

- 用户认证计费系统。该系统主要进行用户身份的认证和付费授权许可。只有满足授权要求的用户才能玩游戏。

- 用户资料库管理系统。该系统主要用于管理用户信息和用户的游戏存档。当用户启动某个游戏时，渲染调度服务器会从管理系统获取用户游戏的存档信息，加载用户存档。

- 游戏资料库 CMS。游戏资料库内容管理系统，主要用来管理游戏的基本信息，包括游戏 ID、游戏详情、图片信息等。当用户启动某个游戏时，游戏调度服务器会从管理系统中获取该用户及游戏的基本信息，并通过存储管理集群加载该游戏。

- 游戏资源调度系统。该服务是调度和管理游戏服务器的核心模块，主要用于为用户分配游戏管理服务器，并为游戏服务器加载游戏和用户存档等信息。

273

- 游戏服务集群。游戏服务集群是渲染服务器（即云游戏主机服务器）的集合。

- 游戏数据存储集群。游戏数据存储集群用于集中存储游戏和用户存档数据。

由于大规模商业化要求，上述系统架构要求按照百万数量级同时并发的架构进行设计。其架构设计需要同时兼顾如下要求。

- 高性能、高并发的分布式可伸缩性系统设计，支持平行扩展。

- 高可靠性柔性容错，以保证核心业务在发生故障时仍然能够正常提供服务。

- 高复用性存储设计与集中管理。

- 负载均衡与过载保护设计。

目前，采用"X86 架构 + 定制 GPU"方案、同时满足以上目标设计的"咪咕快游"云游戏平台，已经实现了大规模的商业化部署，并为用户提供了优质的游戏体验。实践证明，这种架构设计表现非常优秀，值得推广。

7.3 高清云游戏助力运营商 5G 新业务

2019 年 10 月 31 日，视博云和中国电信旗下上市公司号百控股合作推出的 5G 应用"天翼云游戏"产品正式上线发布。该产品提供全套云游戏解决方案，先后覆盖 5G 手机、OTT 机顶盒、智能电视、IPTV 等用户，通过云端渲染和处理游戏，并借助中国电信大带宽、低时延的 5G 网络，实现了游戏的免下载、跨终端、高画质。

视博云负责为"天翼云游戏"提供云流化 PaaS 能力平台。云流化 PaaS 平台主要由云端流化能力平台和终端系统软件组成。

云流化能力平台可以提供云渲染、云流化、多应用云化运行能力，支持各种终端接入，为用户提供流畅且超高清的视频渲染体验，为云游戏应用提供渲染能力。同时，云流化能力平台对外开放能力接口，向下提供业务需要的基础服务能力，调用 IaaS 硬件资源，向上将云流化能力通过接口开放给 SaaS 用户。

终端系统软件部署在用户侧，包含云渲染终端 SDK、用户交互界面，主要负责用户操作交互，比如启动或停止应用，以及用户渲染任务查看、渲染结果接收和呈现，用户通过云服务资源的操作来实现运算和存储能力的使用。

7.3.1 关键技术和系统设计

1. 关键技术

天翼云游戏支持技术方案最全面：支持多容器 Windows、Android、HTML 5，支持 X86、ARM 方案。其中值得一提的是两项关键技术：超低时延云流化技术和超高清云端渲染技术。超低时延云流化技术中的编解码支持超低时延编解码技术，整体采集、编码、发送和接收的时延控制在 25ms 以内，以保证达到系统体验时延的要求。超高清云端渲染技术支持 720P、1080P、4K 等多种分辨率游戏的运行，采集帧率支持 25 帧～120 帧可调。

2. 系统设计

云流化 PaaS 平台总体框架如图 7-4 所示。

（1）云流化能力平台

云流化能力平台包含中心管理系统、分前端管理系统、应用运行平台，下面分别说明。

中心管理系统支持 BS 架构，主要功能包括：监控云渲染平台下各服务器和平台模块的运行状态、服务器资源的占用情况，并对其管理的服务器、平台模块进行部署、升级、卸载等操作，同时根据用户信息为用户合理分配对应的分前端。

分前端的主要功能包括：调度并合理分配应用服务器桌面资源，保证用户在启动应用后有平台资源可用，并能正常接入云渲染平台。

应用运行平台可用于渲染应用的运行和承载，可以实现云游戏的虚拟化运行、组合、编码，完成数据流化和内容的分发，并实现终端操控外设映射保障业务的交互体验。为确保对于不同的应用类型都能提供最佳的支持能力，根据承载应用类型的不同，将应用运行平台分为 Windows 应用运行平台和 Android 应用运行平台。不同的应用运行平台对应不同应用场景特定的技术约束条件。

应用运行平台可支持如下功能。

第 7 章 创新应用和典型案例

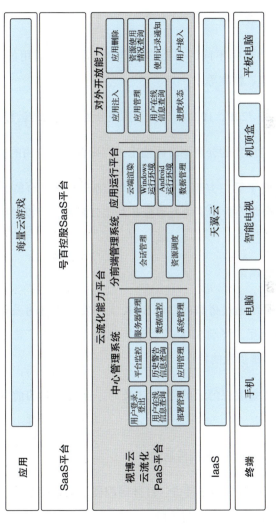

图 7-4 云流化 PaaS 平台总体框架

- 支持为应用构建完善的运行环境，应用虚拟化技术，支持同一应用或不同应用在同一个服务器资源同时运行时的有效隔离。

- 支持根据不同的参数启动应用，例如，应用的分辨率、码率、帧率等。

- 支持 720P、1080P、4K 等多种分辨率应用的运行。

- 支持应用的分辨率转码输出，以确保统一应用的适配性。

为了便于第三方租户能够快速使用云流化平台能力，云流化能力平台对外封装了能力平台开发接口服务，可以对接第三方 SaaS 平台。

（2）终端系统

终端系统通过搭载的终端 SDK 实现外设数据的采集及与云端系统的交互，终端 SDK 的设计与集成充分考虑了普适性、可扩展性及易维护性的特点。

终端在集成视博云的终端 SDK 时，需要满足的前置条件具体如下。

- 具备双向的 IP 回传通道。

- 支持 USB Host 接口、红外遥控器、鼠标键盘、触摸屏控制或至少一种控制手段。

- CPU 主频不低于 200MHz。

- 内存空间不低于 1MB。

- 数据区不小于 64KB。

- 至少具备 MPEG2 Audio、MPEG2 AAC 中的一种音频解码能力。

- 至少具备 H.264、H.265 中的一种视频解码能力,支持分辨率为 4K、1920×1080、1280×720、720×576 中的一种或者多种,最优化的体验下,终端解码时延需要低于 15ms。

- 操作系统为 Linux、Windows、Android、iOS 中的一种。

7.3.2 应用实践

天翼云游戏项目的业务实现主要是两大公司以 PaaS 的形式合作。视博云租用 IaaS 资源,打包卖给场景使用者,并且采用两种收费模式:一种是 CPT,即根据客户所使用的云流化能力及时长向客户收取费用;另一种是 CPS,即客户基于云流化能力开发并运营某项业务,视博云按照约定条件参与业务运营收入的分成。

7.3.3 应用效果

号百控股采用视博云流化 PaaS 平台,有效解决了传统游戏需要先下载并安装 App 之后才能玩游戏的问题。"即点即玩"的方式增强了用户体验游戏的便利性,从而增强了用户黏性。视博云流化 PaaS 平台依靠平台特色及优质内容,将付费转化率提升到 7%，树立了行业标杆，创新性开拓了游戏行业的新格局。

7.4 基于 ARM 架构的云游戏服务平台

由于手游是基于 ARM 架构开发的，因此在传统的基于 X86 架构的方案中，要想在云服务器上流畅地运行，手游需要处理 ARM 和 X86 跨指令集的问题，云化效率低、成本高。

在上述市场背景下，海马云凭借对行业的前瞻视野，依托多年沉淀的 Android 模拟器虚拟化技术储备，于 2016 年起全面投入基于 ARM 架构的云游戏行业，从扩大移动游戏市场规模、降低营运成本、优化技术方案、规避游戏版权风险等方面综合考虑，完全自主研发，独创了基于 ARM 阵列服务器方案的云游戏服务平台。

7.4.1 海马云 ARM 架构云游戏服务平台简介

海马云 ARM 架构云游戏服务平台是自主研发的高密度 ARM 阵列服务器，每个容器实例都有自己单独的物理 GPU，ARM 对于 Android 游戏具有良好的兼容性，而且每台 ARM 阵列服务器的功耗仅有 300W。

该 ARM 阵列服务器采用基于 CPU+GPU 的 SoC 阵列，在多路并行 GPU 渲染方面拥有很大的性能优势，相当适合云游戏场景。

海马云 ARM 架构云游戏可提供企业级 SaaS 服务。相比同类方案提供的 PaaS 服务，SaaS 服务是完美的"一站式"解决方案，可以满足客户的各种业务场景需求，开发难度更大，需求更复杂，但其能够为企业客户提供更好的易用性、更便捷的服务集成。企业客户可以通过集成平台的 SaaS 能力快速部署云游戏产品，提供即点即玩游戏入口，实现各种业务场景需求。

海马云具有覆盖全国范围的分布式计算网络，网络平均延迟小于 10ms，支持弹性扩展部署。网络全覆盖可以提供如下功能支持：完善的 SaaS 功能，支持存档、登录、支付、秒起、热更等；完善的后台管理系统，提供软硬件全套解决方案，自主研发，技术可控；稳定支持 4K、60FPS 音视频，大并发情况下性能稳定不阻塞；端到端时延增加控制在 60ms 以内（在良好的网络环境下，与手机端本地游戏相比）；渲染性能支持 Unreal 和 Unity 3D 全特效和 Vulkan。

1. 海马云计算架构

云游戏计算架构需要考虑对手游云游戏兼容性的支持和无损耗的运行性能。云服务平台单并发至少需要支持 1080P、60FPS 的音视频下行能力，而且需要将单并发成本控制在合理范围之内。

其中，基于 ARM 的 SoC 阵列服务器是一种值得推荐的计算架构，其逻辑结构如图 7-5 所示。

单 SoC 支持基于 ARM 架构的 Android 操作系统，以及所有基于 ARM 编译的 Android 应用和游戏，Android 应用和游戏不需要进行二次开发。单 SoC 还支持一路或多路并发游戏的运行。考虑到单 SoC 对于大型手游的良好支持，其推荐配置具体如表 7-1 所示。

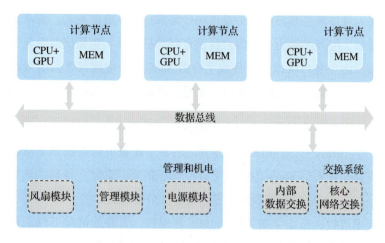

图 7-5　SoC ARM 阵列逻辑示意图

表 7-1　SoC 阵列服务器的节点配置推荐

指标	参数
CPU	8 个处理核心，稳定运行主频 2.8 GHz。指令集架构是 ARMV8，支持 64 位 ARM
GPU	单精度浮点运算能力达到 720 GFLOPS
内存	8GB LPDDR4X RAM
存储（Flash）	8GB 或以上，高速 eMMC 或 UFS。存储至少包括系统分区、应用分区、恢复分区
图像处理能力	支持 OPENGL ES1.1/2.0/3.0、OPEN VG1.1 规范。支持高性能 2D/3D 硬件加速
视频编解码能力	支持 4K 和 1080P 的 H.265/H.264 视频硬解码能力。支持 1080P 每秒 60 帧视频硬编码能力（H.264）。支持 H.264、VP8 和 MVC 图像增强处理
兼容性	单 SoC 能够支持 Android 5.0 及以上系统的运行，能够兼容所有的 Android 应用和游戏，应用和游戏不需要进行二次开发
散热片	基于 SoC 的 CPU 和 GPU 集成电路需要加装散热片
功耗	单 SoC 功耗不超过 10W
看门狗	单 SoC 需要配备硬件看门狗

2. 架构设计及各层主要功能

从业务逻辑的角度来看,海马云云游戏服务平台架构大致可分为用户终端应用层系统、SaaS 层核心服务系统、PaaS 层集成服务系统、ARM 硬件层和相应的运营管理平台五大部分,如图 7-6 所示。

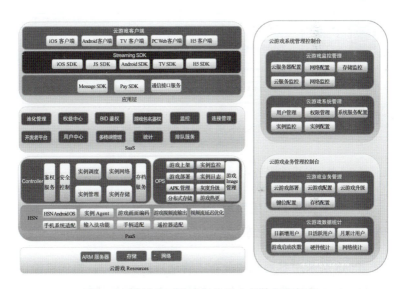

图 7-6　海马云云游戏服务平台整体逻辑架构

(1) 用户终端应用层

用户终端系统由 Android、iOS、TV、PC、H5 五种终端组成,集成相应的 SDK 之后,用户可以通过这五种终端进入云游戏。

(2) SaaS 服务核心层

SaaS 层以 SDK 的方式向上层应用提供能力集成。上层应用通过集成 SDK 可以快速集成 SaaS 能力。SDK 能力包括系统层、业务层和 UI 层。SaaS 服务层的主要功能及模块如图 7-7 所示。

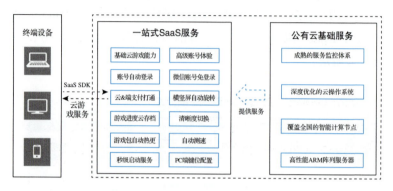

图 7-7　SaaS 服务层主要功能及模块

（3）PaaS 基础服务层

PaaS 基础服务层主要用于提供游戏的安装、存档服务、实例调度、计算资源分配等功能。

PaaS 层采用容器化和分布式管理架构。其中，物理机操作系统（Host OS）应深度定制以支持 Android 的容器化运行（兼容所有手游）。PaaS 层可以提供如下功能支持：支持操作系统级别的无缝升级；实现容器的安全隔离；定制内存管理机制，实现承载大型游戏的多容器并发；定制系统内核，实现 CPU、GPU 和硬编码的高利用率。

Android-Container 用于实现云操作系统和物理服务器之间的中间层，允许多个虚拟机操作系统（Guest OS）共享一套基础物理硬件，可以非中断地支持多工作负载迁移、物理资源隔离以及良好的计算内容管理。

Guest 操作系统作为高度定制的 Android 操作系统,支持 Android 容器化,可以实现 Android 游戏 100% 的兼容性;高度定制的 Android 架构可以实现云游戏串流技术,用于保证端到端的低时延体验。

云分布式操作系统可以完成 Guest 操作系统资源池的管理和调度,具有强大的可扩展性和可伸缩性,能够支持跨不同 IDC 的分布式节点的计算资源、网络带宽、存储资源的管理和部署。

为降低时延,在 PaaS 层对传输层协议进行优化,重点包括 TCP 层传输协议、串流缓存帧、重传机制、抗网络抖动机制等。下行编解码应支持 H.264 和 H.265 编码,需要优化以保证音视频同步。

上行编码应支持多种输入设备,包括触摸屏、手柄、遥控器、键盘、鼠标等。需要特别注意的是,云服务平台应支持不同输入设备的操控指令映射,即具备为手游适配手柄、键盘、鼠标等输入设备的操作功能,实现手游的快速跨屏部署。

(4) ARM 硬件层

ARM 硬件层用于提供云游戏的云端计算能力,可利用海量的计算单元满足游戏的计算需求。

云端计算单元采用 ARM 硬件集成,可以灵活地调度计算资源。

（5）云游戏服务平台管理系统

云游戏服务平台管理系统用于云游戏的业务管理，包含游戏上下架、游戏业务参数配置、存档路径管理，除此之外还包括服务器、云游戏业务的监控功能。

7.4.2 海马云 ARM 架构云游戏服务平台发展

1. 海马云的价值

移动云游戏可以改变用户的游戏习惯和消费行为，大幅提升游戏的分发效率和变现能力，实现超高的广告转化效率，降低游戏分发的准入门槛，扩展新型的流量入口；这些优势已经为诸多行业的客户创造了可观的经济效益。移动云游戏将改变游戏行业的分发市场格局，具体说明如下。

在移动端，5G 满足了游戏流媒体化所需要的带宽和时延的要求，原生流量平台具备游戏分发的能力，并且与泛娱乐平台紧密结合。

在 PC 端或 TV 端，移动云游戏不仅是最佳解决方案，而且已经成为手机游戏产业新的流量增长点。

另外，云游戏具备天然的互动属性，可以实现更多的创新玩法以及与用户之间的社交互动。云游戏与直播结合，可以实现主播与观众之间的双向互动，极大地增强了互动体验、用户黏性和游戏收入。云游戏与视频结合，将为用户提供全新形态的内容体验。

2. 海马云的应用成效

海马云深耕游戏三年多以来，服务客户数十家。客户主要分布在运营商、游戏平台、广告平台、互动娱乐平台和应用平台等多个领域。核心客户包括中国移动咪咕、中国联通小沃、中国电信智慧家庭运营中心、联想、360、腾讯游戏、斗鱼、顺网科技、TCL、海信、海尔、CIBN 等。

3. 海马云下一步实施计划

海马云计划进一步提升用户侧云游戏体验，以助力客户更好地开展云游戏业务，探索更多云游戏场景，加速实现云游戏的普及，扩大云游戏的发展规模，为行业创造更多价值。海马云的下一步实施计划具体如下。

- 全面支持 HDR、SDR、杜比音效，全面提升影音体验。

- 采用 MEMC（Motion Estimation and Motion Compensation）运动画质补偿技术和低帧率下的插帧算法，使游戏画面更流畅。

- 采用动态网络质量适应机制，在网络抖动时为用户提供最优的游戏体验。

- 使用 H.265 编码，数据带宽要求更低。

- 进一步优化启动耗时。

- 更好地控制时延。

- ARM 阵列服务器的迭代优化和升级。

7.5 边缘计算在云游戏场景下的应用

近年来,随着移动网络技术的发展和智能终端的普及,人们需要利用智能终端运行复杂的应用程序,如计算机视觉、游戏、医疗和移动学习等。智能手机、平板电脑等移动设备正在成为学习、娱乐、社交、新闻更新和商业交流的重要工具。然而,终端的资源是有限的,有限的计算资源与不断扩大的计算需求之间的矛盾日益突出。

边缘计算作为一种新技术,可以在用户的近距离范围内提供云和 IT 服务。在边缘计算中,每个基站都部署了边缘云服务器,网络运营商负责转发和过滤数据分组。目前,边缘计算已经受到各行各业的广泛重视,并且在很多应用场景下取得了很好的成效。

云游戏通过数据中心提供服务,以游戏画面的视频流为基础进行传输。云游戏为游戏的运行方式带来了革新,但这种基于视频流构建的游戏仍然存在延迟高和带宽需求大的问题。于是,新出现的计算范型边缘计算,成为云游戏高延迟问题的解决方案。边缘计算将计算从网络中心(如数据中心)推向网络的边缘(如众多的终端设备),利用边缘节点的网络邻近性解决了云游戏中的延迟问题。同时,这种分布式处理方式还可以克服云数据中心集中计算带宽消耗高的问题。

庭宇云是一个基于海量边缘节点构建的边缘云服务平台,它将边缘计算引入云游戏技术,在边缘分发节点增配显卡,为节点赋能,增强 GPU 的计算能力。庭宇云通过强大的运维技术保证

GPU 节点的稳定性，提供云游戏服务，使得边缘分发服务和云游戏服务共同运行于边缘节点，从而让边缘计算节点得到充分的利用。

庭宇云还设计和实现了一种基于边缘节点的云游戏和边缘分发服务运行的混合框架。在混合框架中，庭宇云负责用户注册、服务注册、服务发现以及协调各节点的资源调度，边缘节点则作为分布式的计算节点用于计算。由于边缘节点的计算能力用于负责边缘分发服务和云游戏的计算，框架首先要解决云游戏对CPU资源和网络资源的抢占问题，因此，庭宇云实现了一种基于CGROUP 的 CPU 资源隔离和网络资源隔离技术。边缘节点完全隔离了云游戏和边缘分发服务的资源。云游戏引入边缘计算后，可以充分利用边缘节点的全部计算资源，从而节约资源的成本。

7.5.1 关键技术和系统设计

庭宇云使用视频流的方式实现了如下内容：视频流云游戏的各部分组件，客户端的用户输入处理、事件捕捉以及媒体播放，服务器端的音频、视频捕获，基于视频压缩以及实时流的传输协议。因为边缘分发和云游戏同时服务会造成对边缘节点资源的争抢，在高峰期，边缘分发服务对单个节点的并发请求会达到百万量级，所以传统的云游戏在这种环境下的服务体验比较差。庭宇云使用 Docker 部署边缘分发服务，通过 CGROUP 对物理资源和网络资源进行隔离，使用 KVM 对云游戏资源进行隔离，进而实现边缘节点的充分利用，以及云游戏和边缘分发服务的安全隔离。

边缘节点在高峰期（即边缘分发服务对单个节点的并发请求达到百万量级）时，请求数据流通过网卡先到达内核态，再到达用户态，庭宇云使用 eBPF（extended Berkeley Packet Filter）技术在内核态处理和过滤数据流，降低了数据在用户态的内存复制和处理，提高了数据流的处理速度，保证了云游戏的用户体验。通过 eBPF 技术对边缘分发流量进行限制和优先发送云游戏服务数据包，可以保证在边缘分发服务大量的并发请求下，云游戏数据包仍然可以稳定地传输到用户侧和调度服务中心，从而提高云游戏用户的体验。

7.5.2 应用实践

庭宇云目前已经在海量的边缘节点上部署了混合的云游戏服务和边缘分发服务，目前正在扩大边缘节点的数量，以便能够更高效地利用边缘服务。边缘分发服务和云游戏的混合框架使得边缘节点可以得到充分利用。边缘分发服务在凌晨的利用率很低，在云游戏的注入下，云游戏的玩家填充了边缘节点的空白期。基于庭宇云海量的边缘云主机，庭宇云对云服务资源（包括 CPU、GPU、VPU 等）进行合理拆分、分配和调度，提供给运行于服务器上的游戏，然后经过适配的终端向最终用户提供服务。

庭宇云游戏方案采用自主研发的高效数据流传输协议，可以使端到端延时降到最低。除去网络延时，服务器端获取音视频画面并且编码的处理时延可以控制在 10ms 以内，处于业界领先水平。在客户端，配合解码芯片的支持，可以实现视频 0 帧缓存显现，从而使得云游戏用户体验得到质的提升。同时，自主研发的协议更精简高效，降低了协议的开销，更适合于低延时的场景，这使得在同等网络条件下，庭宇云游戏方案能够提供更优的画面质量。

7.5.3 应用效果

庭宇云在边缘节点混合部署的边缘服务已经得到了充分的验证，云游戏和边缘分发服务完美地利用了边缘节点的计算能力，为用户提供低延迟、高清云游戏服务，同时还可为用户提供强大的计算能力。庭宇云目前拥有边缘混合节点 1000 个、线路 2800 条，成本降低了 60%。在边缘节点的场景下，云游戏的用户体验比数据中心服务体验提升了 30%，整体延迟降低了 20%。

7.6 金山云云游戏 PaaS 平台：提升云游戏行业探索效率

云游戏依赖于较大的 IaaS 投入，而当前基础技术栈对云游戏场景的支持仍然不足，复杂的技术栈和高昂的 IaaS 层成本在一定程度上阻碍了云游戏产业的进一步发展。

如何弹性、灵活、便捷、快速地接入云游戏，成为云游戏产业业初期需要解决的痛点。

PaaS（Platform as a Service）作为一种基于 IaaS 搭建的服务，不仅能够对用户屏蔽底层复杂的 IaaS 管理实现细节，而且可以将垂直领域的技术栈作为开发环境提供给客户，从而减少客户承担的工作量，同时还能兼顾定制化的需要，因此正成为当下云计算技术和应用创新最活跃的领域，也成为解决当前云游戏痛点的有效方案。

通过 PaaS，用户无须再关心底层的资源和云游戏的技术实现细节，而是将现有的云游戏能力作为二次开发的基础，将核心精力投入到业务场景的设计中，从而对云游戏进行高效、安全、成本可控的探索。

金山云云游戏 PaaS 平台，是基于金山云在公有云领域多年的探索以及在游戏行业深耕的经验，在 PaaS 设计理念的基础上推出的云游戏标准产品。用户只需要对接金山云的适配服务和并发服务即可接入云游戏，同时 IaaS 层也实现了公有云＋混合云的模式，轻松易拓展，既为云游戏提供了高效、低成本的方案，又为公有云行业的早期探索提供了强有力的技术支持。

7.6.1 关键技术和系统设计

1. 关键技术

当前的云游戏模式包括三个核心要素——成本、体验、内容，涉及的关键技术主要包括云游戏客户端与云端环境之间的通信、游戏运行过程中的渲染、音视频编解码技术等。

在客户端与云端的通信技术上，金山云基于现有的传输协议，针对云游戏场景进行了优化，如丢包重传算法的优化等，最终使得网络传输部分的时延平均降低了 18%，在网络条件较差的情况下，优化效果更加显著。

在游戏渲染方面，金山云充分利用 GPU 资源，采用 GPU 虚拟化技术，有效降低了成本。同时优化设计从 GPU 渲染、帧画面的获取、到数据编码前的数据传输全流程，有效地降低了整体的时延。

在音视频的编解码方面，金山云基于 KSC-265 技术，实现了基于时延和带宽的自适应动态调整。

2. 系统设计

云游戏 PaaS 平台，定位于将云游戏作为一项基本能力，使其能够灵活、弹性地嵌入到客户的业务中，在云游戏早期可以迅速实现云游戏商业模式的验证和实践。基于此，在架构设计上，云游戏 PaaS 平台需要实现如下要求。

- 云游戏服务与客户业务逻辑的解耦和，以便于在客户侧灵活地设计业务逻辑。

- 云游戏所需 IaaS 资源与客户已有资源的灵活对接，以便于充分利用客户已有的 IaaS 资源，实现成本效益的最大化。

所以云游戏技术方案需要实现管理与运行两个环节在逻辑层和物理层上的分离。

金山云基于在混合云领域的技术积累及其在解决方案架构设计上的实践经验，实现了与客户在业务侧的解耦和、在 IaaS 层灵活对接的云游戏系统架构设计，如图 7-8 所示。基于上述架构，可以实现对计算节点的灵活拓展，甚至可以低成本地拓展到客户自有的 IaaS 上，这一点对于早期的云游戏行业资源整合具有重大的意义。

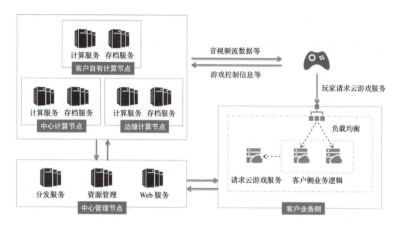

图 7-8　金山云云游戏系统拓扑示意图

7.6.2　应用实践：工具、方法、作业指导

金山云云游戏 PaaS 平台将底层云游戏复杂的技术栈、IaaS 层调度等，抽象为如下两种服务提供给客户。

- 适配服务：客户上传游戏包，金山云将该游戏包适配为云游戏。
- 并发服务：针对部署云游戏的各个节点，客户指定需要部署的并发路数，即该节点支持的最大同时在线人数。

购买完并发服务后，客户可以通过云游戏 SDK 对接购买的云游戏服务。客户可以将 SDK 结合到自身业务中，如直播、云游戏平台、短视频等，为用户提供服务，如图 7-9 所示。

7.6.3　应用效果

金山云云游戏 PaaS 平台以公有云＋混合云的模式，将 IaaS、云游戏技术等封装为两种标准的服务，即适配服务和并发服务，极大地降低了云游戏初期探索的时间成本和资源投入，使客户可以将更多精力投入到云游戏商业化场景的探索中。在客户场景明确的情况下，客户通过适配服务和并发服务接入云游戏，耗时通常只需要 2 周。而自研云游戏的模式，包括 IaaS 选型、云游戏技术投入等，则至少需要半年时间。

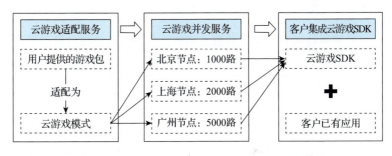

图 7-9　金山云云游戏 PaaS 平台提供的云游戏服务

综上所述，金山云云游戏 PaaS 平台，能够提供高效、低成本的云游戏接入模式，为云游戏的早期发展提供动力。

7.7　云游戏互动直播解决方案

国内直播行业历经多年发展，现在已经进入成熟期，并衍生出了娱乐直播、游戏直播、户外直播、电商直播等几大类直播类型，但遇到了用户增长趋缓、营收方式单一、直播交互差等问题。特别是游戏直播领域，只有主播开播游戏、观众观看和刷礼物几种交互方式，除此之外再没有更多的交互方式了。

面对这样的市场现象和需求机会，云鹭科技研发并推出了互动直播技术解决方案，该解决方案可以实现主播与观众之间游戏操控权的交换，观众可以申请操控权，主播可以主动邀请观众操控，这种操控权可以大大提升直播间的互动频率与趣味性。在这一技术产品的赋能下，主播与观众之间的互动频率得到了极大提升，传播的话题也增加了，而且还可能有潜在的营收点被激发出来。

云鹭科技拥有数十人的研发团队，并拥有母公司白鹭引擎的强大前置技术背景，至今已经研发出了大屏云游戏解决方案、云试玩解决方案、云机顶盒解决方案、游戏云化解决方案等多款游戏相关产品。

7.7.1 案例内容

云鹭互动直播技术面向的客户群主要是直播行业的直播平台，使用者为主播和观众，目前可实现的功能包括操控权交换、多人共联、操控权剥离和主播带团 PK。云鹭互动直播平台主要采取定制化的付费服务，根据客户（直播平台）的具体需求进行定制，如 SDK 嵌入、游戏合作、游戏定制、联调优化等。

7.7.2 案例实施

1. 方案流程

云鹭互动直播平台的系统架构如图 7-10 所示。

云鹭互动直播平台技术实现逻辑如图 7-11 所示。

第 7 章　创新应用和典型案例

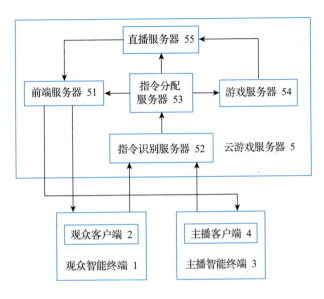

图 7-10　系统架构图

云鹭互动直播平台前端技术实施落地逻辑如图 7-12 所示。

2. 方案实施

本实施案例包含云游戏互动直播系统，系统架构包括观众智能终端 1、观众客户端 2、主播智能终端 3、主播客户端 4，以及云游戏服务器 5，如图 7-10 所示。

具体来说就是，观众智能终端 1 与云游戏服务器 5 相连接。观众智能终端 1 用于为观众安装观众客户端 2，以及向观众客户端 2 发送观众操作指令，以操作观众客户端 2。观众客户端 2 用于接收观众指令。在解析观众操作指令之后，观众客户端 2 根据解析内容向云游戏服务器 5 发送互动申请指令以申请控制云端游戏。或者在

297

解析观众操作指令之后，观众客户端 2 根据解析内容向云游戏服务器 5 发送游戏控制指令以操控云端游戏。此外，观众客户端 2 还可用于接收云游戏服务器 5 发出的系统指令或互动邀请指令。

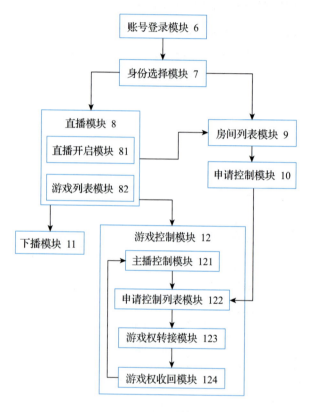

图 7-11　技术实现逻辑图

主播智能终端 3 与云游戏服务器 5 连接。主播智能终端 3 用于为主播安装主播客户端 4，以及向主播客户端 4 发送主播操作指令，以操控主播客户端 4。主播客户端 4 用于接收主播操作指令。

在解析主播操作指令之后，主播客户端 4 根据解析内容向云游戏服务器 5 发送互动邀请指令，以邀请观众控制云端游戏。或者在解析主播操作指令之后，主播客户端 4 根据解析内容向云游戏服务器 5 发送游戏控制指令，以操控云端游戏。同时，主播客户端 4 还可用于接收云游戏服务器 5 发出的系统指令或互动申请指令。云游戏服务器 5 用于为主播或观众提供注册用户、用户登录等功能。

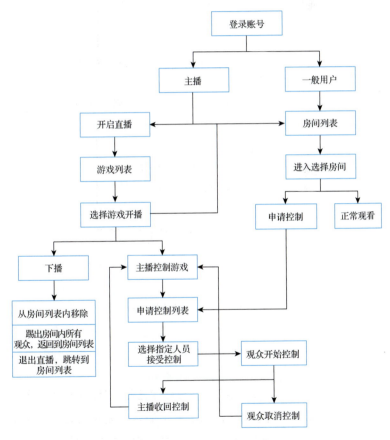

图 7-12 前端技术实施落地逻辑图

云游戏服务器 5 用于运行游戏，以支持主播进行云端游戏。云游戏服务器 5 还可用于接收、识别并调度主播操作指令或观众操作指令，并根据接收的指令顺序完成指令的解析、发送和执行等操作。

需要说明的是，当观众客户端 2 接收到互动邀请指令并接受，或者主播客户端 4 接收到互动申请指令并接受时，观众客户端 2 可控制主播客户端 4 正在进行的游戏，并可通过观众智能终端 1 控制观众客户端 2 向云游戏服务器 5 发送游戏控制指令，以取得观众客户端 2 对云端游戏的控制权。

云端服务器具体包括前端服务器 51、指令识别服务器 52、指令分配服务器 53、游戏服务器 54 和直播服务器 55。

具体来说，前端服务器 51 用于为观众或主播提供注册用户、用户登录、调整个人资料等功能，还可用于处理操作指令与观众或主播的对应关系，以及游戏音视频与观众或主播的对应关系。前端服务器 51 还可用于向主播客户端 4 和观众客户端 2 发送游戏音视频、互动邀请指令和互动申请指令。指令识别服务器 52 与主播客户端 4 和观众客户端 2 均有连接。指令识别服务器 52 用于接收、收集及识别主播操作指令和观众操作指令，并将识别后的主播操作指令和观众操作指令发送至指令分配服务器 53。指令分配服务器 53 与指令识别服务器 52 相连接。指令分配服务器 53 用于接收识别后的主播操作指令和观众操作指令，并将识别后的主播操作指令和观众操作指令分别发送给对应的游戏服务器 54、直播服务器 55 和前端服务器 51。游戏服务器 54 用于接收指令分配服务器 53 分配的游戏控制指令，并根据游戏控制指令操作游戏。直播服务器 55 用于抓取游戏服务器 54 正在进行的游戏音视频数据,并将数据传输至前端服务器 51。

需要特别说明的一点是,主播客户端 4 和观众客户端 2 为相同的客户端,且该客户端可根据观众或主播登录后选择的角色进行转换。

另外,主播智能终端 3 和观众智能终端 1 均可为平板电脑、PC、智能手机、智能电视中的任意一种。主播智能终端 3 和观众智能终端 1 的优先选择均为 PC。

主播客户端 4 和观众客户端 2 均包括软件客户端及网页客户端,且云游戏服务器 5 中指令传输的协议为 RTMP 或 FLV 协议。

主播客户端 4 和观众客户端 2 均包括账号登录模块 6、身份选择模块 7、直播模块 8、房间列表模块 9、申请控制模块 10、下播模块 11 以及游戏控制模块 12。

账号登录模块 6 用于为用户提供账号和密码输入界面,以登录前端服务器 51。身份选择模块 7 用于在主播或观众登录后选择用户注册时注册的身份。直播模块 8 用于供主播账号登录后,开设房间进行游戏直播,并在直播开启后将房间号同步到房间列表模块 9。房间列表模块 9 用于显示正在进行直播的各主播的直播房间号,以供观众或未进行直播的主播选择观看。申请控制模块 10 设置在房间列表模块 9 内部,用于为正在观看直播的观众提供向该直播房间的主播端发送互动申请指令,以获取控制主播端游戏权的机会。下播模块 11 用于将直播房间号从房间列表模块 9 中移除,或者踢出直播房间内所有的观众并返回房间列表模块 9，又或者退出直播模块 8 并跳转至房间列表模块 9 以实现下播操作。游戏控制模块 12 用于接收互动申请指令并根据互动申请指令形成申请控制列表以供主播选择。另外，游戏控制模块 12 还可用于帮助主播收回游戏控制权。

直播模块 8 包括直播开启模块 81 和游戏列表模块 82。直播开启模块 81 用于帮助主播创建直播房间或进入已创建的直播房间，并在直播房间内开启直播。游戏列表模块 82 用于为主播提供游戏选择界面。

7.7.3　案例亮点及未来计划

云鹭云游戏互动直播技术解决方案开辟了新的商业模式，在推出之前市面上并无同类产品，属于商业模式上的创新。此产品所采用的互动直播技术在原有的成熟产品（直播平台、游戏产品）之上进行了创新，在原有的商业模式（观众观看直播、打赏刷礼物）基础上创造了新的变现模式和玩法（操控权竞价、新游戏宣发）。该技术解决方案产品本身并没有产生新的内容，但在催生新的互动模式之后，却对一些游戏类型（如棋牌类、休闲类、射击类）的内容制作产生了影响。游戏研发商可以根据直播平台的需求，在原有游戏内容的基础上专门定制新的游戏内容。

互动直播技术解决方案还在不断迭代，目前已经实现了操控权交接、操控权剥离、交替操控等技术。云鹭云游戏互动直播的 2.0 版本（主播 VS 多名观众）和 3.0 版本（主播 + 多名观众 VS 主播 + 多名观众，即主播带团作战）尚在研发中。在运行某些大型游戏时，受限于不同地区和操作者的网络环境，互动直播技术产品的运行会有不同程度的卡顿。

随着 5G 通信技术的不断发展和落地，在网速问题得到解决，云游戏平台、游戏和用户群体数量大增之后，互动直播技术一定会出现新的应用场景。而我们的计划便是紧跟行业发展的步伐，做好技术的更新同步与对客户的服务，从而确保在新的应用场景出现之际，可以结合自身的产品、技术等优势，快速推出相应的解决方案。

7.8 云试玩广告开创游戏广告新格局

随着手游市场的加速发展，超级 App 广告平台之间争夺低成本、高质量新增用户的战争也愈演愈烈。如何抢占用户第一入口，突破现有常规广告形式在用户体验上的断层问题，已成为广大游戏厂商和广告平台需要共同思考的问题。

在游戏包越来越大、用户选择标准越来越高的环境下，常规的广告位点击直接下载的形式已经很难再有提升的空间了。而 H5 试玩广告也仅适用于相对简单的休闲游戏，其本质是提供简化、迷你版的游戏内容供用户试玩。用户无法体验到游戏真实的操作和画面。此外，每个广告内容，都需要额外定制开发和设计创意方案，工作量繁重。

云游戏试玩广告利用自身的沉浸式体验、成本低、快速部署、全面适配等优势全面解决了现有广告形式的种种问题。云游戏试玩广告通过云游戏技术不断赋能游戏厂商和广告平台，为用户提供"先玩后下"的游戏广告体验，增强用户黏性，提高下载率和转化率。

云游戏试玩广告是云游戏重要的应用场景，目前已有多家主流广告平台在 Feed 流广告位、视频流广告位、游戏激励视频广告位等场景下尝试云游戏试玩广告的投放。

云游戏试玩广告的具体优势如下。

首先，云游戏试玩广告全面适配所有游戏，形式新颖、制作成本低。传统游戏试玩广告均以 H5 形式实现，需要游戏厂商或广告制作公司投入大量的人力和时间来专门制作。而云游戏试玩广告无须游戏研发商额外开发游戏内容，只要将游戏最佳体验部分的游戏包部署到云端，即可让用户直接体验到游戏的精彩内容。

其次，云游戏试玩广告可为用户带来沉浸式广告体验。试玩内容本身就具有一定的娱乐性和真实性，广告内容无诱骗、无虚假，用户更愿意尝试体验。用户只需要根据试玩内容的喜好度，决定是否下载。由此获得的用户，留存率和付费率等数据表现也要明显好于常规广告的。

最后，云游戏试玩广告从真正意义上实现了游戏内容即广告。试玩广告能够完整展示游戏的故事特点、美术风格、操作方式等，让用户在短时间内快速了解游戏的核心玩法，并做出选择。广告主因此可以更精准地获取目标用户，广告平台也可以逐步提高流量精准度，从而整体提升广告投放效率，降低广告主投入成本。

7.8.1 关键技术和系统设计

云游戏试玩广告是基于云游戏核心技术而延伸的服务形态，除了快速部署、全面适配等技术优势之外，还为广告场景提供了必要的定制功能支持。

（1）游戏秒起

游戏启动速度是影响广告转化的重要因素，通过预启动和镜像管理技术，在收到用户点击试玩的请求后，云游戏试玩广告会直接将视频流推到用户端，以降低用户等待损耗。

（2）跳过热更环节，用户直接进入游戏体验

有些游戏的即时更新文件可能会达到几兆字节。通过游戏热更文件提取和存放技术，用户不用再等待热更进程。

（3）强大的脚本技术支持进入游戏任意指定场景

在强大脚本技术的支持下，用户在云端启动游戏之后将自动进入特定的游戏场景，或登录高级体验账号直接进入试玩游戏场景。

（4）游戏内浮层特效

在游戏画面上增加额外的效果，引导游戏的内容，或者特效增强，而不需要游戏方或广告平台进行二次开发。识别并进入特定场景之后，在游戏画面上展示字幕、图片、GIF 和粒子等效果。

7.8.2 应用实践：工具、方法、作业指导

1. 广告平台集成云游戏能力

- 广告平台客户端接入云游戏 SDK，获取云游戏试玩能力。

- 广告平台客户端实现试玩落地页（引导页），增加下载引导场景。

2. 广告平台实现控流功能

- 接入云游戏试玩广告服务策略控制 API，在客户端和广告后台实现用户控流。

- 查询云游戏试玩广告剩余服务数量，及时切换广告类型。

3. 试玩流程设计和试玩物料设计

- 突出"立即试玩"或者"试玩满级账号"能够有效提升 CTR（Click Through Rate，点击通过率）。

- 同时保留"立即试玩"和"立即下载"入口。

- 缩短整体流程，一次点击即可试玩，同时下载按钮常驻试玩界面。

- 设定一定的游戏时长上限，若到达时长则无法继续玩游戏，并提示用户下载。

7.8.3 应用效果

云游戏试玩广告转化的用户在下载游戏之前已体验过游戏，并一步步被引导执行下载和安装操作，所以较之其他常规广告，

云游戏试玩广告的转化效果更好，用户活跃度也更高。

休闲类游戏的广告主更看重用户留存数据。云游戏试玩广告相对其他常规广告，从广告曝光到次日留存的用户，数量和质量都会有大幅提升。

重度游戏（比如传奇类游戏）的广告主更看重用户激活成本和付费成本数据。云游戏试玩广告相比较于其他常规广告，激活成本大大降低，激活且付费成本也同样有所降低。

目前，很多超级 App 广告平台已经实现了云游戏试玩广告功能，越来越多的游戏广告主动选择以云游戏试玩广告的形式进行投放。

7.9 高品质云手游《新神魔大陆》

随着手机硬件性能的提升和手游贴图精度的提高，手游包越来越大，MMO（Massive Multiplayer Online，大型多人在线）类型游戏的买量成本也越来越高。如何降低买量成本，增加目标用户，已成为当下手机游戏发行面临的重要挑战。

目前游戏包过大的解决方案是降低用户首次下载包的大小，进入游戏后再对额外资源进行二次下载，补全完整包体。这样做虽然减少了用户首次下载的时间，但缺乏对用户手机空间的直观判断，有时会导致用户手机空间不足无法下载完额外资源，从而增加了用户的操作难度，进而造成用户转化率下降的问题。此外，降低低端手机的画面效果以及同屏人数，虽然可以解决手机硬件达不到需求的问题，但是这样做也间接减少了用户游戏过程中的信息摄入，导致低端手机用户游戏体验下降。

云手游借助云游戏核心技术实现了免下载、高兼容、专属玩法等优点，针对性地解决了目前 MMO 手机游戏包大、性能需求高的问题，扩大了游戏目标用户群体，降低了买量成本，提高了用户转化率。

《新神魔大陆》云游戏版是由完美世界游戏、视博云和天翼云游戏于 2020 年 7 月联手发布的真正意义上的云手游，完整实现了免下载、高品质渲染、自适应、跨终端等云游戏特性，不但拥有宏大的魔幻史诗级剧情，还通过自研、创新双拳组合打造出了真实细腻的环境效果，让用户在游戏中享受自由飞行、自由技能组合、自由征战的畅快体验。

7.9.1 关键技术和系统设计

1. 运行环境的变化实现游戏品质的提升

《新神魔大陆》基于视博云和中国电信天翼云"IaaS+PaaS"整体云游戏能力平台定制开发，采用 Windows 运行环境，使用 X86 通用服务器，性能超强，同时游戏的操控依然保持着用户习惯的触屏方式，在强大云端服务器的支持下，实现了 DX 渲染，从而获得了超强画质。

2. 云手游专属特性

借助云游戏解决方案，在云游戏服务器上跳过游戏初始化、安全环境校验、热更新等启动流程，减少用户进入游戏的时间，做到"0 秒启动"。结合云游戏的运行特点，用户登录端即使关闭了与云游戏服务器的连接，云手游也可以继续实现挂机等操作。用户可以随时通过登录端连接回游戏，做到云手游用户永不下线。相比于传统手机手游用户，云手游用户将获得更多以前需要投入时间成本才能获得的游戏资源。

3. 用户账号体系全打通

《新神魔大陆》是接入天翼云游戏用户体系的一款旗舰级云游戏，用户直接注册天翼云游戏用户，即可成为《新神魔大陆》的用户，享受高端游戏体验。同时其也是一款无须单独对用户进行游戏内置收费、直接使用天翼云游戏内支付能力的云游戏。

4. 引擎级别的自适应功能

云游戏 PaaS 平台可以提供《新神魔大陆》引擎级别的自适应功能，游戏系统可以根据不同的网络情况，实现游戏分辨率的实时动态调整，即便是在网络波动的环境下，也依然可以保证玩家体验的流畅度。除此之外，云游戏 PaaS 平台系统还可以根据服务器压力动态调整材质渲染精度，帮助服务器承载更多用户，减少单用户的资源消耗，降低支出成本。

5. HTML 5 试玩模式创新

HTML 5 试玩可以使玩家通过网页端享受端游体验，免安装、免注册、一键登录、即点即玩、畅快试玩，从而摆脱传统手游依赖应用商店下载所带来的一系列困扰，更利于渠道增强用户黏性。

7.9.2 应用实践：工具、方法、作业指导

1. 传统手机游戏云化

传统手机游戏用户的个性化设置往往都保存在用户的运行设备内。云手游可将用户对个性化数据的增、删、改操作随时同步到用户专属的云端存储中，在用户启动云手游后的第一时间，用户的个性化数据将会下载到连接的云游戏服务器上，以保证云手游与传统手游一致的用户体验。云手游登录数据交互流程如图 7-13 所示。

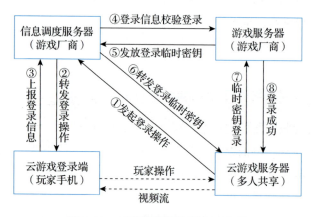

图 7-13 云手游登录数据交互流程

云游戏服务器发起用户的登录和支付操作，然后将操作发送给信息调度服务器，信息调度服务器将用户操作转发给用户云手游登录端。后续的数据由用户云手游登录端与信息调度服务器进行交互，调度服务器将最终操作结果通知到云游戏服务器。由于云游戏服务器是多人共享，在实际使用过程中，云游戏服务器不会经手任何与用户敏感信息有关的数据，因此可以保证云手游用

户数据的安全。

2. 专属玩法设计

0 秒启动：每一台云游戏服务器都提前执行了初始化流程，以保证云手游用户连接后可以直接进入登录界面，从而简化了传统手机游戏烦琐冗长的启动流程。

离线挂机：通过与云游戏解决方的深度合作，用户在游戏内挂机的状态下，即使关闭了登录端的云游戏服务器，也不会将实际游戏进程杀死，云游戏服务器会继续保持用户的挂机操作，用户也可以继续获取游戏内的资源。

7.9.3 应用效果

《新神魔大陆》作为一款首发云手游，借助天翼云游戏平台，在云游戏服务器的支持下，能够实现 DX 渲染，自适应动态调整游戏分辨率，同时利用云端 GPU 处理器的强大性能，让玩家体验更流畅、可"跨终端"秒玩。

7.10 5G 大潮下的 VR/XR/AR 云化探索

我国政府正在积极推动虚拟现实技术的全面发展。虚拟现实（含增强现实）已被列入"十三五"信息化规划等多项重要文件中，国务院各部门均已出台相关政策，各省市地方政府也从政策方面积极推进虚拟现实产业布局，已有十余地市相继发布了针对虚拟现实领域的专项政策。

随着 5G 技术的不断发展与完善，以及 5G 的试点和商用落地进程的加快，探索面向消费者的低延时、高带宽的业务和场景，已经成为运营商需要完成的重点工作。在诸多业务形态中，扩展现实（Extended Reality，XR）有望成为新一代计算平台。而云 XR 是推进 XR 大规模应用的最佳形态和发展趋势，将成为 5G 时代的典型应用之一。

为了实现智慧校园网关和 AR（Augmented Reality，增强现实）、XR 交互式智慧教学，打造教育行业核心能力，中国移动（成都）产业研究院提出了基于 5G 技术、边缘计算、云 XR 技术，构建 5G 环境下智慧校园的解决方案，提升中国移动在 5G 时代教育行业的市场份额和行业影响力，从而全面带动产业经济发展。具体来说，就是建设具备虚拟化数字存储、管理、分发等功能的虚拟现实教育内容云 XR 平台，将第三方硬件设备厂商、第三方平台提供厂商资源和 VR 教育内容整合于一体，为跨行业、多领域的教育培训平台提供整套解决方案。

基于以上背景，目前中国移动运营商正在推进面向 5G 的云 XR 关键技术的研究工作：1）基于 TCP、UDP 分别实现云 XR 系统，并对比整体接入性能差异；2）将云 XR 系统移植到 GPU 虚拟化环境中，并进行最大并行用户数压力测试。同时，运营商也在积极推进将 XR 头盔接入云渲染平台中软件开发工具包功能的开发工作：基于 5G 云 XR 终端实现相关功能，达到 XR 头显接入云系统的目的。目前已有 2~3 家主流 XR 头显可以正常接入，并能进行业务展示。

7.10.1 关键技术和系统设计

1. 关键技术

XR 终端安装云 XR 终端服务 APK（Android Application Package，Android 应用程序包），通过 APK 采集用户姿态、方位及操控信息，并按照 OpenVR、WebGL、WebVR、WebXR 规则进行转换，然后通过上行 FTTB（Fiber To The Building，光纤到楼）+Wi-Fi 网络或 5G 网络传输到云渲染服务器。

云渲染服务器根据用户终端上传的信息和业务逻辑，捕获应用的运行结果，然后调用 GPU 资源对画面进行渲染，最后将结果回传至用户终端。

云渲染服务器抓取渲染后的音频、视频，并利用通用音、视频编码器（音频编码支持 AAC，视频编码支持 H.264 和 H.265）将其压缩成通用格式，然后通过下行 FTTB+5G 网络传输到 AR、VR 终端，支持 TCP、UDP 两种网络传输协议。

AR、VR 终端将音、视频流数据解码后完成相应的处理，最后将声音和画面传输到用户终端设备。

用户根据应用画面显示信息实现对应的操作，完成应用体验。

AR、VR 终端支持投屏服务，可以将头显上的显示内容投射到对应的机顶盒或电视机上，以便于头显用户之外的用户也能旁观。

2. 系统设计

云 XR 平台由云端和终端系统软件两部分组成。云 XR 平台总体框架如图 7-14 所示。

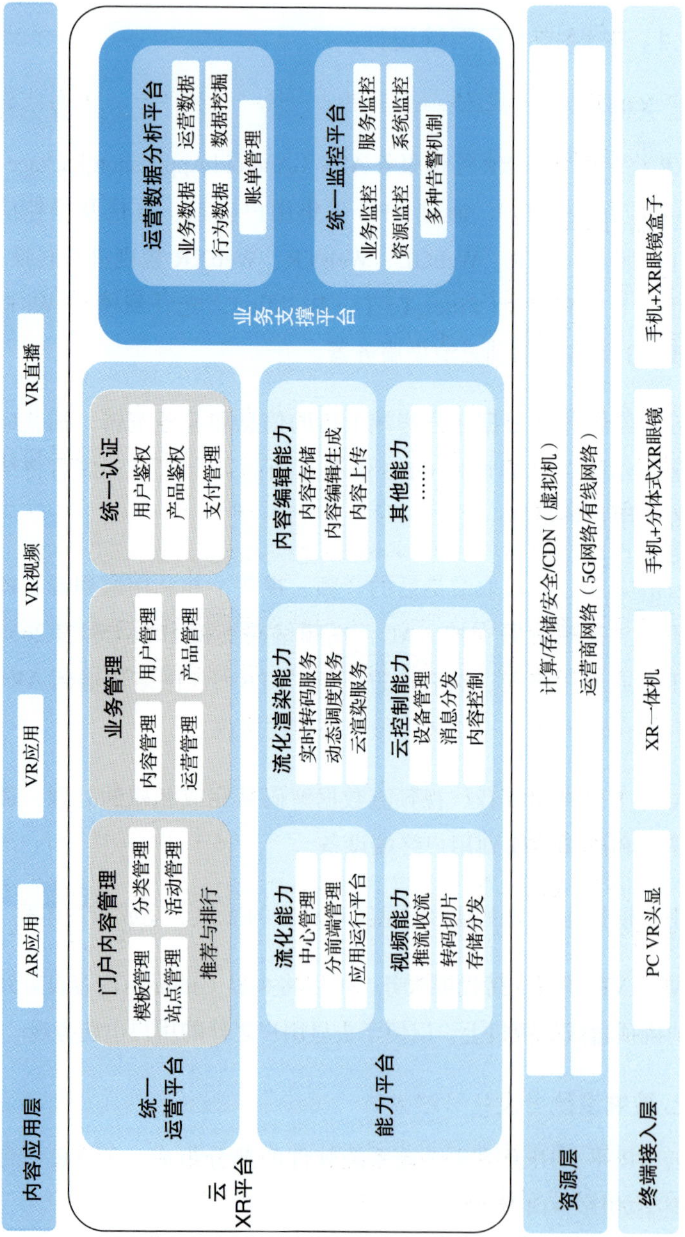

图 7-14　云 XR 系统架构图

（1）云端系统

云 XR 平台云端系统由能力平台、统一运营平台、业务支撑平台三部分组成。

- 能力平台

能力平台由云流化管理系统、云渲染系统、云编辑系统、云控制系统、XR 视频系统组成。

云流化管理系统由中心管理、分前端管理、应用运行平台三部分组成，中心管理系统由管理网站、统一会话调度管理系统组成。分前端管理系统主要是指会话资源管理系统。应用运行平台主要承载应用的运行，以及应用结果的渲染流化处理。

云渲染系统由云渲染服务、实时编码服务、云流化服务三部分组成，主要负责对应用的运行结果进行实时渲染，并编码流化发送至终端。

云编辑系统由内容存储服务、内容编辑生成服务、内容上传服务三部分组成。用户在 PC 上登录云 XR 在线编辑平台，该平台对用户导入的全景内容进行编辑（添加三维模型、全景内容运行逻辑等），然后通过云渲染服务器渲染和编码编辑好的内容，最后通过 5G 网络将压缩后的 XR 内容传输到 XR 头显设备，用户通过终端解码即可看到已经编辑完毕的 XR 内容。

云控制系统由设备管理服务、消息分发服务、内容控制服务三部分组成，通过浏览器可以进行如下操作：启动、查看终端状态、在终端安装对应的云控制 APK。管理员可以通过 Web 页面对接入平台的终端进行控制，通过消息分发控制子终端中应用的启动和停止，并将云端渲染后的内容流分发至指定头盔，以实现终端用户的 VR 内容体验。

XR 视频系统支持多路高清远程 VR 授课，配套带有大量的 VR 教学内容，支持大规模远程同步启动。一体化全景直播相机可以将实时拼合好的 4K、8K 高清全景视频流实时传输到云端，或者传输到多路单目视频流，并利用 5G 网络推流到 VR 一体机、大屏幕等终端以供观看。云端存储了大量的 VR 内容应用，在本地控制终端，可以实现云端虚拟现实应用的统一播放。通过 5G 网络，系统运维人员可以即时监控所有虚拟现实一体机的设备状态，实现虚拟现实内容的大规模同步启动。

- 统一运营平台

统一运营平台由统一门户、业务管理、统一认证模块三部分组成。

统一门户主要用于管理用户终端界面（UI）展示的内容，包括基础数据、页面管理和图片管理等。

业务管理系统主要用于管理业务相关数据，如用户管理、充值管理、会员管理等。

统一认证模块主要用于用户登录业务鉴权，以及管理用户在系统中的付费操作，提供支付通道。

- 业务支撑平台

业务支撑平台由数据运营分析系统和统一监控模块两部分

组成。

数据运营分析系统提供了分析和查看经营与使用相关综合数据的功能，并为经营策略的修正、平台建设的改进提供了数据支撑和依据。

统一监控模块用于监控云 XR 平台下各服务器和平台模块的运行状态、服务器资源占用情况。

（2）终端系统

云 XR 终端系统用于实现与云端的协议交互、操作指令等数据的回传，以及流解码播放等功能，需要集成云 XR 平台的终端系统软件。

云 XR 平台要求终端具备视频解码能力、XR 显示能力和交互能力，因此需要终端提供较好的性能。云 XR 平台支持三种形式的客户端作为终端设备，分别是：云 VR 机顶盒 +PC VR 头显、XR 一体机、手机 +XR 眼镜盒子。

7.10.2 应用实践

基于 5G 云 XR 的教育平台将在南昌师范附属实验小学、南昌航空大学附属小学、江西移动 106 个移动营业厅陆续落地。

中国移动在 5G 业务上的定位为：综合服务提供商、技术研发 / 服务商、云服务平台以及终端设备商。通过与云游戏、云 VR 技术公司的合作，中国移动将逐步实现其在 5G 业务上的目标定位。

7.11 北京市政府扶持云游戏产业

2019年12月16日，北京市委宣传部发布《关于推动北京游戏产业健康发展的若干意见》，围绕建成"国际网络游戏之都"的总目标，以内容建设、技术创新、社会应用、理论研究、品牌培育为抓手，要在北京建设全球领先的精品游戏研发中心、网络新技术应用中心、游戏社会应用推进中心、游戏理论研究中心、电子竞技产业品牌中心，形成"一都五中心"的格局，力争到2025年，全市游戏产业年产值突破1500亿元。

2020年6月4日，北京网络游戏新技术应用中心正式挂牌落户北京经济技术开发区。未来这里将成为涵盖游戏研发、游戏云服务、设备研发生产、技术服务、场景应用"五位一体"的全产业链云游戏基地，为北京建设"国际网络游戏之都"提供新兴产业生态支持。

北京网络游戏新技术应用中心位于北京经济技术开发区亦城时代广场，一期使用面积18000平方米，未来在市区两级扶持政策、专家咨询、5G基金的支持下，将形成完整的云游戏发展生态，共建共享云游戏发行新平台。

云计算技术是云游戏的基石，目前北京经济技术开发区拥有较为完整的云技术产业链，如中金数据、万国数据、云基地等云计算企业，随着国家信息技术应用创新核心基地的启动，这里将成为推动国家信息产业的核心区域，可为云游戏平台的搭建提供坚实的技术基础，而占据全国十分之一、北京二分之一规模的集成电路产业，则可为云游戏产业发展提供芯片、显示终端制造等硬件支持。

此外，北京经济技术开发区 5G 基础支持能力领跑全国。目前，北京经济技术开发区已经建成 5G 基站 600 多个，全域步入"5G 时代"，成为北京市独一无二的、网络基础设施最完善的区域，为云游戏的发展提供了良好的环境。

应用中心围绕北京建设"国际网络游戏之都"的目标，将充分发挥北京经济技术开发区在推进科技创新成果落地、5G 全域覆盖、创新人才聚集等方面的优势，探索大数据、云计算、人工智能、区块链等新兴技术在游戏产业的深度应用，协同 5G 云游戏产业联盟头部企业共同打造云游全产业链，聚焦游戏引擎核心技术的自主研发，建设国际化云游戏标准体系，创新探索基于云端实施的、实时审查管理的游戏审批模式，打造具有全球影响力的云游戏技术创新平台、产业聚集新高地。同时，发挥北京经济技术开发区"全球影响力技术创新示范区"的作用，支持中心企业"走出去、引进来"，带动北京经济技术开发区科文融合产业提质增效，支持首都游戏产业高质量发展。

北京经济技术开发区将加大对网络游戏新技术研发和应用的支持力度，建设网络游戏公共服务平台，为中心入驻企业提供"研发设备一站共享、新版游戏一站体验、创新创业一站支持"的服务模式，推动以云游戏为主的游戏科技应用成果落地及产业化，并配套出台"游戏产业十条"专项政策，为入驻企业技术创新攻关、关键设备研发、高端人才引进等提供专项资金支持和游戏版号注册绿色通道。